www.ingramcontent.com/pod-product-compliance
Lightning Source LLC
LaVergne TN
LVHW010419230826
846092LV00003BA/983

* 9 7 8 6 0 3 5 0 3 8 9 5 9 *

أثر الهدوء

كيف تكون انبساطيًّا ناجحاً

سلفيا لوكين

نقلته إلى العربية

عزيزة مصطفى عادي

Original Title
Quiet Impact
How to Be a Successful Introvert

Author:
Sylvia Loehken

ISBN-10: 1444792857
ISBN-13: 978-1444792850

Published by GABAL Verlag GmbH, Schumannstraße 155, 63069 Offenbach am Main, Germany

ح شركة العبيكان للتعليم، 1437هـ

فهرسة مكتبة الملك فهد الوطنية أثناء النشر

لوكين، سلفيا

أثر الهدوء /سلفيا لوكين؛ عزيزة مصطفى درويش عادي - الرياض 1437 هـ

296ص؛ 14× 21 سم

ردمك: 9 - 895 - 503 - 603 - 978

1- علم النفس الاجتماع. 2- (الدوافع) علم النفس. أ.عزيزة مصطفى (مترجم) ب. العنوان

ديوي: 125,4 رقم الإيداع: 1785 / 1437

الطبعة العربية الأولى 1437هـ - 2016م

الناشر العبيكان Obeikan للنشر

المملكة العربية السعودية - الرياض - المحمدية - طريق الأمير تركي بن عبدالعزيز الأول

هاتف: 4808654 فاكس: 4808095 ص.ب: 67622 الرياض 11517

موقعنا على الإنترنت

www.obeikanpublishing.com

متجر العبيكان Obeikan على أبل

http://itunes.apple.com/sa/app/obeikan-store

امتياز التوزيع شركة مكتبة العبيكان Obeikan

المملكة العربية السعودية - الرياض - المحمدية - طريق الأمير تركي بن عبدالعزيز الأول

هاتف: 4808654 - فاكس: 4889023 ص.ب: 62807 الرياض 11595

المحتويات

المقدمة

الانبساطيون والانطوائيون: عالمان بثمن واحد

أنا سلفيا لوكين، أنا ذات شخصية انطوائية، قد يكون هذا أمرًا غير عادي: الانطواء بوصفه كلمة يستحضر تصورًا لشخص يدرس كثيرًا، ولا يحلق ذقنه، ويبقى معزولاً مع الحاسوب لأيام، وبقايا البيتزا تملأ المكان ولوحة مفاتيح الحاسوب.

لكن هذه صورة مبتذلة لشخص هادئ. هناك كثير من أمثالنا. أحب أن أكون بين الناس -فهم عملي ومهنتي - ولكن بعد يوم من اللقاءات العشوائية والفوضى والضجيج، أحتاج إلى البقاء وحيدة لتجديد طاقتي. أحب عملي، ولكن خلافًا لزملائي الانبساطيين لا يمكنني استخلاص الطاقة كلها التي أحتاجها من عملي المفعم بالنشاط والمثير مع أعضاء الحلقة الدراسية، والجمهور، والطلاب، ولكن؛ لماذا يُعدُّ الانطواء موضوعًا مناسبًا لكتاب عن التواصل؟ كان عليَّ أن أجد ذلك بنفسي. وهكذا كانت البداية.

يُعدُّ التدريب جزءًا لا يتجزأ من مهنتي، ولكن عند نقطة معينه بدأت أمَل من التدريب على التواصل، ولم يكن ذلك بسبب الموضوع نفسه، كلا؛ فقد كان اهتمامي كبيرًا بما يحصل عندما يلتقي الناس بعضهم ببعض. بدأت أشعر بعدم ارتياح مع المدربين والمتدربين من زملائي؛ فقد كان كثيرًا ما يبدو لي

أنهم مزعجون جدًّا وسطحيون، واتضح لي أن هذه كانت مشكلتي من البداية؛ لذلك بدأت أُعيد التفكير في الأمور ثانيةً (الانطوائيون يحبون إعادة التفكير في الأمور، ويقومون بذلك طوال الوقت). كيف يمكنني أن أتبين ما يزعجني من زملائي؟

الأشخاص الذين يقفون في المقدمه ليسوا أسوأ مني عندما أقف مكانهم هناك، لكنهم مختلفون اختلافًا كبيرًا؛ بحيث إنَّ نهجهم كثيرًا ما يشوشني؛ فمعظمهم يرى أنه من النخبة: لقد كنت وما زلت أعتقد أن ذلك كله متعلق بالقمة.

دورات التدريب كثيرًا ما أشارت إلى ما يؤكد لماذا أنا مختلفة عن إشاراتي وتلميحاتي؛ يريدون مني أن أتوسع أكثر، أما عن خطابي فيريدون مني أن أكون أكثر عدوانية وعن طريقتي في ترتيب الأشياء؛ يريدون مني أن أكون أكثر حيوية ونشاطًا!

ذلك كله جعلني متوترة، ولم أشعر -حتى ذلك الوقت- بالحاجة إلى استعمال التلميحات الكبيرة، والنقاش الهجومي وتوكيد الذات، وحتى ذلك الوقت لم يؤذِني ذلك، وعلى العكس من ذلك: فقد كان العملاء الهادئون والمشاركون في الحلقات الدراسية (الهادئون ذوو التلميحات المنضبطة والنهج المتعاون الذين لا يصرحون بمشاعرهم كثيرًا) متحمسين جدًّا لما كنت أقدمه، وقد أحببتهم؛ فمعظمهم عملائي: هادئون ويفكرون بمنطق؛ «أرى أنكِ تحبين النوع الهادئ المنعَزل». هذا ما قالته لي مدربتي الانبساطية كثيرًا عندما وصفت لها عملائي المفضلين، وقد كانت محقة؛ فخبرتي في الحلقات الدراسية بيَّنت لي أنني أستمتع بالعمل مع الأشخاص الذين يفكرون مثلي، ما جعلني أستنتج أنه لا يوجد دورة دراسية مصممة لمن هم مثلي ومثل عملائي؛ مُعدة لتلبية حاجات الأشخاص الهادئين وقواهم.

الهدف من هذا الكتاب سد هذه الثغرة، إلى جانب حلقات النقاش، والندوات، والمحاضرات والتدريبات الموجهة إلى الأشخاص الانطوائيين. نقطة البداية كانت وما زالت تُفيد بأن التواصل الجيد مرتبط بالهوية.

لا يمكنني التعامل مع الآخرين بنجاح، إلا إذا عرفت نفسي وتمكنت من التعامل معها بطريقة صحيحة: عندما أرتب الأمور، وعندما أفاوض، وعندما أستعمل شبكات التواصل وفي حياتي الخاصة أيضًا. ولكن؛ ما الذي يجعل الشخص هادئًا؟ وحيث لا يوجد شيء يبدو لنا عاديًّا تمامًا (أي لا الخجولين ولا شديدي الحساسية) اتخذت من نفسي مثالًا، وحلَّلت طريقتي في التواصل، الأدب الإنجليزي المكتوب عن مساعدة الذات، وكذلك علم النفس، يساعد كثيرًا في هذه الحالة، كذلك بدأت النظر إلى زبائني من زاوية دقيقة جدًّا.

كانت النتيجة مثيرة؛ اكتشفت مجموعتين من الخصائص التي يسهم بها الأشخاص الانطوائيون في التواصل، مقسمة بعناية إلى نقاط القوة والعقبات، وليس الهادئون فقط من لديهم هذه الخصائص، لكن كثيرًا منهم لديه الكثير من هذه الخصائص، وهو ما يكفي لدراستهم وفهمهم.

من الواضح أن القوة ميزة، وكذلك العقبات بطريقتها الخاصة؛ فإذا كنت على دراية بالعقبات التي تسببها لنفسك، فهذا يعني أن لديك إحساسًا بحاجاتك أفضل من الذين لا يأبهون بنقاط الضعف لديهم.

مثلاً، اعتقدت لمدة طويلة أنني لست اجتماعية عندما كنت أشعر برغبة في البقاء وحيدة في أثناء قضائي وقتًا مع العائلة، وأعتقد الآن أن ذلك منطقي؛ فالانسحاب هذا يساعدني على تجديد طاقتي عندما أشعر أنني منهكة، و أنا لا أدعو ذلك ضعفًا، تمامًا مثل أن الأشخاص الانبساطيين ليسوا ضعفاء إذا اعتمدوا على إعادة التأكد من الناس أو الأشياء من حولهم أكثر مما يفعل الانطوائيون.

دعوني أوجه دعوة رقيقة: تعرَّف مكامن القوة والضعف التي تواجهك، رحب بها ترحيبك بالأصدقاء الجيدين الذين يشاركونك حياتك؛ هذا يجعل الأمر أكثر سهولة لك للتأثير في وضع ما، فيصبح مناسبًا لك، ويجعلك أكثر قدرةً على التواصل بصورة أفضل.

هنا يفيد سؤالان، فيما يتعلق بالسلوك البشري بمختلف أنواعه:

1. ما مواطن القوة التي يمكن للإنسان الهادئ -على وجه الخصوص- أن يستخدمها في هذه الحالة؟
2. ما الذي على الإنسان الهادئ -بصورة خاصة- أن يبحث عنه في مثل هذه الحالة؟

ستجد الإجابة عن هذين السؤالين كما وجدتها أنا في هذا الكتاب، وقد عُرِضت بطريقة تمكنك من استعمالها في حياتك الخاصة.

ماذا ستجد في هذا الكتاب؟ وكيف يمكنك قراءته؟

في الصفحات الآتية اعتمدت الإجابة عن السؤالين السابقين على مجموعة من المواقف المتنوعة: مهنية وخاصة، ورسمية وبعيدة عن الرسمية، وقريبة وبعيدة، ومعالجة بصورة مباشرة أو من خلال التفاوض. إذا كنت ترى نفسك إنسانًا هادئًا، فإن هذا الكتاب سيساعدك على المضي قدمًا على نحو ملائم في هذا العالم الصاخب، وعلى أن تكون ناجحًا في ما يهمك من الأمور؛ فكل جزء منه كُتِبَ من وجهة نظر شخص انطوائي.

وإذا كنت شخصًا تميل أكثر لأن تكون انبساطيًّا، فسوف تتفهم الأشخاص الهادئين الذين مررت بهم بصورة أفضل، وتقدر مكمن قوتهم بعد قراءة هذا الكتاب، سواءً أشركاء كانوا، أم أقرباء، أم أصدقاء، أم مديرين، أم زملاء عمل، أم مشاركين في ندوة. وإن لم تكن متأكدًا أنك شخص هادئ أم لا، ففي

نهاية هذا الفصل يوجد اختبار يساعدك على حسم القرار، وفي الأحوال كلها، فإن هذا الكتاب مُعَدٌّ بحيث يمكنك ربط جوهر الموضوع بوضعك الشخصي: ستواصل المرور بأسئلة سوف تساعدك إن أجبت عنها بالعودة إلى نفسك.

اغتنم الفرصة ـ سوف تتعرَّف إلى نفسك إن فعلت ذلك، وهذا يساعدك عندما تتواصل مع الآخرين!

هذا الكتاب أُعِدَّ بطريقة التفكير والتواصل التي يحبها الانطوائيون: من الداخل إلى الخارج؛ إنه يبدأ بدراسة الشخصية.

ستجد في الجزء الأول مقدمة واستعراضًا لنماذج القوة والعقبات التي يسببها الأشخاص الهادئون لأنفسهم؛ وعليه، يقتضي منطق الأمور قراءة هذا الجزء في البداية؛ لتضع نفسك على أسس سليمة.

ويتضمن الجزء الثاني الفصلين الرابع والخامس، ويكشف عن مشهد كامل لمواقف خاصة ومهنية ـ تركز على ما هو جيد للأشخاص الهادئين، وتساعدهم على النجاح، ويوضح هذا الجزء كذلك كيفية التعامل مع هذا الموقف بطريقة صديقة للانطوائيين.

الفصول الآتية كلها التي تمثل الجزء الثالث من الكتاب توضح كيفية استعمال مكامن القوة، والتغلب على العقبات عند التعامل مع الآخرين؛ حيث ركّزتُ عمدًا على مفاتيح القوة والصعوبات المرتبطة ببناء العلاقات، والتفاوض والظهور أمام جمهور ومخاطبته، وفي الاجتماعات.

بعد الاختبار واستعراض ملخص الفصل الأول سيكون في وسعك التقويم بوضوح أي صفاتك الشخصية مهمة في موقف محدد.

ستقدم لك الفصول اللاحقة بعضًا من أعضاء حلقاتي الدراسية عن الهدوء وطلبتي الذين توضح قصصهم كيف يمكن للانطوائيين استعمال

مكامن قوتهم في مواقف مختلفة، وأتمنى أن ما ستكتشفونه من خلال قراءة الكتاب سوف يساعدكم على استجماع شجاعتكم، ويجعلكم ترغبون في محاولة التواصل مع الانطوائيين.

الأشخاص الهادئون يحركون العالم!

كثير من الأشخاص المشهورين كانوا أو مازالوا هادئين، أو هكذا توحي السمات المنسوبة إليهم. ألقِ نظرة سريعة على قائمة المشاهير أدناه.

استعراض لبعض الأشخاص البارزين الانطوائيين

وودي آلين: ممثل، مؤلف، مخرج أفلام، وموسيقي. أمريكا

جوليان أسانج: صحفي، ومتحدث باسم ويكيليكس. أستراليا

برندا بارنز: رئيسة مجلس إدارة ساره لي، مصنِّعة لسلع استهلاكية. أمريكا

إنجريد بيرغمان: ممثلة. السويد

وارين بوفيه: مقاول ومستثمر كبير. أمريكا

فريدريك شوبان: مؤلف موسيقى وعازف بيانو. بولندا

ماري كوري: عالمة فيزياء وكيمياء، حصلت على جائزة نوبل في الفيزياء والكيمياء. بولندا

تشارلز داروين: عالم طبيعة، وصاحب نظرية التطور. بولندا

بوبي ديلن: موسيقي، شاعر، ورسام. أمريكا

كلينت إستوود: ممثل. أمريكا

ألبيرت آينشتاين: عالم فيزياء، وحاصل على جائزة نوبل في الفيزياء. ألمانيا

المهاتما غاندي: القائد الروحي لحركة التحرر الهندية. الهند

بيل غيتس: مؤسس مايكروسوفت. أمريكا

ألفريد هيتشكوك: مخرج أفلام. المملكة المتحدة

مايكل جاكسون:	مغني. أمريكا
فرانز كافكا:	كاتب بالألمانية من براغ. تشيكوسلوفاكيا
إيمانويل كانت:	فيلسوف متنور. ألمانيا
أفريل لافين:	مغني وكاتب أغاني. كندا
إسحق نيوتن:	عالم فيزياء ورياضيات وفيلسوف وعالم لاهوت. المملكة المتحدة
باراك أوباما:	رئيس الولايات المتحدة الأمريكية. أمريكا
ميشيل فايفر:	ممثلة. أمريكا
كلوديا شيفر:	عارضة أزياء. ألمانيا
جورج سوروس:	رجل أعمال ومستثمر (هنجاريا). أمريكا
ستيفن سبيلبيرج:	مخرج، ومنتج، ومؤلف مسرحيات. أمريكا
تيلدا سوينتن:	ممثلة. المملكة المتحدة
الأم تيريزا:	راهبة، وحائزة على جائزة نوبل للسلام. الهند
تشارلز ماونتباتن:	أمير ويلز، ووريث عرش بريطانيا. بريطانيا
ماك زاكيربيرج:	عالم كمبيوتر، مؤسس فيس بوك. أمريكا

يمكنك أن ترى أن كثيرًا من الأشخاص الأكثر نجاحًا، وقوة، وموهبة، وشجاعةً، وابتكارًا، وذكاءً، وإثارة للانتباه هم من الأشخاص الهادئين؛ إنهم ليسوا أفضل من الانبساطيين، ولكنهم ليسوا أسوأ منهم أيضًا، على الرغم من أنهم غالبًا ما يعتقدون ذلك، وفوق ذلك كله يوجد شيء واحد يجعلهم ناجحين؛ إنهم يبقون صادقين مع أنفسهم في ما يتعلق بالانطواء وصفاتهم الأخرى كلها. هذه وصفة رائعة أوصيكم بها بكل محبة: ابقوا صادقين مع أنفسكم مثل الانطوائيين، افعلوا ما يناسبكم ويناسب حاجاتكم؛ فأنتم ومكامن قوتكم ستغيرون العالم بهدوء، كما فعل الأشخاص في القائمة السابقة، وكما قالت المغنية الأمركية دوللي بيرتون ذات مرة: «تعرَّف إلى نفسك، وافعل ذلك عن سابق تصور وتصميم!».

الجزء الأول

- من أنت؟
- ماذا يمكنك أن تفعل؟
- ما الذي تحتاج إليه؟

الفصل الأول

لماذا الهدوء؟

يدرس وليد تكنولوجيا المعلومات في كلية متخصصة ذات سمعة طيبة. له صديقان يحب أن يلتقي بهما، للذهاب إلى الاستراحة -مثلًا- أو ممارسة الرياضة أحيانًا، ويستعمل وليد وسائط التواصل الاجتماعي مثل التغريدات أو فيسبوك؛ ليبقى على تواصل مع أصدقاء المدرسة أو من التقى بهم في أوقات التدريب، ويعمل حاليًّا في أحد أكبر مصانع السيارات المعروفة في ألمانيا، لكنه أقل نجاحًا في ما يتعلق بالحب والعاطفة، فهو يعاني من فراغ عاطفي، وقلَّ ما يشارك في الحفلات والأمسيات الثقافية؛ فهو يجد أن الصوت العالي وتزاحم الناس أمران مجهدان، غير أنه يفكر حاليًّا في الزواج ويبحث عن الفتاة المناسبة.

يتقدم وليد تقدمًا جيدًا في دراسته، وينجح في امتحاناته، ويحضر جيدًا مادة المقال، لكنه لا يحب عرض عمله في الندوات الكبيرة، وهو يهاب الامتحانات الشفهية، أما هوايته فهي رياضة الجري التي يمارسها في وقت الفراغ، وفي أثناء الجري يفكر في هوايته الثانية؛ وهي تصوير المناظر التي تظهر التناغم بين الطبيعة والتكنولوجيا؛ للخروج بمنظر جديد، مثل الجسور والمباني الصناعية.

ولكن، ماذا تعني الشخصية الهادئة؟

الانطوائي والانبساطي

يمكن تقسيم الأشخاص إلى انطوائيين وانبساطيين، ويمكن لأي شخص أن يفهم هذه المفاهيم، ويربط خصائص معينة بها. عند التقصي الدقيق من واقع الحياة أو في الأدب، تصبح الحدود بين الانطواء والانبساط غير واضحة المعالم إلى حد ما، وفي الحقيقة أنه يوجد كثير من المرونة في تعريف الانطواء والانبساط ومظاهرهما.

عامل الشخصية

أولًا: عامل الشخصية سمة مرتبطة بالشخصية؛ حيث يولد الناس ولديهم ميل لأن يكونوا إما انطوائيين أو انبساطيين- وبالنتيجة مع سمات شخصية محددة وحاجات تساعد على تشكيل شخصياتنا.

يمكننا ملاحظة أنواع من الانطواء والانبساط حتى عند الأطفال، ومن السهل فهم مصطلحي (الانطواء أو الانبساط) إذا لم ننظر لهما على أنهما متضادان وإنما هما نقطتان متباعدتان على طرفي متّصل، فلدى كل واحد منا سمات من الانطواء والانبساط. يولد الناس ولديهم قدر محدد من الليونة ونوع من منطقة الراحة على متّصل الانطواء والانبساط الذي يناسبهم. إن معظم الناس يجدون أنفسهم في منطقة متوسطة بين الانطواء والانبساط ولكن مع الميل أكثر لأحد الطرفين، والوجود بين هاتين النهايتين يكون صحيًّا - الوجود في موقع متطرف هو فقط الذي يؤدي إلى حدوث المشكلات. هذا يؤثر في الأشخاص الذين يكونون عند أي من هاتين النقطتين المتطرفتين، بصرف النظر عما إذا كانت نهاية انبساطية أو انطوائية، أضف إلى أنه من غير

الصحي البقاء خارج منطقة الراحة الشخصية طوال الوقت كله فإذا عرض شخص انطوائي، مثل جون، نفسه باستمرار إلى مستوًى عالٍ من الضجيج، فإن هذا يستنزف الكثير من طاقته، ومن المستبعد في الوقت ذاته توليد طاقة جديدة لتعويضها، فإذا أُجبر على بيع السيارات طوال الوقت، بدلًا من وضعه في القسم الإداري في الشركة، فإنه يصبح غير سعيد ومستنفدًا على المدى البعيد.

وفي الحالات المتطرفة قد يؤدي البقاء خارج منطقة الراحة لمدة طويلة من الزمن، إلى الإصابة بالمرض.

ثانيًا: الانطواء والانبساط يعتمدان على الحالة. بتعبير آخر، مثل اتجاه سكة الحديد حيث يكون للناس كلهم حرية الحركة عبره جيئةً وذهابًا بما يتناسب مع الوضع، والإنسان بطبيعته قابل للتكيُّف بصورة رائعة؛ فإحدى أهم ميزاتنا بوصفنا بشرًا قدرتنا على تكييف أفكارنا وأفعالنا بمرونة لتناسب وضعًا معيّنًا، ونحن، في أي مرحلة من مراحل حياتنا، نستطيع أن نتصرف بهذه الطريقة أو تلك. وهذا ليس له علاقة بالانطواء أو الانبساط بل بالذكاء وربما بالانضباط؛ مثلًا عندما تقرر متأنّيًا اعتماد نهج ما، فإن ذلك يكون مختلفًا عن تصرفك المحتمل عندما تكون متسرِّعًا، والجزء الذي نمارسه في وضع معين هو ما يشكل قراراتنا حول كيفية التواصل مع الآخرين، ثم إن أسئلة مختلفة تمامًا قد تؤثر في سلوكنا: هل نحن أقوياء أم ضعفاء في علاقاتنا مقارنة مع الآخرين؟ ما المتوقع منا؟ كيف نريد تقديم أنفسنا للآخرين؟

لهذا السبب، في عيد ميلاد والدته سوف يتحدَّث وليد بمرح إلى أبناء خالاته الأصغر منه سنًّا حديث القدوة والمثال الذي يُحتذى، وسوف يتحلى بالصبر مع خالاتهِ، ويجيب عن أسئلتهن كلها بأدب.

في صالة عرض الشركة التي يعمل فيها وليد، يميل لأن يكون قليل الكلام ومتحفظًا مع الأشخاص الذين لا يعرفهم، لكنه يبذل جهدًا كبيرًا للقيام بكل ما يلزم من أجل ذلك؛ فهذا دوره المهني، وحتى أكثر الشخصيات انبساطًا لا بد أن تكون لديها لحظات تكون فيها عاجزةً عن الكلام أو متأنية فيه، وكثير من الأشخاص الانبساطيين الذين أعرفهم يستمتعون بلحظات الهدوء، وأحيانًا يحتاجون إليها في الأوقات المضطربة، وفي النهاية تُعد هذه المرونة هبة: والحقيقة هي أن الخط المتصل بين الانطواء والانبساط يفسح لنا في المجال، ويمكننا من المناورة، ويوفر الطرق المختلفه لذلك.

ثالثًا: ثقافة المجتمع حولنا؛ فهي تتطلب قليلًا أو مزيدًا من القدرة على التكيف وإدارة الانطواء أو الانبساط؛ ففي دولة مثل اليابان ترى أن الهدوء، والوحدة، والتفكير بعمق أمور مهمة، وأن الصمت المشترك يُعد جزءًا من النقاش بين المتحدثين، ويرى الانطوائيون من دول أخرى أن هذه خبرة ممتعة، في حين يُنظر من خلال ثقافة الانبساط في أمريكا -مثلًا- إلى الحالة التي يسود فيها الصمت بين المتحدثين، على أنها محرجة وغير ممتعة. ويُعد قضاء المرء معظم الوقت في مجموعات خاصة أو مهنية أمرًا طبيعيًّا، وهكذا الأمر في أوروبا؛ حيث يتعين على الانطوائيين بذل مزيد من الجهد للتكيف مع محيطهم، بالتصرف على نحو انبساطي أكثر مما لو كانوا في اليابان حيث ثقافة المجتمع مؤاتية للانطواء.

عامل الوقت

رابعًا وأخيرًا: يحدث التحول مع الوقت؛ فكلما تقدم الناس في العمر يغدون أكثر ميلًا للتحرك نحو منتصف الخط بين الانطواء والانبساط، فيصبحون أكثر اعتدالًا في انطوائيتهم أو انبساطهم، ما يجعل الانطوائيين أكثر انبساطًا في

النصف الثاني من حياتهم، وذلك أمر مهم على وجه الخصوص؛ فهو يساعدهم على التفكير مليًّا في أنفسهم وحياتهم الخاصة وفي القيم والمغزى.

ولكن على الرغم من حقيقة اعتمادهما على الظرف، والثقافة، والعمر، إلا أن الانطوائية والانبساطية سمات شخصية ثابتة نسبيًّا وتتمثل في صفات وميول معيّنة، ومع ذلك كله تبقى الإجابة عن سؤال أساسي مصيرية: السؤال الرئيس عن الانطواء والانبساط:

من أين تأتي هذه الطاقة؟

بتعبير آخر، كيف يتصرف الناس عندما يكونون متوترين و/ أو منهكين، ويتعين عليهم إعادة تجديد طاقاتهم؟

مصادر الطاقة بالنسبة إلى الانطوائيين و الانبساطيين

في الواقع هناك إجابتان عن هذا السؤال؛ إحداهما أنهم يستمدون طاقتهم من التواصل مع الآخرين. وزوجي من هذا النوع؛ فهو يجدد طاقته عندما يخرج مع أصدقائه بعد يوم مجهد، ويلعب كرة القدم مع فريقه، أو يشغل نفسه بأنشطة النادي، وهذا بالضرورة سلوك إنسان انبساطي. أناس آخرون ينغلقون على أنفسهم، ويعيدون تجديد طاقتهم بأنفسهم إن أمكن، وبأدنى حد من الإثارة والحديث. أنا من هؤلاء.

بعد قضاء يوم في حلقة دراسية، أجد متعة في الجلوس في غرفتي بالفندق أطالع وحيدة، من دون التحدث مع أي شخص، أو ألتقي بصديقة جيدة، وأستمد طاقتي من حديث مريح بيننا، وبعد ثلاثة أيام من الندوات أحتاج إلى نصف نهار لنفسي؛ كي أعيد تجديد طاقتي بالكامل. ستبدأ بإدراك أن: أي إنسان يستعيد نشاطه بهذه الطريقة على الأرجح يميل للانطواء.

الإثارة الكثيرة جدًّا تستهلك طاقة الانطوائيين؛ ففي حالة العمل قد يعني هذا عملًا يتطلب كثيرًا من المهمات التي يجب التعامل معها في وقت واحد. وفي الحياة الخاصة قد يكون ثمة حفل فيه كثير من الناس الذين لا أعرفهم وموسيقى عالية الصوت؛ موقف حتى شاب انطوائي على ذاته مثل جون يجده مجهدًا. بالنسبة إلى الانطوائيين، الإفراط في الإثارة يعني أنهم بحاجة إلى الانسحاب (من ذلك الموقف)، لكن الانبساطيين يحبون الإثارة لأنها تنشطهم؛ لذلك هم غالبًا ما يبحثون عن التنوع عندما يعودون إلى مواقعهم الأصلية، ويحصلون على القليل من الانطباعات الجديدة؛ لذلك تجدهم في المكتبات، أو المستشفيات أو الشركات التي فيها مكاتب خاصة يبحثون عن أماكن يمكنهم فيها التواصل اجتماعيًّا؛ مثل: المقصف، أو المطبخ، أو منطقة الجلوس، أو أي مكان يسهل فيه إجراء المكالمات الهاتفية والتواصل إلكترونيًّا. وفي المكاتب الخاصة يمثِّل الهاتف والحاسوب شريان الحياة للانبساطيين المتطرفين، لأنهم ببساطة يضمنون التواصل مع العالم الخارجي.

الحاجة إلى السكينة والهدوء

هذا لا يعني أن الانبساطيين لا يحتاجون إلى وقت وبعض لحظات الهدوء لأنفسهم، لكن الانفراد بالنسبة إلى الانطوائيين ضروري لوجودهم؛ لإعادة تجديد طاقتهم بعد الإجهاد والتواصل الاجتماعي، فإن لم يحصل الانبساطيون على الهدوء والسكينة يصبحوا سريعي الغضب ومنهكين، كذلك يحتاج الانطوائيون -على وجه العموم- إلى وقت أطول من الهدوء ليتمكنوا من العودة إلى صخب الحياة اليومية، فثلاثة أسابيع وحيدًا في غابة في السويد تُعد عطلة أحلام بالنسبة إلى الانطوائيين، غير أنها ليست كذلك بالنسبة إلى الانبساطيين.

سؤال لك ؟

سوف تتمكن قريبًا من اختبار نفسك لترى إن كنت انبساطيًّا أم انطوائيًّا على نفسك. كيف ترى نفسك في هذه اللحظة؟

أنا أميل أكثر للانطواء. ☐

أنا أميل أكثر للانبساط. ☐

أنا نصفٌ من هذا ونصفٌ من ذاك تقريبًا. ☐

ليس أيٌّ من هذين النوعين أفضل أو أسوأ؛ إنهما ببساطة يصفان أين تقع حاجاتنا وميولنا؛ فكلما عرفت احتياجاتك بصورة أفضل، استطعت العيش كما هو متوقع، والقيام بعمل ما يهمك من الأمور، ويوجد شيء ضروري؛ موازنة وقتك مع نفسك، ووقتك مع الآخرين، بحيث تحصل على المدة الصحيحة من الوقت لكلٍ منهما. وتعلَّم أن تسأل نفسك: ما الذي أحتاجه بالضبط؟ قريبًا ستدرك أنك تعرف الإجابة دائمًا تقريبًا سؤال العيش كما هو متوقع:

ما الذي أحتاجه بالضبط؟

مولدات الرياح وبطارياتها

إن المقارنة من مجال آخر لتوليد الطاقة، تظهر الفرق بصورة أوضح: الانبساطي يولِّد طاقته مثل مولدات الطاقة بفعل الرياح؛ يحتاج أولًا إلى مدخلٍ خارجي لتوليد الطاقة، وثانيًا عليه الانخراط بنفسه بفاعلية في هذه العملية وعليه أن يتحرك بحيوية، في حين أن الانطوائيين مثل البطاريات: يعيدون تجديد طاقتهم بالاسترخاء من دون رياح (مدخل خارجي)، ويفضلون عدم إقحام أنفسهم في أي نشاط في هذه المرحلة؛ لذلك الانطوائيون مثل (البطاريات)، يحتاجون إلى وقت أطول لاسترجاع الطاقة التي استهلكوها.

العقول الانبساطية والعقول الانطوائية

يمكن لعلماء الأعصاب الآن أن يبينوا أن النشاط العقلي للانطوائي يستهلك طاقة أكثر مما يفعل الانبساطيون.

وبالمقارنة، عقول الانطوائيين تظهر مستوى أعلى من النشاط الكهربائي، وهذا ينطبق كل الوقت، وليس فقط عند مواجهة تحدٍّ عقلي غير اعتيادي، وإضافةً إلى ذلك يمكن رؤية هذا المستوى العالي من الطاقة في القشرة الأمامية الجبهية حيث تُعالج الأحداث الداخلية. هذا الجزء من الدماغ يتعامل مع التعلم، واتخاذ القرارات، والذاكرة، وحل المشكلات. إذًا الانطوائيون يستهلكون طاقة أكثر لمعالجة الانطباعات والانفعالات؛ لهذا فهم يستنزفون طاقتهم بوتيرة أسرع من الانبساطيين الذين يشبهون مولدات الطاقة من الرياح، حيث يمكنهم إعادة التجديد في أثناء استهلاكهم للطاقة في أمر ما؛ لذلك من المهم بالنسبة إلى الانطوائيين على نحو خاص الاقتصاد في استهلاك مواردهم الداخلية.

أدمغة الانطوائيين قابلة للإثارة المفرطة

أدمغة الانطوائيين أيضًا تستجيب للمثيرات الخارجية أكثر مما تفعل أدمغة الانبساطيين، وردة فعلهم أكثر حساسية للمحفزات من حولهم، وأسهل إفراطًا في الاستثارة، ويحتاجون كثيرًا إلى طاقة أكثر في معالجة الانطباعات والانفعالات، هذا يعني -مثلًا- أنه بالنسبة إلى شخص انطوائي مثل جون، حتى مستوى صوت منخفض يمكن أن يكون ضارًّا بأنشطته العقلية مثل التعلم، ولكن زملاءه من الانبساطيين يمكنهم التعلم بسهولة أكثر إن كان مستوى الصوت (مذياع مثلًا) معتدلاً، بدلًا من الصمت التام.

هذا لا يعني أن الانبساطيين أكثر حيويةً من الانطوائيين، على العكس، إذ إنّ الانطوائيين لم يُخلقوا ليكونوا أهدأ من الانبساطيين، وحتى صفة الخجل ليس لها علاقة بالانطوائيين؛ فالخجولون يكونون قلقين، لا سيما حيال التواصل الاجتماعي، وهم غالبًا لا يشعرون بضرورة مقابلة أشخاص آخرين، ولا علاقة للخوف بمتصل الانطوائيين ـ الانبساطيين؛ فقد يداهم كلا النوعين.

الانطواء يعني شيئًا مختلفًا تمامًا عن الخجل وفرط الحساسية؛ ففرط الحساسية يعني أن الجهاز العصبي حساس بصورة غير اعتيادية للمؤثرات الخارجية، ما يؤدي إلى حساسية زائدة وسريعة بصورة خاصة، لكنه قد يؤدي إلى درجة عالية من التفهم للآخرين، ومع ذلك فإن كثيرًا من الأشخاص الذين يعانون فرط حساسية هم من الانطوائيين، الحقيقة أن 30% منهم من الانبساطيين، كما أظهرت ذلك خبيرة علم النفس إيلين آرون Elaine Aron.

ستجدون عنوان موقع إيلين الإلكتروني في نهاية هذا الكتاب؛ إذ إن لديها اختبارًا يساعدك على تقويم نفسك.

الانبساطيون والانطوائيون: اكتشافهم ورؤى جديدة

فرويد و يونغ

طوّر سيجموند فرويد Sigmund Freud (انبساطي) التحليل النفسي الحديث قبل (100) عام؛ إنه يرى أن الرغبة الجنسية هي القوة المحركة لمنطقة اللاوعي عند الإنسان.

زميله الأصغر وشريكه في المجال كارل جوستاف يونغ Carl Gustav Jung (انطوائي) كان نزّاعًا إلى انتقاد نظرية فرويد، فخرج بنموذج أكثر شموليةً عن اللاوعي يتضمن عناصر أخرى غير الجنس.

لم يكن لهذه الفرضيات المبدئية تأثير مثمر في العلاقة بين هذين العالِمين؛ فقد بدأ كل منهما عمله بمفرده، وتابع كل منهما بحوثه مستقلًّا عن الآخر.

وفي سنة (1921م)، عرَّف يونغ في مقالته الأنماط النفسانية الانبساط والانطواء Psychologische Typen –Psychological Types ـلأول مرةـ على أنهما خصائص مميزة تسهم بصورة خاصة في تكوين الشخصية، وعرَّف أربعة أنشطة (الإدراك، والتفكير، والشعور، والحدس) تؤثر في شخصيات الانطوائيين والانبساطيين على حد سواء، ويمكن العثور على الفرق بين الانطوائيين والانبساطيين في نماذج الشخصيات كلها لدى يونغ. ومؤشر أنواع مايرزـ بريجز في أمريكا على وجه الخصوص The Myers–Briggs Type Indicator–MBTI– واختبارات Insights Tests الاستبصارات أو الرؤى بقيت قريبة من التصنيف الأصلي؛ لأنها أخذت الوظائف الأربع التي حددها يونغ في الحسبان، ولكن طرقًا مثل (اختبار جوانب الشخصية الخمسة الكبرى)، و(ملف ريس)، و(ألفا بلَس) Big Five Test', the Reiss Profile, the Alpha Plus وتحليل ستراكتوغرام Structogram تستعمل الانطواء والانبساط على أنهما سمات مميزة، ولكنها لم تعَرِّف تعريفًا موحدًا، ولم تستعمل المصطلحات نفسها بالضبط، ومن المثير للاهتمام أن اختبارات الخمس الكبرى تضع الانبساطي والانطوائي بوصفهما عنوانين فرعيين يندرجان تحت عنوان عام (الانبساط)، ما جعلهما يبدوان مثل استعمال (المرأة) عنوانًا عامًّا لعنوانين فرعيين (المرأة) و (الرجل).

وفي كتابها **ميزة الانطواء**، أشارت مارتي أولسنليني Marti Olsen Laney, 2002, The Introvert Advantage إلى أن فرويد بعد جداله مع يونغ، قدم مفهوم الانطواء في كتاباته تقديمًا سلبيًّا بوصفه أنانية، في حين رأى أن الانبساط إيجابي وصحي أكثر، فهل يمكن أن ترجع تلك الصورة السلبية التي مازالت ملتصقة بالانطواء حتى الآن (وهذا موجود بوضوح في كثير من الاختبارات التي ذُكرت سابقًا) إلى المواجهة بين أكاديمي انبساطي وزميل انطوائي؟

حدد وولفيونغ روث Wolfgang Roth,2003 روابط مختلفة؛ فهو يشعر أن يونغ عندما صنف الصفات الشخصية، حاول تفسير عدم اتفاقه مع فرويد، وهو أمر أقلق يونغ وأثار اهتمامه ردحًا طويلًا من الزمن.

ولكن يوجد أمر مهم: إن يونغ لا يقوِّم الناس من حيث درجات الانطواء أو الانبساط، بل يرى أن النوعين مهمان ولكل منهما قيمته، ومن وجهة نظره أن الانطوائيين والانبساطيين يكملون بعضهم ، ويمكن أن يساعدوا بعضهم على توسيع آفاقهم، من خلال استعمال منظور جديد؛ مثلًا يمكن بسهولة ترتيب مساعدة إضافية من قِبل زميل انبساطي ضمن الشركة، بينما يتأكد الزميل الانطوائي أن أي تغيير في الاتجاه قد خضع إلى دراسة شاملة، والأب الانطوائي يضع حدودًا بالتدريج لابنته الانبساطية في أثناء تقدمها بالعمر؛ لتفادي ما قد ينشأ من مواجهات على صعيد التواصل بين الانطوائيين والانبساطيين.

أهمية علم النفس العصبي

أحدثت البحوث في هذه الأثناء تقدمًا؛ وثمة مجال واحد مثير على نحو خاص في حقل الانطواء ـ الانبساط: علم سيكولوجية الدماغ. لا نتحدث عن الطب هنا ـ وإنما في آفاق المجال العلمي هناك قصة مثيرة بحد ذاتها، وقد بيَّنت دراسات بدأت منذ تسعينيات القرن الماضي فصاعدًا أن تصل الانطوائي ـ الانبساطي في مناطق متعددة من الجهاز العصبي المركزي ليس افتراضًا نفسيًّا فحسب، ولكنه أيضًا حقيقة بيولوجية؛ بمعنى: إن أفعالنا وشخصياتنا محكومة بالتفاصيل النفسية في الدماغ، لكن لا يمكننا الاستنتاج من ذلك أن علينا التواصل أو التصرف بطريقة معينة؛ فالصفات النفسية تؤدي إلى استنتاجات عن قوانا وميولنا. هنا ملخص مقتضب لأهم الرؤى:

أدمغة الانطوائيين والانبساطيين مختلفة

1. يمكن بيان أن هناك نشاطًا كهربائيًّا في القشرة الأمامية للانطوائي أكبر منه لدى الانبساطي؛ حيث نتعامل مع العمليات الداخلية مثل، التعلم، واتخاذ القرارات، والتذكر، وحل المشكلات Roming 2011.

2. عام (1999م)، بيَّنت الطبيبة الأمريكية ديبرا جونسون Debra Johnson أن الانطواء مرتبط بارتفاع تدفق الدم في المنطقة الأمامية ذاتها، وبيّنت أيضًا الفروقات الناتجة من ذلك بين الانطوائيين والانبساطيين، حيث دماؤهم تتبع مسالك مختلفة في الدماغ، ومثيرات الانطوائيين تذهب عميقًا في الدماغ على طول المسالك العصبية أكثر مما هي عليه لدى الانبساطيين؛ لذلك يحتاج الأشخاص الهادئون إلى وقت أطول للتعليق أو الاستجابة.

3. تسيطر نواقل عصبية مختلفة في دماغ الانطوائيين أكثر منها لدى الانبساطيين؛ إنها ناقلات الرسائل التي تؤثر في أنشطة قشرة الدماغ، وتنقل رسائل تحمل الاطمئنان والرضا. Roth, 2007. تتشكل المسارات التي تسلكها النواقل العصبية عن طريق تكرار الأفعال، وتجعل ما نفعله كله مسألة عادة (طبْع). ولكل فرد جيناته الخاصة المحددة المستوى للنواقل العصبية المختلفة، ويظهر الانبساطيون نشاطًا أكبر في مجرى الناقل العصبي للدوبامين، في حين أن الانطوائيين لديهم مركب الأسيتيل كولين أكثر Olsen Laney 2002.

4. هذان الناقلان العصبيان لهما تأثيرات مختلفة: الدوبامين يتعامل مع النشاط الحركي، وحب الاستطلاع، والبحث عن

المكافآت، في حين أن أسيتيل كولين مهم للتركيز، والذاكرة، والتعلم Roth 2007، وقد لخصت سوزان كين Susan Cain تبعات هذا الاختلاف العصبي البيولوجي: عرَّفت الانبساطيين بأنهم موجهون نحو المكافآة، والانطوائيين بأنهم موجهون نحو التهديد Cain 2011، وهذا له تبعاته فيما يتعلق بالتواصل: المؤهلات البيولوجية لدى الانبساطيين تجعلهم أكثر مرحًا، وحماسًا، واندفاعًا وبهجةً، في حين أن الانبساطيين غالبًا ما يحبون المخاطرة؛ فمثلًا لديهم مواقف معارضة أكثر، ويميلون لأخذ الفرص التي فيها مخاطرة عند التفاوض، وغالبًا ما يشعرون براحة أكثر بوجود جمهور كبير. والانطوائيون لا يشعرون بالبهجة كثيرًا، ويشعرون بها بدرجةٍ أقل، لكنهم يحدقون النظر ويستمعون جيدًا قبل أن يقدموا علىً الفعل، ويفضلون تحاشي المواجهات، ونادرًا ما يكونون عدائيين. توجد دراسات تشير إلى أن الانطوائيين لديهم إيمان أكثر من الانبساطيين.

5. يجب وضع النواقل العصبية في سياق أوسع؛ يوجد خصمان في نظامنا العصبي اللاإرادي (في المنطقة التي يحدث فيها كل شيء تلقائيًّا). الجهاز الودي (Sympathetic System) يتأكد أن الجسم قادر على القيام بوظائفه بصورة جيدة، يحضره للهجوم أو الفرار أو لجهد كبير في العلاقة مع العالم الخارجي، هذا العصب يستعمل ناقل الدوبامين الانبساطي لأغراض النقل. النظام السمبتاوي (Parasympathetic System) يتعامل مع النقيض تمامًا؛ فهو يعمل على التأكد من الهدوء، والاسترخاء، والحفظ، ويقلل من معدل ضربات القلب، ويحفز الهضم، مستعملًا أسيتيل كولين (الناقل العصبي للانطوائيين).

6. مارتي أولسون ليلي أوصحت نتيجةً لهذه الروابط و(بعض الدراسات الأخرى) أن الانطوائيين والانبساطيين بادئ ذي بدء مختلفون بيولوجيًّا؛ لأن الجهاز العصبي اللاإرادي لديهم مختلف التكوين: نشاط الجهاز الودي لدى الانبساطيين مُسيطَر عليه، وعند الانطوائيين الجهاز السمبتاوي هو المسيطر عليه، وبالإضافة إلى ذلك، يبدو أن الانبساطيين (بناءً على ديبرا جونسون في بحثها المذكور سابقًا 1999م) يحتاجون إلى محفزات خارجية أكثر من الانطوائيين؛ لأنهم لا يستطيعون تحفيز أنفسهم داخليًّا بمستوى الشدَّة نفسه؛ لذلك يُعدُّ الهدوء الخارجي والطمأنينة تحدِّيًا للانبساطيين، وبيَّن الباحثان دين وبيتر كوبلاند Dean & Peter Copeland أن نقص المحفزات الخارجية (أي الأنشطة الاعتيادية الرتيبة، ونقص عدد الأشخاص النشطين، والطقوس الجامدة) بالنسبة إلى الانبساطيين، يسبب نقصًا في التحفيز لديهم. Hamer/ Copeland 1998 إذًا الانبساطيون يصبحون قلقين وضجرين بوتيرة أسرع إن استمر النقص في التحفيز مدة طويلة: تظهر لديهم أعراض نقص الدوبامين.

7. هذا يوضح لماذا يستمد الانبساطيون طاقتهم من سلوك فاعل موجه نحو الخارج، في حين أن الانطوائيين يجدون قوتهم في الهدوء والسكينة؛ حيث ترتبط طريقتا إيجاد الطاقة بحالة اختلاف أنظمة استعداد الجهاز العصبي اللاإرادي.

منطقة الراحة بوصفها موئلًا طبيعيًا حيويًا

ما قلناه حتى الآن يكفي لبناء القاعدة الأكاديمية لقرارنا، فمن السهل استنادًا إلى هذه الخلفية أن نفهم لماذا يُعد صحيًّا أكثر الانتقال عبر تصل

الانطوائي - الانبساطي ضمن منطقة الراحة الخاصة بنا كلما أمكن ذلك؛ إنه الشيء الأقرب إلى طبيعتنا البيولوجية، الشيء المناسب لنا، ويمكننا فيه تنظيم حياتنا بسهولة أكثر وسعادة أكبر.

هل هناك انطوائيون أكثر أم انبساطيون أكثر؟

حتى الآن لا يمكن إيجاد إجابات علمية محددة للأسئلة كلها حول الانطوائيين والانبساطيين، ويمكننا أن نرى ذلك في الإجابة عن سؤال مثير، وأن الإجابة عنه تختلف بحسب وجهة النظر: هل الانطوائيون أقلية مقارنةً مع الانبساطيين؟

الانطوائيون غالبًا أقل ظهورًا، لكنهم موجودون في كل مكان.

يتواصل الانبساطيون بنشاط من خلال الأذن والعين، وغالبًا ما يظهرون كأنهم الأغلبية في المجموعات، فيما الانطوائيون ممثلون بأعداد أقل. وفي كتاباتها مارتي أولسن ليني تستشهد بكتَّاب مثل كروجر وثيوزن Kroeger&Thuesen اللذين يعملان على قاعدة أن 75% من الناس هم من الانبساطيين، في حين أن تقديرات سوزان كين كانت 30%- 70% هم من الانبساطيين، ولكن دراسات لوري هيلجو Laurie Helgoe, 2008 وديفورا زاك Devora Zack, 2012 حول الانطوائيين تعمل على قاعدة التوازن 50%: 50% انبساطيون: انطوائيون كذلك في مؤلفات مؤشر النوع مايرز - بريجز Myers–Briggs Type Indicator.

يبدو أن من المستحيل تأكيد نسبة محددة، ولكن شيئًا واحدًا مؤكد: هنالك كثير من الانطوائيين.

الجزء الثاني يشير إلى سؤال أكثر أهمية للفكرة المركزية لهذا الكتاب من أي مجموعة من الأرقام. كيف يُبّقي الانطوائيون على علاقتهم بالآخرين عندما يرتبط الأمر بالتواصل؟

الخليط المناسب من الناس

هل الانطوائيون ليسوا اجتماعيين؟

الأشخاص الهادئون قليلو الكلام في الأوساط الاجتماعية يطلق عليهم اسم (لا اجتماعي)، وهذا غير منصف؛ فالانطواء وصفات مثل الصداقة أو الاهتمام بإنسان آخر هي سمات شخصية مختلفة تمامًا. بالطبع لدينا الإنسان كثير الدراسة غريب الأطوار الذي يبقي تواصلاته الاجتماعية الرئيسة عن طريق الإنترنت.

لكن لدينا الخبيرة في تواصل الانطواء (مثل ناديا التي ستتعرفون إليها في الفصل السادس)، والتي لديها الكثير لتقوم به مع أنواع متعددة من الناس، وهي تستمتع به. كذلك توجد شخصيات مختلفة بين الانبساطيين: ليس كل انبساطي شخصًا مسليًّا، إضافة إلى أن كثيرًا من الانبساطيين سخيفون وحمقى اجتماعيًّا، والنساء والرجال كلهم مخلوقات اجتماعية، ويحتاج بعضهم إلى بعض.

لكن الحاجة مصطلح واسع؛ مثلًا الطفل يحتاج إلى الآخرين من أجل البقاء، ونحن بوصفنا أشخاصًا بالغين نحتاج إلى الشراكة مع الآخرين، ومنظمة حقوق الإنسان ترى أن الحبس الانفرادي نوع من التعذيب. يحتاج كل إنسان إلى أن ينظر إلى الآخرين من أجل بناء معايير السلوك. والقدرة على بناء تواصل شخصي مع الآخرين تحتاج إلى مجموعة من الصفات، وتتضمن الاهتمام بالآخرين، والتعاطف، والاحترام، والشفقة - حتى القدرة على الاعتراف بالذنب. هذه صفات لدى الناس بصرف النظر عن كونهم انبساطيين أو انطوائيين.

الأشخاص الهادئون يحتاجون إلى الطاقة من أجل التفاعل الاجتماعي، في حين أن الانبساطيين يستمدون طاقتهم من هذا التفاعل.

الاستثمار مقابل المكافأة

يحتاج كل من الانبساطيين والانطوائيين إلى زملائهم الآخرين من النوع ذاته، حالهم حال الآخرين جميعهم من الأنواع كافة؛ فبالنسبة إلى الانبساطيين الالتقاء بالآخرين دائمًا يمثل استثمارًا؛ فكما رأيت سابقًا في الكتاب أن التواصل مع الآخرين، وقبل كل شيء في مجموعات كبيرة يستنفد كثيرًا من طاقة الانطوائي، ولكن بالنسبة إلى الانبساطيين فهم يستفيدون من اللقاء، وهذه مكافأة من النواقل العصبية، وقبل ذلك كله يكتسبون الشيء القيِّم ألا وهو الطاقة. وسوف تتذكر أيضًا أن الانبساطيين يحتاجون إلى الرياح كما تحتاجها المولدات، بمعنى أنهم يحتاجون إلى التفاعل مع الآخرين بإلحاح يحاكي إلحاح احتياج الانطوائيين -مثل البطاريات- إلى وقت خاص بهم (الانفراد) لتجديد طاقاتهم، كذلك الانبساطيون عادةً ما يشعرون بالراحة في مرافقة الآخرين ومشاركتهم، ويمكنهم التركيز على المنظور الخارجي.

كذلك يشعر الانطوائيون براحةٍ مع أشخاص آخرين، ولكن توجد اختلافات؛ فالانطوائيون يحتاجون إلى مثيرات أقل، ويحدث كثير من الأمور في عقولهم من دون إثارة خارجية خلافًا لعقول الانبساطيين؛ لذلك غالبًا ما يجد الهادئون المناسبات الاجتماعية متعبة، فينزوون: يقومون بقليل من الترتيبات المشددة، أو يتخذون موقفًا سلبيًّا بدلًا من الاقتراب من الناس. ويفضل الانطوائيون أنماطًا أخرى من التواصل؛ يحبون التحدث إلى شخص أو اثنين بدلًا من المجموعات الكبيرة، ويحبون إلقاء المحاضرات في غرف صغيرة بدلًا من القاعات الكبيرة والمكتظة بالناس، ومهما كانت المحادثة ملهمة، فإن الطاقة المبذولة فيها يمكن استبدالها فقط عند معالجة المثير في وقت الراحة على انفراد.

حياة داخلية مجهدة

لهذا السبب يميل الهادئون إلى الانغلاق على أنفسهم من العالم الخارجي إذا كان لديهم كثير من الانفعالات لمعالجتها، وهذا يمكن أن يعطي الانبساطيين انطباعًا كاذبًا مثل أن يقولوا لأنفسهم: (لا يمكن معاملة الناس هكذا!). في أسوأ الحالات يرون الانطوائيين أنانيين، غير مهتمين بالتعامل مع الآخرين، مثل النسَّاك. أعزائي القرَّاء الانبساطيين، هذا غير صحيح! ولكن بالمقارنة معكم فقط، الانطوائيون ببساطة يحتاجون إلى العمل بجهد على حياتهم الداخلية المجهدة: الانفعالات الخارجية تكون في صراع دائم مع الخبرات، والسلوك، أو الافتراضات الشخصية، وهذا يعني أنه من المنطقي أن تكون (الذاكرة العاملة) أقرب لأن تكون محملةً فوق طاقتها من هذه الأنشطة.

بوصفك انطوائيًّا، تأكد من حصولك على وقت مستقطع كافٍ لنفسك.

الوقت اللازم لتجديد النشاط!

من الجيد للانطوائيين البقاء منفردين بين حين وآخر: لأجل الاستيعاب والتجدد، وبهذه الطريقة يمكن تجنب الإثارة المفرطة، والإنهاك، والرغبة في التوقف التام في أثناء إجراء محادثة، وعلى كل حال الحاجة إلى الانفراد لا تعني أنك غير اجتماعي مطلقًا، بل على العكس الهادئون يريدون فهم ما يحدث حولهم بصورة مناسبة؛ ولهذا هم بحاجة إلى استيعاب ذلك بدقة. باختصار: ما يحدث لهم أكثر مما يحدث للانبساطيين، لكن ذلك غير مرئي.

ويشعر الانبساطيون أنهم مستبعدون قليلًا، ضجرون، أو حتى مرفوضون عندما يكونون بصحبة أشخاص هادئين.

بالتأكيد لا: هذا انطباعٌ غير صحيح؛ لذا وبسبب تنظيم أدمغتهم بطريقة محددة، يستفيد الانطوائيون إذا اهتموا بتناوب وقتهم مع الآخرين ووقتهم بمفردهم بطريقةٍ ملائمة.

والتناوب الصحيح يعتمد على موقع منطقة الراحة الخاصة بهم على تصل الانطوائي ـ الانبساطي، (انظر ولكن، من هو الشخص الهادئ؟ في بداية الفصل).

هناك بعض الأشخاص الانطوائيين المنكفئين الذين يحتاجون إلى كثير من الهدوء والسكينة (عند نهاية تصل الانطواء)، بخاصة بعد المناسبات الاجتماعية، في حين أن الانطوائيين الذين يميلون نحو وسط المتصل يحتاجون إلى وقت مستقطع أقل؛ هم يحبون الناس، ويبنون تواصلاتهم بطريقةٍ تسهل تصنيفهم بوصفهم انبساطيين، وقد أطلق هيلجو على هذه النوعية من الناس مصطلح «الانطوائيون الانبساطيون اجتماعيًّا». أما أنا فأُسمي هذه الفئة من الأشخاص الهادئين الذين يمكنهم الانبساط بسهولة «انطوائيين ـ مرنين». هؤلاء الانطوائيون يصعب تمييزهم عن الانبساطيين من النظرة الأولى؛ فكثير من الناس من هذا النوع يحبون أن يكونوا مع الناس، وغالبًا ما يكونون جيدين في بدء التواصل، فقط عندما يتعلق الأمر بإدارة الطاقة يصبحون مختلفين تمامًا بصورة واضحة وحاسمة: يحتاجون إلى الابتعاد وإلى وقت من الهدوء؛ كي يتمكنوا من تكريس أنفسهم كليًّا للآخرين من جديد.

الاعتراف بالحاجة إلى الوقت المستقطع

نظرًا إلى أن هذا النوع من الأشخاص الهادئين يظهرون أن من السهل الوصول إليهم، يصبح الانطواء مشكلة: كثيرًا لا يُدرك الأشخاص الآخرون أن هؤلاء قد يكونون بحاجة إلى الانفراد، وحتى الانطوائيون الانبساطيون اجتماعيًّا يعوزهم وقت أطول كي يدركوا أنهم بحاجة إلى هذا النوع من الهدوء والسكينة والانفراد بأنفسهم: في النهاية هم يستمتعون بصحبة الآخرين! لكن موهبتهم التي تمكنهم من إحراز النجاح بالتواصل مع الآخرين لا شأن لها بحاجتهم إلى الهدوء والسكينة. الانطوائيون المرنون ينهكون أنفسهم بسهولة بخاصة لأنهم

بطيئون في إدراك هذه الحاجة، ويستمتعون بمصاحبة الآخرين، ومن المفيد لهم التخطيط الدقيق لأوقات راحة منتظمة.

مما لاشك فيه أن الانطوائيين اجتماعيون تمامًا مثل الانبساطيين، إنهم يقدرون عاليًا شبكةً من المعارف يسهل التحكم فيها وموثوقة. قوِّم أولوياتك الآن. السؤالان اللاحقان سوف يساعدانك على ذلك:

سؤالان أطرحهما عليك ؟

1. أي نوع من الناس تشعر بالراحة معهم بصورة خاصة؟
2. أي حالة تناسبك أكثر؟

هل أنت شخص هادئ؟

تقويم احتياجاتك الخاصة

إن كنت شخصًا هادئًا، فإن هذا السؤال على الأغلب أهم سؤال في الكتاب: الآن ـ بعد أن عرفت أهم صفات الأشخاص الهادئين ـ يجب أن تحدد موقعك؛ أين أنت على تصل الانطواء ـ الانبساط؟ حالما تجد موقعك، سوف تتمكن من الدخول إلى مناطق القوة ومناطق العقبات في تعاملك مع نفسك ومع الآخرين، وستوفر كثيرًا من الطاقة؛ كتلك الطاقة المستَثمرة في العيش بوصفك إنسانًا هو ليس أنت في الحقيقة (كما فعلت أنا). وإن لم يكن أي شيء آخر، فهذه المعرفة بحد ذاتها سوف تساعدك على إجراء تقويم واعٍ لما تحتاجه تمامًا في مواقف خاصة.

الاختبار الآتي سوف يساعدك على تحديد موقعك. حضِّر شرابك المفضل، اقتطع لنفسك ربع ساعة من الهدوء، أحضِر قلمًا، واكتشف إن كنت شخصًا هادئًا.

أين موقعك على المتصل ؟

أشر إلى العبارة الصحيحة بالنسبة إليك.

1. ينفد صبري بسرعة عندما أتحدث لشخص ويتأخر طويلًا في الإجابة.. ☐
2. أفضِل التحدث لشخص واحد بدلًا من التحدث إلى عدد من الأشخاص. .... ☐
3. يمكنني فهم ما أفكر به بسهولة أكثر عندما أتحدث عنه إلى أشخاص آخرين. .... ☐
4. أحب أن يكون كل ما يحيط بي مرتبًا ونظيفًا. .... ☐
5. أحب أن أتصرف بسرعة (بشعورٍ غريزي) بدلًا من إطالة التفكير في الأشياء. .... ☐
6. أنا في الحقيقة أشعر بالتعب، وأفضل البقاء منفردًا. .... ☐
7. يتعبني الأشخاص الذين يتحدثون بسرعة. .... ☐
8. ذوقي الشخصي مميز. .... ☐
9. أتحاشى الحشود الكبيرة من الناس إن أمكن ذلك. .... ☐
10. أجد الأحاديث القصيرة أسهل حتى مع أشخاص لا أعرفهم. ☐
11. أشعر بالتعب والانفعال عندما أمضي وقتًا طويلًا مع الناس. ☐
12. يولي الآخرون حديثي اهتمامًا عندما أتحدث. .... ☐
13. إذا كان لدي ضيوف ممن يمكثون طويلًا ، أتوقع منهم مساعدتي. .... ☐

14. أفضل تجزئة العمل على مشروع، إلى أجزاء صغيرة بدلًا من قضاء وقت طويل في العمل عليه دفعة واحدة. .... ☐

15. أشعر بتعب شديد بعد إجراء قدر كبير من المحادثات، أو من المحادثات التي تنعقد بأصوات مرتفعة. .... ☐

16. لا أحتاج إلى كثير من الأصدقاء. .... ☐

17. لا أمضي وقتًا طويلًا في التفكير في ما يدور في عقول الآخرين. .... ☐

18. من المهم بالنسبة إليَّ الحصول على قسط وافر من النوم. . ☐

19. أجد إثارة في الأماكن الجديدة وما يحيط بي. .... ☐

20. أتوتر عندما يحصل إزعاج مفاجئ أو موقف غير متوقع. .... ☐

21. أعتقد أن الناس غالبًا ما يظنون أنني شخص هادئ جدًّا، ممل، غير ودود وخجول. .... ☐

22. أحب المراقبة عن قرب ولي عين ترصد التفاصيل. .... ☐

23. أحب التحدُّث بدلًا من الكتابة.............................. ☐

24. أراجع نفسي كثيرًا قبل اتخاذ القرار في شأن ما. .... ☐

25. غالبًا ما أكون بطيئًا في رصد التوتر بين الأشخاص. .... ☐

26. أتميز بحساسية للجمال. .... ☐

27. أجد أحيانًا أسبابًا لعدم الذهاب إلى حفلة أو أي مناسبة اجتماعية. .... ☐

28. أنا سريع الثقة بالآخرين نسبيًّا. .... ☐

29. أحب التفكير في الأمور مرارًا والوصول إلى العمق فيها...... ☐

30. أتحاشى الحديث إلى جمهور كبير إن أمكن ذلك. .... ☐

31. الإصغاء ليس من نقاط القوة لدي. .... ☐

32. غالبًا ما تضعني توقعات الناس تحت ضغط شديد. .... ☐

33. في وسعي أن أتلقى عادة الهجوم الذي يستهدفني شخصيًّا برضا وعن طيب خاطر.. ☐

34. أشعر بالملل سريعًا. .... ☐

35. أسعد بالاحتفالات الكبرى إن كان هناك شيء خاص للاحتفال به: حفلة أو وجبة طعام بحضور كثير من الأشخاص......... ☐

36. الآن قوِّم الجمل الخبرية التي أشرت إليها. .... ☐

جمل الانطوائيين: 2، 6، 7، 9، 11، 15، 16، 21، 22، 24، 27، 29، 30، 32.

جمل الانبساطيين: 1، 3، 5،10، 12، 14، 17، 19، 23، 25، 28، 31، 33، 34، 35.

الجمل: 4، 8، 13، 18، 26. لا علاقه لها بالانطواء أو الانبساط، هي فقط لتجنب الوقوع في رتابة الإجابة. كيف بدت لك نتيجتك؟

أنت انطوائي وأشرت على الأقل إلى ثلاث جمل انطواء زيادة عن جمل الانبساط: كلما زاد اختيارك من جمل الانطواء، يعني ذلك أنك انطوائي بصورة واضحة. هذا الكتاب سوف يخبرك كيف تحدد احتياجاتك وتعمل على تعزيز نقاط قوتك؛ لذا تأكد من بقائه معك.

إذا اخترت العدد نفسه من كل من جمل الانطواء والانبساط؛ أي

ليس أكثر من جملتين مختلفتين: أنت في المنطقة المتوسطة بين الانطواء والانبساط، كما يقال (متوازن)، ويمكنك الاستمرار جيدًا بكلا النوعين من الشخصيات؛ فسلوكك مرن (قابل للتكيف). هذا الكتاب سوف يبين لك بادئ ذي بدء مخزون الجانب الانطوائي لديك - بمعنى آخر ربما الجانب الأقل وضوحًا لك.

أنت انبساطي، واخترت على الأقل ثلاث جمل انبساط زيادة عن جمل الانطواء: كلما زادت جمل الانبساط التي أشرت إليها، هذا يعني أنك انبساطي بصورة واضحة، وكلما واصلت القراءة سوف تكتشف ما الذي يجعل الانطوائيين يختارون، وسوف ترى كذلك كيف تختلف عنهم بوصفك انبساطيًّا؛ سوف تتفهم كثيرًا من الأشخاص حولك على نحو أفضل، وكذلك يمكنك الاستمرار معهم بصورة أفضل.

نحن أقوى عندما نعرف أنفسنا

الآن قوَّمت نفسك، واخترت النقاط التي تتفق مع نظرتك لنفسك، النتيجة ليست مفاجئة لك، ولكن هذا التحليل البسيط يمكنه القيام بشيئين من أجلك:

أولًا: يمكنك مقارنة نتائجك مع نتائج الآخرين، هذا يؤدي إلى فهم أفضل للطرفين؛ مثلًا أنت وشريكك.

ثانيًا: الجمل تزودك بإشارات حول كيفية معالجة نقاط قوتك واحتياجاتك في الحياة بوصفك انطوائيًّا أو انبساطيًّا، وهذا بالضبط ما يؤدي إلى تغيير جوهري.

نكون أكثر قوة عندما نعرف أنفسنا، نعترف بصفاتنا، ونتحمل مسؤولية قوتنا واحتياجاتنا.

جدول الانطواء _ الانبساط

انبساطي نموذجي، انطوائي نموذجي

للذين يفضلون مسحًا ممنهجًا، سوف يحصلون على مقارنة أخرى هنا: ما الذي يجعل انطوائيًّا نموذجيًّا أو انبساطيًّا نموذجيًّا، يختار؟

الكلمة الرئيسة هي نموذجي: كما قيل سابقًا، من النادر أن تكون الشخصيات انطوائية أو منبسطة على نحو ملحوظ.

سؤال من أجلك ؟

قوِّم نفسك مجددًا مستعينًا بالقوائم الآتية: ما خصائص الانطوائي وخصائص الانبساطي التي لديك؟

- على وجه العموم خصائص الانطوائيين أكثر. ☐
- على وجه العموم خصائص الانبساطيين أكثر. ☐
- كل منها بالدرجة نفسها. ☐

انبساطيون نموذجيون	انطوائيون نموذجيون
يجددون طاقاتهم من خلال التواصل مع الآخرين (مولدات الطاقة من الرياح)	يجددون طاقاتهم من خلال الهدوء والسكينة والانفراد
يستمدون طاقتهم من الأنشطة والتواصل	يحتاجون إلى الانفراد بعد الأنشطة والتواصل
غالبًا يتحدثون ويتصرفون بعفوية، ومن دون تفكير _ يرتبون أفكارهُم في أثناء الحديث	يفكرون قبل الحديث أو التصرف _ يفكرون مليًّا بالأمور قبل القيام بها
يفضلون التصرف على المراقبة والمتابعة لوقت طويل	يراقبون كثيرًا، ويتصرفون بالطريقة المناسبة

انبساطيون نموذجيون	انطوائيون نموذجيون
يتحركون بفعل ضغط الوقت والمواعيد النهائية، ويحبون الحلول السريعة	يجدون ضيق الوقت مجهدًا، ويحبون الحصول على زيادة في الوقت للتفكير أو قبل اتخاذ قرار
يفضلون القيام بمشاريع عدة في آن معًا	يفضلون العمل بدقة وفي مجال واحد من عملهم
يحتاجون إلى مساحة شخصية صغيرة	يحتاجون إلى المساحة الشخصية (مثلًا، غرفة نوم خاصة بهم، مسافة من الآخرين ضمن المجموعة)
يعتقدون أن لديهم كثيرًا من الأصدقاء	يعتقدون أنهم قريبون من عدد قليل من الأشخاص الذين يسمونهم أصدقاء
يجدون أن المحادثة القصيرة منشطة ومسلية، ويؤسسون تواصلات جديدة مع كثير من الأشخاص	يجدون المحادثات القصيرة عملًا مجهدًا وسطحيًّا، ويفضلون النقاش العميق مع شخص واحد أو مجموعة صغيرة. يسعدون في انتظار أن يبادر الآخرون إلى أن يقتربوا
يضجرون بسرعة	يحتاجون إلى قليل من المحفزات الخارجية
يحبون العمل مع الآخرين بوصفهم فريقًا	يحبون العمل منفردين أو مع شخص واحد آخر
يتشتت انتباههم بسهولة	يماطلون بسهولة
يحتاجون إلى المثيرات من الأشخاص، والأماكن، و الأنشطة	يحبون التفكير بِأفكارهِم الخاصة

انبساطيون نموذجيون	انطوائيون نموذجيون
يسعدون بالقُبول والتعليق الإيجابي على ما يفعلونه، وينجحون به	يحبون الشعور بالقبول الشخصي، وهذا يشعرهم بالأمان، ويقلل من شكهم في أنفسهم
يفضلون التحدث بدلًا من الاستماع	يفضلون الاستماع بدلًا من التحدث، لكنهم يحبون الحديث كثيرًا عن الأمور التي تهمهم بخاصة في مجموعات صغيرة
يبادرون بسرعة للحديث عن أفكارهِم ومشاعرهم الشخصية	حريصون كثيرًا عندما يتحدثون عن أفكارهِم ومشاعرهم الشخصية. يتحدثون قليلًا عن القضايا الخاصة ونقاط الخلاف، إلا لقلة من الأصدقاء المقربين
غالبًا يظهرون قلقين، حساسين، غير صبورين، مفرطين في النشاط	غالبًا يظهرون هادئين وشاردي الذهن ومنعزلين ومتعجرفين
يشعرون أنهم في المكان الطبيعي عندما يكونون ضمن مجموعات كبيرة، في ظروف غير متوقعة أو تحت ضغط، ويحبون التواصل مع مجموعات كبيرة	يشعرون أنهم غير مرتاحين في المجموعات الكبيرة، وفي الظروف غير المتوقعة، أو تحت الضغط، وفي الحالات الشديدة قد يفقدون الوعي، ويفضلون التحدث شخصيًا لشخص واحد أو مع عدد قليل من الأشخاص.
غالبًا يبدون عدوانيين	أحيانًا يظهرون بعيدين (منعزلين)
يهتمون بأشياء كثيرة، ويعرفون شيئًا قليلًا عن كل منها	يهتمون بعدد قليل من الأشياء، ويعرفون أشياء كثيرة عنها
يحبون المعلومات غير المعقدة التي في متناول الجميع	يهتمون بالتفاصيل

انبساطيون نموذجيون	انطوائيون نموذجيون
لا ينظرون إلى الأمور على أنها تستهدفهم شخصيًّا بسهولة، ويتعاملون جيدًا مع الخلافات	ينظرون سريعًا إلى الأمور على أنها تستهدفهم، وترهقهم الخلافات
يجدون الأمر يتطلب بذل جهد شاق للحفاظ على الأشياء عندما تحدث تطورات معقدة، أو تتخذ قرارت صعبة	يحافظون على الأشياء بعناد وتركيز حتى وإن أخذت التطورات والقرارات وقتًا أطول لحلها
غالبًا ما يتحدثون بصوت مرتفع، وسريع، على نحو لافت للنظر	غالبًا ما يتحدثون بهدوء ومن دون نبرة مشددة

إذًا، هل أنت انطوائي أم انبساطي؟ الظروف المحيطة بكل منهما تساعد كلًّا منهما على النجاح، علاوة على أن هناك ظروفًا تجعل العيش طبقًا للنوع الواحد أمرًا صعبًا. الفصول القادمة سوف تتعامل مع حالات من هذا النوع.

العالم بحاجة إلى الانطوائيين والانبساطيين

شيء واحد يجب قوله: مهما كانت النتيجة فالعالم يحتاج إلى كل من الانبساطيين والانطوائيين. الجنس البشري (والمملكة الحيوانية والنباتية) تستفيد من التناقضات التكميلية، والجنس البشري بحاجة إلى الرجال والنساء، المثقفين منهم والعاطفيين، المستقرين والرحَّل الانطوائيين والانبساطيين. الانبساطيون يقدمون للانطوائيين شيئًا لا يملكونه؛ موجة من الطاقة، تصرفًا تلقائيًّا، دافعية. والعكس صحيح، الانطوائيون يظهرون لمن معهم من الانبساطيين بعض الأشياء التي تنقصهم؛ كالاحتفاظ بالهدوء عند اللزوم، والعلاقات العميقة، والأذنُ الصاغية؛ هذه نقاط قوة يتقاسمها الهادئون، وتشكل مركز اهتمام الفصل القادم.

النقاط الرئيسة في سطور *

1. يختلف الانبساطيون والانطوائيون بعضهم عن بعض قبل كل شيء في طريقة الحصول على الطاقة؛ الانطوائيون يحتاجون إلى الهدوء والسكينة، والانبساطيون يستمدون طاقتهم من التواصل مع الآخرين ومن الأنشطة.

2. الانطوائيون والانبساطيون قطبان على متصل ولكل إنسان موقعه الخاص على هذا الخط؛ حيث يشعر أنه أفضل، ومن ناحية مثالية يمكنهم قضاء معظم الوقت في ذلك المكان، وإلا يصبح الوضع ضارًّا. التقلبات والتحولات بين الانبساط والانطواء شيء طبيعي، ويرجع ذلك إلى الثقافة العامة السائدة، حالة محددة، والدور الذي يقوم به المرء، والعمر وحتى المزاج.

3. الانطواء، والخجل، والحساسية المفرطة ثلاث خصائص مختلفة، وليست بالضرورة متصلة، ونحن مدينون للتمييز بين شخصية الانطوائي والانبساطي إلى (كارل جوستاف يونغ). قدمت الخصائص الشخصية للانبساطيين في الأدب أحيانًا على أنها أفضل من الخصائص الشخصية للانطوائيين؛ حيث لا يمكن الدفاع عنها كما لدى الطرف الآخر.

4. الانطوائيون والانبساطيون يختلفون في طريقة تنظيم أدمغتهم وفي أنشطتهم العقلية، وكلما كان الانطوائيون والانبساطيون أفضل تآلفًا، بعضهم مع احتياجات بعض وبعضهم مع ميول بعض، كان أسهل عليهم وأكثر إمتاعًا المضي قدمًا وتحقيق النجاح، سواء أكان ذلك بصورة مستقلة أم مع الآخرين؛ فالعالم بحاجة إلى المزايا التي يبديها نموذجا الشخصيتين كلتيهما.

الفصل الثاني

مواطن قوة الانطوائيين

الكنز المخفي

صندوق كنز الرجال الأقوياء

هذا الفصل مُعَدٌّ ليكون شيئًا شبيهًا بصندوق الكنز: ستجد فيه مسحًا للقوى كلها التي غالبًا ما يمتلكها الهادئون، وهذا الجزء مهمٌ جدًّا، وهو مهم لي بصورة خاصة، في عالم تعتمد فيه القيمة الأكبر على التواصل بين الانبساطيين بوصفه أمرًا نسعى جاهدين من أجله. من السهل للأشياء التي يمكن للأشخاص الهادئين القيام بها، وتحقيقها، ويتعين عليهم تقديمها، أن تنزلق إلى الخلف، ولكن الأشخاص الهادئين قادرون على توظيف قوتهم من أجل تحقيق ما يهتمون به، وعلى حثِّ الآخرين للقيام بالتواصل والحفاظ عليه لمقاومة الهجمات بثقة، باختصار يمكنهم النجاح في التواصل على وجه الدقة بالدرجة التي يقدر على تحقيقها الانبساطيون وعلى الصُعُد كافة، بطريقتهم الخاصة باستعمال مواردهم الخاصة.

يميل الانطوائيون إلى النقد الذاتي

هذه هي المصادر التي سوف أركز عليها في هذا الفصل، وقد جمعتها خلال سنوات عملي مع الأشخاص الهادئين، والأشخاص المعنيون غالبًا غير مدركين لقواهم الخاصة، والأشخاص الهادئون يميلون إلى انتقاد أنفسهم

بصورة خاصة، ويعتقدون أنه يتعين عليهم بذل جهد واعٍ لاكتشاف الجوانب الجيدة في شخصيتهم.

من الجيد أن يحكم الانطوائيون على أنفسهم بشدة، وأن يضعوا أسسًا لما يريدون أن يكونوا عليه، وما يجب فعله لتحقيق ذلك، ولكن انتقادك لنفسك كثيرًا يقلل من احترامك لنفسك؛ ـ احترام الذات الذي يفتخر ويتحلى به الأشخاص الأقل شدّةً مع أنفسهم، ويتباهون بقدرتهم على التحكم فيه، وفي أسوأ الحالات انتقاد النفس قد يعني حتى تدمير الذات.

القوة الهادئة غالبًا مفتقدة

إذا أردت ألَّا يحدث ذلك معك، فعليك أن تنظر إلى قواك الشخصية بنظرة جديدة، وإلى قابليتك لرؤية قيمة هذه القوى. الصفحات القليلة القادمة ستساعدك على امتلاك هذه النظرة ومن ثم تقيِّم ما لديك، وقد يعني هذا أن تنقب عميقًا؛ فالأشياء المتاحة غالبًا تؤخذ على أنها مضمونة، والقضية هي أن مواطن القوة عند الأشخاص الهادئين تكون أيضًا هادئة؛ لذلك من السهل تجاهلها.

مع ذلك، فإن قوى الانطوائيين يمكن أن تكون فاعلة بصورة هائلة في تواصل المرء مع الآخرين. وفي نهاية هذا الفصل سوف تكتشف ميزاتك خطوةً فخطوة ـ هذا وعد!

أنت تعلم من الفصل الأول أن الأشخاص الهادئين من الناحية العصبية الحيوية يعملون على نحو مختلف عن الأشخاص الانبساطيين؛ فدوائر الدماغ والجهاز العصبي لديهم موجهة نحو التركيز، والتعلم، والتأمل الذاتي والذاكرة، في حين أن أدمغة الانبساطيين موجهة أكثر ليكونوا مبادرين ومحفزاتهم من الخارج، ويمكن العثور على القوى الخاصة لكل من النوعين في هذا التمييز،

هذا لا يعني أن للأشخاص الهادئين جميعهم الصفات العشر القوية كلها، وهذا أيضًا لا يعني أن القوى المذكورة حكرٌ على الانطوائيين؛ إذ يمكن أن يكون لدى الانبساطيين قوى تحليلية وإمكانية كتابة جيدة، غير أن الأشخاص الهادئين غالبًا ما يمتلكون هذه الصفات العشر التي ستجدها في هذا الفصل، ذلك بناءً على مشاهداتي وتدويني لنتائج الدراسات عن الانطوائيين. ومن الأفضل في أثناء قراءتك لهذا الفصل أن تُبقي هذا السؤال في عقلك:

هل يمكن أن أرى هذه القوة في نفسي؟

ملخص للقوى

يمكن أن تقدم إجابتك في ملخص عند نهاية هذا الفصل، وهو ما سيكون بمثابة كنزك الشخصي.

إليك الملخص الأول للقوى، مع قليل من الكلمات المفتاحية لوضع الأمور في نصابها.

ملخص قوى الانطواء ١

القوة الأولى: الحذر

تقدم بعناية وتحاشَ المخاطرة والمغامرات، راقب بانتباه، وأظهر الاحترام، فكر قبل أن تتكلم، كن حصيفًا وقدم معلومات عنك باعتدال.

القوة الثانية: الجوهر

استخلص من أعماق خبرتك الشخصية، أكد الضروريات، انقل الموضوع ذا المغزى العميق وعالي الجودة، شارك في نقاشات ذات معنى.

القوة الثالثة: التركيز

ركز طاقتك ووجِّهها بدقة إلى نشاطٍ داخلي أو خارجي، صمِّم على الأمور بعزم و ثبات، كن يقظًا.

القوة الرابعة: الاستماع

تحقق من المعلومات والسلوك والغايات مما يقوله أحدهم لك، اعقد حوارًا.

القوة الخامسة: الهدوء

الهدوء الداخلي بوصفه أساسًا للتركيز والاسترخاء والوضوح والمضمون.

القوة السادسة: التفكير التحليلي

التخطيط والبناء، فكِّك القضايا المركبة، واستخلص المعلومات والمواقف والحلول والمقاربات من ذلك منهجيًّا.

القوة السابعة: الاستقلالية

كن قادرًا على أن تكون بمفردك ومن الاكتفاء ذاتيًّا. عش ضمن مبادئك الخاصة، متحررًا من آراء الآخرين، كن قادرًا على التغلب على ذاتك.

القوة الثامنة: الإصرار

تابع الأمور بصبر واستمرارية لمدة طويلة من أجل تحقيق هدف.

القوة التاسعة: الكتابة (بدلًا من التحدُّث)

تَطَلَّعْ إلى التواصل بسهولة أكبر عن طريق الكتابة على سبيل الأفضلية.

القوة العاشرة: التعاطف

ضع نفسك مكان الشخص الذي تتحدث إليه، تجنب المواجهة إن أمكن. ضع الاهتمامات والخصائص المشتركة في المقدمة، كن مستعدًّا للتسوية، تواصل بلباقة.

القوة الأولى: الحذر

تبادل وجهات النظر بحذر تعبير عن الاحترام

لا يبدو الحذر للوهلة الأولى على أنه قوة خاصة فيما يتعلق بالتواصل، ولكن الانطباع الأول قد يكون مضلِّلًا؛ فالأشخاص الحذرون يأخذون الأمور بلطف

عند التعامل مع الآخرين بدلًا من التصرف بشدّة وعلى نحو حاسم، ويتعاملون مع الآخرين بتفهم ولباقة واحترام، ولا يتخذون موقفًا متصلّبًا.

كما تعلم، لدى الانطوائيين والانبساطيين أجهزة عصبية حيوية مختلفة؛ فالانبساطيون يميلون للعمل باتجاه المكافآت، في حين أن الانطوائيين يميلون أكثر نحو الاهتمام بالسلامة. الحذر بوصفه قوة، هو نتيجة إيجابية للسعي نحو السلامة والأمان؛ الأشخاص الهادئون يفكرون مليًّا قبل الإقدام على المخاطرة، هذا إن قاموا بذلك أصلًا، ولكن الأخطار والمغامرات لا تكون فقط على صورة القفز من المنطاد -مثلًا- أو الاستثمارات، ولكن على صورة التواصل.

الأشخاص الحذرون يفضلون التدبُّر من دون مقارنات خطرة أو اقتراحات عدائية أو أفكار مفاجئة أو حتى هجوم مباشر؛ إذ يوجد أمران مهمان عند التعامل مع الآخرين:

أولًا: هم يفضلون الإبقاء على مسافة بينهم وبين الآخرين، ولا يعتزمون الحديث عن أنفسهم أكثر من اللازم، ويحتفظون بما يجعلهم متأهبين، وبما هو مهم لهم وما يحمِّسهم لأصدقائهم المفضلين، وبالمقابل فهم يتصرفون باحترام، ويفضلون في البداية الإبقاء على المسافة بينهم وبين الآخرين.

ثانيًا: الأشخاص الحذرون لا يقدمون أفكارًا غير ناضجة أو سيئة، ولا يتخذون قرارات سريعة على أساس الشعور الغريزي، ويتوقعون الكثير من أنفسهم، وهم يحبون إنعام التفكير في الأفكار وتفحصها تمامًا قبل التعبير عنها بالكلام، ويميلون لرؤية الجمل المسيئة من الآخرين من منظور حسن النية.

متى يصبح الحذر خوفًا؟

الوجه الآخر للحذرين هو الحرص الشديد الذي يمرر من خلاله الهادئون معلومات عنهم، أو يبدون بوساطته حماسًا لأمر ما. إذا كان على الجانب المتلقي

شخصٌ انبساطي فقد يرى في ذلك فتورًا أو لا مبالاة. أما في الحالات المفرطة في الحذر، فيصبح خوفًا، و هذه العقبة سنناقشها في بداية الفصل القادم.

و لكن الأشخاص المشاركين في النقاش قد يشعرون بالرضا حيال حذر الأشخاص المقابلين لهم؛ الأمر الذي يجعلهم يشعرون أنهم يُحمَلون على محمل الجد، وأنهم لا يخضعون للضغط. إن ما يقوله الهادئون بحذر غير حاسم، ويعبّر عن الجوهر، وهذا ينقلنا إلى القوة الثانية.

القوة الثانية: الجوهر

تواصل ببعد عميق

يعالج الانطوائيون باستمرار الانطباعات باستمرار؛ إنهم دائمًا مهتمون بما يرونه، ويفكرون به ويجرِّبونه، إنهم يتأملون على مدى ساعات عملهم؛ في أنفسهم وفي الآخرين، وفي المعنى والإحساس، وفي ما يجب أن يكون وما هو كائن في الواقع. هذا نشاط مثالي لما يحدث في خلفية دماغ الشخص الانطوائي، وهو من أفضل النتائج ويؤدي إلى تراكم أساسي للجوهر، وهذا يعني أنه عندما يتواصل الأشخاص الهادئون، فإن ما يوصلونه للآخرين غالبًا ما يكون عميقًا: ما يقولونه خضع لاختبارات عقلية ومرحلة فرز، وذلك يتضمن التأكد من أهميته ودقَّته و مدى صلاحيته وخلفيته؛ لهذا فإن ما يقوله الانطوائي غالبًا ما يكون مهمًّا بصورة خاصة، وعميقًا وذا قيمة. هذه هي الدوائر الثلاث التي يتضمنها الجوهر.

الأفضلية لصداقات عميقة وحقيقية

الجوهر عنصر أساسي في التعامل مع الآخرين: الأشخاص الذين لديهم جوهر يرون أن الأمر أكثر أهمية وإمتاعًا في المناسبات الاجتماعية، عندما ينعقد نقاش حقيقي مع عدد قليل من الأشخاص، وهو أكثر أهميةً من التعرُّف

إلى عدد كبير من الناس تعرُّفًا سطحيًا. ويكون اهتمامهم أكبر بفحوى الكلام، وهم أقل اهتمامًا بطريقة صياغة الجمل وتقديمها. وفي وسعهم بناء صداقات عميقة وحقيقية تستمر طوال الحياة، ومع أنه قد لا يكون هناك كثير من هذه العلاقات، إلا أنها ستكون مهمة بالنسبة إليهم من دائرة معارف كبيرة وغير ملتزمة.

انطباع السلبية

توجد عقبة واحدة في الجوهر، فمثل أي شيء جيد، فإنه يأخذ وقتًا لينضج؛ بكلمات أخرى غالبًا ما يكون الأشخاص أصحاب الجوهر بطيئين في اتخاذ المواقف التي تحتاج إلى تواصل سريع؛ لأنهم يحتاجون إلى وقت لتقليب الأمور في عقولهم للوصول إلى العمق المطلوب، هذا يحدث بخاصة عندما يكون من الواجب وزن الأمور أو التعامل معها بجديّة، ونتيجةً لذلك يظهر الأشخاص ذوو الجوهر كما لو أنهم سلبيون أو تعوزهم الرشاقة؛ لأنه لا يمكننا رؤية النشاط المكثَّف الذي يحدث في عقولهم؛ لهذا السبب فإن تعزيز المكانة وتبادل الأحاديث القصيرة قليلًا ما تهم الأشخاص ذوي الجوهر، وهي حتى غريبة بالنسبة إلى بعضهم. هذا السلوك يُعد حسنًا للأشخاص الهادئين في كثير من المواقف؛ مثلًا، في نقاش جيد أو مناظرة جامعية، أو عند قراءة مقالات فلسفية، أو في الاجتماعات حيث يجب حل المشكلات.

القوة الثالثة: التركيز

النمو عن طريق التركيز

لدى كثير من الأشخاص الهادئين نعمة القدرة على التركيز الجيد؛ إذ يمكنهم متابعة الموضوع بانتباه لمدة طويلة من الزمن. من السهل توضيح ذلك: خلافًا للانبساطيين، يحتاج الانطوائيون إلى تغذية راجعة أقل، وإلى قليل من المؤثرات الخارجية، والنتائج المرجوَّة من التركيز العميق كثيرة ومتنوِّعة؛

فالأشخاص القادرون على التركيز يقومون بما يجب عليهم القيام به بسهولة أكثر وأفضل من الأشخاص الذين يتشتتون بسهولة. مع الاحتمالات كلها، ما يركزون عليه سوف ينمو، وقد صاغ نيكولاس إنكلمان Nikolaus Enkelmann (مدرب سابق في التواصل) هذا المبدأ القديم في النمو، بوصفه أحد مبادئه الأربعة عشر من مبادىء التطور: قانون التركيز.

التركيز يعزز الحضور القوي

يتعامل الأشخاص الذين يركزون على القضية التي أمامهم بكل القوة والانتباه، وهذا يعني أنهم يشعُّون قوة تجعل لهم حضورًا قويًّا، وتمكنهم من التأثير بعمق في الطرف الآخر من النقاش يمكن رؤية ذلك في المحاضرات -على سبيل المثال- حيث يستعمل الأشخاص الهادئون هدوءهم للاستحواذ على الجمهور؛ لذلك لست مضطرًّا بوصفك انطوئيًّا لأن تكون تحت الضوء؛ لست بحاجة إلى أن تكون في مركز الصدارة للتواصل مع الآخرين، ولست بحاجة أيضًا إلى وجود عدد كبير من الناس يستمعون إليك، وهذا له تأثير ساحر في الأشخاص الذين تتحدث إليهم؛ إذ يمكنهم أن ينسجموا معك، وينتبهوا لك بكل اهتمام؛ فالاهتمام عملة مهمة في التواصل الاجتماعي - كل إنسان يحب أن يكون موضع اهتمام، فكيف بذلك لشخص يمكنه التركيز أساسًا؟!

في المناسبات الاجتماعية، أي إنسان يُعطي للآخرين فضاءً حقيقيًّا عند التواصل، سوف يحظى بكثير من النقاشات الجيدة التي ستعززها القوة الثانية؛ الجوهر، وكذلك القوة اللاحقة ستكون عاملًا مساعدًا أيضًا.

القوة الرابعة: الإصغاء

أحاديث فردية بدلًا من الحوار الحقيقي

الاستماع من أكثر المهارات التي لا تحظى باهتمام في العلاقات الإنسانية. إذا استمعت إلى نقاشات أو محادثات مثالية، فسوف تلاحظ -على وجه

الخصوص، عندما يتحدث الانبساطيون- أن الحوارَ سلسلةٌ من الأحاديث الفردية؛ فبينما يتحدث شخص عن شيء ما، ينشغل الآخر في تحديد ما سيقول، بدلًا من الاستماع بدقة، ولكن عند تبادل وجهات النظر، فإن القدرة على الاستماع توفر فرصة حقيقية للدخول في حوار أصيل يعالج فيه الأشخاص المتكلمون ما يقوله كل واحد منهم، ما يعني أن كل واحد قد استمع إلى وجهة نظر الآخر في نهاية النقاش.

ميزة الانطوائي: الاستماع الحقيقي

يتقن كثير من الأشخاص الهادئين أدب الاستماع أكثر من معظم الناس الآخرين؛ إنهم يستوعبون المعلومات بوصفهم مراقبين ومعالجين للانطباعات المطروحة، فيقوِّمونها في تفكيرهم لاحقًا وكذلك في ردودهم؛ إنهم يعرفون كيف يختارون الأساسيات من كل ما قيل: ما المهم للشخص الآخر؟ أي المعلومات ذات صلة بالموضوع؟ كيف تتناغم كلها معًا؟ لذلك، يُعدُّ الاستماع الحقيقي نشاطًا وعملية مكثفة تعزِّز القوة الثالثة، التركيز.

قوة الاستماع ذات قيمة عالية للشخص المُستَمَع إليه: عندما تكون كلّك (آذانًا صاغية)، فأنت تمنح المتكلم الاهتمام التام، وهذا يرضي الجميع - ويفعلون العجائب بدءًا من إقامة العلاقات، مرورًا بأجواء المفاوضات وصولًا إلى حل النزاعات.

القوة الخامسة: الهدوء

أهمية الهدوء الداخلي والخارجي

للهدوء مظهران: الهدوء الخارجي وهو غياب المثير الخارجي، فيما الهدوء الداخلي حالة عقلية، وكل منهما يساعد الأشخاص الهادئين عند التواصل، ولكن الهدوء الداخلي بالمعنى الدقيق للكلمة يُصنَّف على أنه قوَّة

ذاتية، وكذلك الهدوء الخارجي مهم جدًا للأشخاص الهادئين؛ ولذلك يستحق انتباهًا خاصًا.

الهدوء الخارجي

الأشخاص الهادئون جميعهم يعلمون أن الهدوء الخارجي يشعرهم بالرضا عندما يرغبون في العمل المكثف، أو عندما يحتاجون إلى مصدر من الطاقة.

خذ الطاقة بهدوء

اعتزل الناس كليًّا من أجل التفكير أو بعد وقت مُتعِب، ودع ذلك (الاعتزال) يعمل عمله. في الدول الصديقة للانطوائيين مثل اليابان، يُعد من التهذيب أن تدع مدة من الصمت المشترك تسود، حتى في أثناء النقاش، ويوصي خبراء التواصل بالصمت التام في بعض المواقف، وقد يكون ذلك بالنسبة إلى الانطوائيين -على نحو خاص- مصدرًا بلاغيًّا قويًّا في الأحاديث القصيرة مثلًا (انظر الفصل السادس)، أو عند المفاوضات (انظر الفصل السابع). الأمر الذي يبعث على السرور في الهدوء الخارجي هو غياب الإثارة، ما يجعل معالجة المعلومات ممكنة، ويتولد هدوء داخلي كذلك.

الشخص الهادىء الذي لا يمكنه الحصول على قليل من السكينة في محيطٍ مريح، سرعان ما يلاحظ العواقب: التوتر، والإرهاق والسخط، كلها أعراض نموذجية لذلك.

الهدوء صحي

السلام الخارجي عامل يسهم إسهامًا مهمًّا في إسعادنا. أظهرت دراسة فنلندية طويلة الأمد عن أمراض القلب (دراسة فنلندية عن أخطار القلب والأوعية الدموية عند الشباب Cardiovascular Risk in Young Finns Study) أن النساء الحساسات تجاه الضوضاء يتعرَّضن للموت باكرًا: يبدو أن

هناك علاقة بين الإجهاد السَّمْعي (الناجم عن الضوضاء) والإجهاد البدني عامةً، على صورة ارتفاع في ضربات القلب وضغط الدم، والتعرض للجلطات والسكتات القلبية.

هذه نتيجة مهمة جدًّا؛ لأن الانطوائيين غالبًا حساسون للضجة، وتأكيد الحصول على أوقات هدوء مكثفة ليس جيدًا فقط، ولكن ذلك صحيٌّ أيضًا. وما ليس واضحًا هو إن كانت هذه المزايا مطبَّقة بالتساوي على الانطوائيين والانبساطيين.

وقد أشار كارل جوستاف يونغ إلى أنه يظهر أن الانطوائيين يحتاجون إلى قليل من الانطباعات الجديدة خلافًا للانبساطيين، ولهذا السبب يجد الانطوائيون أن الهدوء الخارجي أمر ساحر. وإذا استبعدنا ميزة حصولهم على الطاقة، فإن (حياتهم الداخلية) النشطة تزودهم بمثيرات كافية، وهم ليسوا مشتَّتين ذهنيًّا بسبب العالم حولهم، وهذا يتيح لهم مزيدًا من الوقت للتأمل ولمعالجة خبراتهم. هدوء الانطوائيين ذو قيمة بالنسبة إلى الانبساطيين؛ لأن الأشخاص الهادئين يدفعونهم إلى الانتباه لأنفسهم وحاجاتهم، وإلى التفكير قبل الإقدام على التصرف؛ لذلك فإن القدرة على إيجاد الهدوء الخارجي تُعدُّ -بالتأكيد- قوة.

الهدوء الداخلي

الطريق إلى الوضوح. الهدوء أكثر بكثير من مجرد غياب الإزعاج الخارجي؛ إنه أيضًا -آلاف السنين من التقاليد الروحية تثبت ذلك- الطريق الوحيد نحو الوضوح: مع أنفسنا، ومع الآخرين ومع الحياة، ولكن يُقصد كذلك نوع آخر من الهدوء: الهدوء الداخلي وهو حالة تؤدي إلى تغيُّر في الدماغ قابل للقياس.

الهدوء الداخلي من خلال التأمُّل

يمكن رؤية ذلك -على وجه الخصوص- في الأشخاص الذين يتأملون بصورة منتظمة، فقد أثبتت دراسات عصبية (مثل دراسة أندرو نيوبيرغ ويوجين داكويلي Andrew Newberg & Eugene d'Aquili) أن مناطق الدماغ المتعلقة بالسعادة والسلام الداخلي، واعتماد (الأنا) على العالم من حولنا تكون أكثر نشاطًا عند الأشخاص الذين يمارسون التأمل، وفي الوقت نفسه عندما يمارس الناس التأمل تقل الطاقة المتجهة نحو المناطق التي تنشِّط العدوانية والرغبة في الهروب أو السلوك القهري.

الهدوء الداخلي يعني الوضوح و الصفاء، رؤية إيجابية للعالم والتركيز.

ثمة خبر جيد آخر للأشخاص الهادئين وهو أن التأمل يطور قدرتنا على التمييز بين الاهتياج الشديد والاهتياج القليل، هذا يعني في النهاية أن الدماغ يعمل بفاعلية أكبر؛ لأنه يستطيع إنقاص النشاط الكلي، وبذلك فهو يستعمل طاقة أقل، و في الوقت نفسه يستطيع التركيز بشدة على المهمات الأكثر أهميةً، بتعبير آخر يجب أن يُنظر إلى القوتين 3 و 5 على أنهما متصلتان: هدوء أكبر يعني تركيزًا أفضل.

النجاح من خلال دمج أفضل للقوى

طاقة أقل وتركيز أكبر- هذا ليس تناقضًا في المصطلحات. في كتابهِ حول الصمت، قارن جورج بروشنيك George Prochnik, 2010 هذه التناقضات الظاهرية بأفضل رياضي نبض قلبهِ أقل من شخص يمارس الرياضة بين حين وآخر، ولكنه يحرز نتائج كبيرة في المسابقات؛ لأنه قادرٌ على توحيد قواه عن قصد، ويستطيع توسيع مدخلات الطاقة لديه أو تقليصها بسرعة.

قوى التركيز والسلام الداخلي مترابطة

يمد السلام الداخلي الناس بالاسترخاء كما يفعل المحيط حولهم. السرعة التي يتحدثون بها، والتوقف لوقت قصير، والتفكير المشترك يضفي الهدوء إلى تفاعلهم مع الآخرين، وهذا يعني أنه في الأحاديث العابرة -مثلًا- وفي النقاشات الحادة أو المفاوضات، يمكن للأجواء أن تكون مريحة عمومًا، وبذلك يزول بعض التوتر.

القوة السادسة: التفكير التحليلي

مزيد من المسافة عن العالم الخارجي

التفكير التحليلي ليس حكرًا على الأشخاص الهادئين، ولكنَّ كثيرًا من هؤلاء حققوا إنجازات كبيرة في هذا الإطار. إن التدفق الدائم للعمليات الداخلية يضع الأشخاص الانطوائيين على مسافة بعيدة عن العالم الخارجي أكثر من الانبساطيين؛ إنهم يقومون بالتمحيص والمعالجة دائمًا، ويجيبون بحذر أكثر مما يفعل الانبساطيون؛ بتعبير آخر: بالتركيز والمتابعة (القوتان 3 و 8).

سيطرة الدماغ الأيمن أم الدماغ الأيسر

توجد أيضًا مجموعة خاصة من الأشخاص الهادئين الذين يُعَدُّون موهوبين بالتحليل على وجه الخصوص، وهذه نقطة جيدة للشروع في عرض تقسيم استعملته لأول مرة مارتي أولسن لني Olsen Laney في كتابها الصادر عام (2002م)؛ من أجل توضيح الفرق بين الأنماط المختلفة من الانطوائيين. والحقيقة هي أن الجزء الأيمن من الدماغ أو الجزء الأيسر من الدماغ أكثر سيطرة من الآخر لدى الانطوائيين والانبساطيين؛ لذلك يوجد أشخاص يمينيو الدماغ وآخرون يساريو الدماغ؛ الجانب الأيمن من قشرة الدماغ مختص بالحدس والتفكير التصويري، في حين أن الجانب الأيسر من قشرة الدماغ

يتعامل مع مهارات معالجة النصوص والأرقام والربط المنطقي. إليك ملخصًا يساعدك على معرفة أي الجانبين هو المهيمن لديك:

أي جانب من الدماغ هو المهيمن ؟

انبساطيون نموذجيون	انطوائيون نموذجيون
ينسق الجزء الأيسر من الجسم	ينسق الجزء الأيمن من الجسم
يربط العناصر كلها المجزأة من المعلومات لتكوين صورة عامة وإجمالية	يعالج تأثير كل عنصر من المعلومات بمفرده
يفك شيفرة الانفعالات والأفكار وإشارات لغة الجسد	يفك شيفرة اللغة المكتوبة والمنطوقة
موقع التفكير الحدسي والتعاطف	موقع التفكير المنطقي وحل المشكلات على أساس الحقائق
يعالج الصور والأنماط والأشكال والمشهد المكاني	يعالج الأعداد والكميات والحسابات
ينجذب وينشغل بالتعبيرات الفنية؛ مثل المسرح والموسيقى والرسم	ينجذب وينشغل بالمواضيع العلمية
يعالج عناصر المعلومات جميعها في الوقت نفسه وعلى وجه العموم	يعالج المعلومات بتسلسل

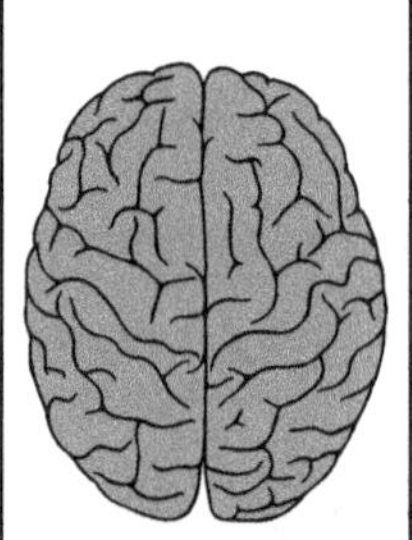

هذا العرض مبسط قليلًا؛ فالجانب الأيمن والجانب الأيسر من قشرة الدماغ كلاهما يشاركان في معظم الأنشطة، ولكن الملخص يظهر منطقة التركيز لكل نشاط.

الانطوائيون الذين يستعملون الجزء الأيمن من قشرة الدماغ

الأشخاص الهادئون الذين يهيمن الجانب الأيمن من قشرة الدماغ لديهم، يميلون لمعالجة المعلومات ذاتيًّا وحدسيًّا؛ أي بشعور غريزي أكثر، وغالبًا ما تكون لديهم مواهب فنية، ويتصرفون عاطفيًّا أكثر من الأشخاص الذين يسيطر لديهم الجانب الأيسر. وهم يجيدون الارتجال، ويجدون من السهل أكثر من ذوي الجانب الأيسر من الدماغ التعامل مع مواقف تفرض عليهم التعامل مع عدد من التحديات في الوقت نفسه.

الانطوائيون ذوو الجانب الأيسر من الدماغ

الأشخاص الهادئون الذين يسيطر الجانب الأيسر من الدماغ لديهم -بناءً على مارتي أولسن لني- أقرب إلى الصورة النمطية للانطوائيين؛ فهم يحتاجون إلى قليل من التواصل الاجتماعي، وموجهون نحو النظرية والأشياء، وهذا يمكنهم من النأي بأنفسهم عما يحيط بهم -إلى حد ما- أساس جيد للتفكير التحليلي! الانطوائيون ذوو الجانب الأيسر من الدماغ يمكنهم إبقاء أدمغتهم ومحيطهم منظمين، ويميلون لاتخاذ القرارات بناءً على الأسباب بدلًا من الانسياق وراء عواطفهم، ويرتبكون بسرعة عند وجود كثير من المطالب للقيام بها في الوقت عينه، ويتعاملون مع الأمور منهجيًّا واحدًا فواحدًا.

إنهم موهوبون بقوة التفكير التحليلي؛ إنها إضافة يمتلكها (يساري الدماغ) من الانطوائيين على وجه الخصوص.

ميزات التفكير التحليلي

الأشخاص الذين يفكرون بطريقة تحليلية يصلون إلى صميم الأشياء؛ فقوتهم تكمن في البحث والمقارنة والاكتشاف حيث يُفكِّكون الحالات المعقدة

إلى عناصر منفردة؛ لبناء فئات تكون أسسًا لتطوير إستراتيجيات لما يجب قوله أو فعله، ويصلون أيضًا إلى نقطة من النقاش توصل إلى الحل أو إلى تدابير يجب اتخاذها معًا بالطريقة نفسها؛ فالمفكرون التحليليون مخططون ممتازون، ويجيدون معالجة المواضيع الكتابية، حتى وإن تضمنت كثيرًا من الأعداد.

في المجالات التي تحتاج إلى معلومات دقيقة يُعد التفكير التحليلي ذا قيمة عالية كذلك عند التنظير وتصنيف الرؤى الجديدة؛ مثلًا، في المجالات الأكاديمية، وفي السيطرة على الأمور، وفي المجالات كلها التي تتطلب حلًّا للمشكلات؛ مثل: الطب، وتكنولوجيا المعلومات، أو في التعامل مع التكنولوجيا الخطرة.

استعمال التحليل الدقيق لتجنب الإثارة المفرطة

التحليل الدقيق مفيد أيضًا لفرض بنية في الحالات المشوشة، وهذا ممكن إلى حد ما -هذا مهم، بخاصة ليساري الدماغ- لدرء الإثارة المفرطة (التي توصف بأنها العقبة الثالثة في الفصل القادم). عندما يثور جدال في اجتماع، يسأل المفكرون التحليليون أنفسهم: ما المعلومات المهمة هنا؟ من الذي يمثل أيًّا من وجهات النظر؟ أولًا، هذا السلوك يقطع الطريق على انهيار الانفعالات ويضمن الابتعاد الداخلي عن الحالة نفسها. تخفف هاتان الطريقتان كلتاهما كثيرًا من شدة العبء، بخاصة للانطوائيين الأكثر حساسية.

القوة السابعة: الاستقلالية

يختلف الانطوائيون عن الانبساطيين في نقطة حاسمة: إنهم كما رأينا في الفصل الأول أقل اعتمادًا على ردّة الفعل من الآخرين وعلى الانطباعات مما يحيط بهم، ما يجعلهم مستقلين على وجه العموم.

سعيدون بالبقاء وحيدين

يظهر الاستقلال بصورة خاصة في كون الأشخاص الهادئين يجدون أنه من السهل البقاء وحيدين، وفي الحقيقة إنهم يحتاجون إلى الانفراد لتجديد

طاقاتهم: الأشخاص المستقلون أقل اهتمامًا بما يفكر به الآخرون، ويجدون من الأسهل أن يقولوا ويفعلوا ما يجدونه صائبًا ومهمًّا (هذا ينطبق على الانطوائيين يمينيي الدماغ - إلى حد ما - انظر تفسير القوة السادسة- فهم يتفاعلون عاطفيًّا أكثر مع ما يحيط بهم).

الممثلة البريطانية الانطوائية تيلدا سوينتن Tilda Swinton، مثال جيد على ذلك، فقد تزوجت رسَّامًا وكاتبًا أكبر منها سنًّا ولديها توأم منه، وتقول في المقابلات التي تُجرى معها إن فكرتها عن السعادة هي النوم في سريرها لمدة 6 أشهر؛ لذا الاستقلالية تعني الاكتفاء الذاتي والحرية الداخلية؛ إنها تجلب القدرة على تحمل المسؤولية للشخص نفسه، واتخاذ القرارات من دون البحث الدائم عن التشجيع من الآخرين، وفي الجانب الآخر يمكن لذلك أن ينتقص من التواصل مع الآخرين وإمكانية العيش معهم والعمل الجماعي.

القدرة على أن تكون غير أناني

لقد احتفظت بما يمكن أن يكون أعلى صيغة من الاستقلالية للنهاية: القدرة على نكران الذات؛ في حالة الشخصية المستقلة والناضجة، لا تصدر الأفعال عن غرور شخصي، أو طموح أو رغبة في الاعتراف. الأمور الأخرى أساسية: المسألة الشاملة كلها، الأمور المهمة والقيمة (القوة الثانية: الجوهر)، أو الأشخاص الآخرون واحتياجاتهم (القوة العاشرة:التعاطف). من المثير أن القدرة على أن تكون إيثاريًّا يمكن أن تأتي فقط من الثقة الصحيحة بالنفس.

القوة الثامنة: الإصرار

المثابرة الهادفة

المثابرة هي القدرة على (الثبات) على الحالة أو الفكرة حتى وإن كان النجاح بطيئًا أو يواجه مقاومة.

هذه الصفة مختلفة عن التعلق أو التشبُّث وستمر معك لاحقًا بوصفها عقبة؛ فالتعلق يظهر نقصًا في المرونة، ما يعني أن الشخص المعني لن يغير موقفه/ موقفها عند التواصل، وبالتأكيد القوة المقصودة هنا هي الصبر الهادف.

الأشخاص الهادئون يثابرون على الطريقة التي يعملون بها؛ إنهم أعلى من المتوسط في الشمولية والجاهزية بما على الصعوبات؛ إنهم مواظبون وملتزمون بشدة بما تمليه عليهم ضمائرهم، وليس من السهل تشتيتهم مثل الانبساطيين الذين هم أكثر عرضةً للتشتت عن الأشياء بمثير خارجي.

مزيد من الجَلَد لمزيد من الكفاءة

هذه الصفة تجعل من السهل التخطيط وإدارة الحوارات والمفاوضات المهمة، وهذا يسهل اتخاذ القرار إن كان من المجدي التمسك بالموقف أو المناورة عندما يكون هناك متسع لذلك.

إنها قوة تؤدي إلى نوع من القدرة على التحمل يحلم بها كثير من الانبساطيين، وبذلك تؤدي إلى طرق للأداء الأمثل على الإطلاق بكل ما في الكلمة من معنى: الباحث النفسي آندرز إيريكسون (Anders Ericson) استنتج من هذه الدراسات أنه يلزم (10000) ساعة من التدريب الهادف لأي مجال خاص للوصول إلى الأداء المحترف.

ماري كوري (Marie Curie) بوصفها مثالًا يُحتذى

نموذج لامع يحتذى به بوصفه مثالًا، حائزة مرتين جائزة نوبل (بالفيزياء 1903م والكيمياء 1911م)، وقد كرَّست نفسها للعلم في عمر باكر على الرغم من كثير من العقبات؛ لم تُقبل في جامعة وارسو، فذهبت إلى فرنسا، وعملت في التعليم في مدرسة بنات لتمويل بحوثها.

أما نجاحها الرائد في مجال النشاط الإشعاعي فكثيرًا ما تطلّب إجراء تجربة وإعادتها مئات المرات؛ لذلك يبدو أن المثابرة متطلب مهم للإنجازات الرائعة.

القوة التاسعة: الكتابة (بدلًا من الحديث)

الوسيلة المفضلة للانطوائيين

كثير من الهادئين يفضلون التواصل عن طريق الكتابة سواء ألأنفسهم كانت (مثل مذكرات، مخطط أسبوعي أو مشروع كتاب)، أم للآخرين (مثل إرسال رسائل، بريد إلكتروني، مدونة، إنترنت). في أثناء تقويم أفكارهم وتحويلها إلى كلمات قبل التواصل، يظهر أن الكتابة وسيلة جيدة للتعبير عن ذلك، كذلك الكتابة تتبع الإيقاعات الشخصية؛ فهي تحد من سرعة التواصل، وهذا يعني أنه لا داعي للتفاعل مع سرعة الشخص الذي يتحدثون إليه؛ لذلك عندما يكتب الانطوائيون فيمكنهم المضي قدمًا تبعًا لإيقاعهم الخاص. الشبكات الرقمية مثل (تويتر، فيسبوك، المنتديات وغرف الدردشة عبر الإنترنت) تحتاج إلى فصل خاص لها، وكثير من الأشخاص الهادئين يقومون غالبًا بهذا النوع من إيجاد المعارف والأصدقاء؛ ولأن التواصل يأخذ صورة الكتابة وبذلك يضمن الحفاظ على مسافة محددة. ستجد مزيدًا من المعلومات حول هذا النوع من التواصل في الفصل السادس.

ميزات التواصل عن طريق الكتابة

توجد مجالات ممكنة ومجدية للأشخاص الذين يفضلون الكتابة على المحادثة، فيمكن صياغة الكلمات وتقويمها تقويمًا أدق في البريد الإلكتروني منها في مكالمة هاتفية؛ فكتابة ملخص لمشروع على الإنترنت يعني أن المنخرطين في فريق العمل جميعهم يتابعون الأمور، ويسهمون في التحّديث كلما أرادوا ذلك.

وقد يكون إعداد تقرير مختصر عن أهداف محددة مفيدًا أكثر من تقرير في اجتماع، ويمكن التخطيط لاجتماعات فريق العمل ونقاشاته بكلمات رئيسة وملخص كتابي موجز، عند ذلك يذهب الأشخاص الهادئون الذين يفضلون الكتابة

إلى لقاء المجموعات بثقة أكبر؛ لأنهم فكروا مليًّا بالضروريات وكتبوا الملاحظات ليتذكروها. يوجد شرط واحد فقط يجب تحقيقه؛ وهو أن يكون التواصل عن طريق الكتابة مناسبًا للحالة، وليس لتجنب تبادل مباشر لوجهات النظر.

القوة العاشرة: التعاطف

قوة البديهة (الحدس)

الأشخاص المتعاطفون متناغمون مع شركائهم في التواصل، وهذا يتم بَدَهيًّا بدلًا من استعمال إستراتيجيات محددة. إنهم يجدون من السهل استنباط ما يجعل الناس يضبطون إيقاعهم، وبذلك يقررون ما هو المهم لهم وما يحتاجون إليه. هذه القدرة على أن تفكر بما يجول في ذهن الآخرين هي التقمص العاطفي، والأشخاص يمينيو الدماغ والانطوائيون الحساسون على الأغلب، لديهم هذه القوة التي يتفوَّقون فيها على يساريي الدماغ. هذا الاختلاف في قشرة الدماغ موضَّح في ملاحظات القوة السادسة.

الخلايا العصبية المرآتية تجعل التعاطف ممكنًا

أوضح علماء أحياء الأعصاب أن ما اصطلح على تسميته (الخلايا العصبية المرآتية) في دماغ الإنسان هي التي تجعل التعاطف ممكنًا. بالطبع هذه الخلايا العصبية موجودة لدى كل من الانبساطيين والانطوائيين؛ إذًا، ما الذي يجعل التعاطف لدى الانطوائيين قوة كما في القوة السابعة (الاستقلالية)؟ الإجابة تكمن في نوعية الانطوائي: خلافًا للانبساطيين، إنهم يحتاجون إلى قدر أقل من التأكيد والدعم من الآخرين مقارنة بالانبساطيين، وكذلك لا يعنيهم كثيرًا المقارنة مع الآخرين من حيث المكانة، وإن كانوا مثيرين للاهتمام وناجحين مثلهم. معظم الأشخاص الهادئين لديهم بدلًا من ذلك حَكَم داخلي يعودون إليه دائمًا في الاستشارة، وهذه الاستقلالية عن الآخرين بالاشتراك مع الميل للتحليل والتصنيف، تعطي الانطوائي نطاقًا واسعًا من الاهتمام بالآخرين

بأطيافهم كافة واحتياجاتهم جميعها؛ لذلك يمكنهم التصرف انطلاقًا من هذه الرؤية في التواصل، والنتائج الإيجابية، هي: ما يشعرون به ويقولونه يجعلهم يعاملون نظيرهم الانبساطي بوصفه شخصًا حقيقيًّا.

بناء الثقة من خلال التقمص العاطفي (معرفة الآخر)

يدعم التعاطف صفة أخرى لدى الأشخاص الهادئين هي الميل للانتباه لما يحيط بهم ومعالجة الانطباعات التي يخرجون بها جيدًا؛ إذ يجد الأشخاص الهادئون أنه يسهل عليهم اكتساب ثقة الآخرين. إذا كان لديهم الجوهر (القوة الثانية)، ويستمعون جيدًا للآخرين (القوة الرابعة)، ويمكنهم أن يكوِّنوا أصدقاء ومعارف رائعين. كذلك بالنسبة إلى الانبساطيين أيضًا الذين يشعرون بالراحة والقبول؛ فهم لا يمثلون عبئًا عليهم؛ أي شخص يفاوض ببساطة لا يقاوَم، إذا ربط التركيز التحليلي (القوة السادسة) بالتعاطف.

كذلك الأشخاص المتعاطفون يطرحون تسويات ممكنة، ويقترحونها بطريقة لبقة؛ لأنهم لا يثبتون بمجموعة اهتمامات منفردة، ولكن ينظرون إليها من الجهات كلها، ويأخذون الجوانب الأخلاقية في الحسبان، ويعلمون أن العالم لا يتمحور حولهم، وهم يتسببون بقليل من المواجهات عندما يتصرفون؛ لأنهم يراعون الآخرين كثيرًا، ويبحثون عن الحلول معهم، وهم أقل عدائية أيضًا؛ لأنهم يتفهمون بوضوح ما يسببه السلوك العدائي من توتر، غير أن القدرة على التعاطف تقل عند الخوف أو الإثارة المفرطة.

أين تكمن نقاط القوة لديك؟

تقدير قوتك الخاصة

كما ذُكر في بداية هذا الفصل، الأشخاص الهادئون يُعَدُّون كثيري الانتقاد لأنفسهم عوضًا عن التفاخر بقواهم. الآن تعرَّفت عددًا من القوى التي يمتلكها

الانطوائيون، هل يمكنك تحديد قواك الخاصة كذلك؟ إذا لم تكن متأكدًا من ذلك فلا تقلق؛ فهذا ليس أمرًا غير اعتيادي، إليك شيئًا لمساعدتك: أجب عن الأسئلة الثلاثة الآتية التي وضعت بقصد تهدئة صوت الانتقاد في داخلك تدريجيًّا، وتمكينك من رؤية نقاط القوة لديك.

ثلاثة أسئلة لك ؟

1. فكر بقُدوة أنت معجبٌ بها، أي نقاط القوة لديه أنت معجب بها على وجه الخصوص؟
2. فكر بشخص تحبه وتقدره كثيرًا. سألت هذا الشخص أين تكمن نقاط القوة لديك، فماذا سيكون جوابه؟
3. ما القوى التي تمتلكها؟

أضف إجابتي السؤالين 1و2 إلى القائمة.

القوة الأولى: الحذر

القوة الثانية: الجوهر

القوة الثالثة: التركيز

القوة الرابعة: الاستماع

القوة الخامسة: الهدوء

القوة السادسة: التفكير التحليلي

القوة السابعة: الاستقلالية

القوة الثامنة: المثابرة (الإصرار)

القوة التاسعة: الكتابة

القوة العاشرة: التعاطف

قوة أخرى..

قوة أخرى..

قوة أخرى..

أنا:

غالبًا يساري الدماغ ☐ غالبًا يميني الدماغ ☐

القوى الثلاث الأعظم لدي هي:

1. ....

2. ....

3. ....

القدوة بوصفها شخصية بارزة لتحديد الهوية

هل تساءلت: لماذا كان عليك إضافة خصائص القدوة لديك من السؤالين 1و2 إلى ملف قواك الشخصية؟ السبب هو أن القدوة هو شخصية بارزة لتحديد الهوية. عندما نبحث عن هذه الشخصية فإننا ننظر في اللاوعي إلى الخصائص المهمة والقيِّمة بالنسبة إلينا؛ لذلك الأشخاص الذين يهتمون بالمنصب والنجاح المالي على وجه الخصوص يميلون لاختيار روكفلر بدلًا من الأم تيريزا (التي بالمناسبة تُعد انطوائية) بوصفه مثالًا يُحتذى. ومن لديه شغف بالعلم سيختار آينشتاين (الذي يُعد انطوائيًّا أيضًا) بدلًا من ليدي غاغا (ليست انطوائية، فيما أعتقد، لكن من يدري...)، ما يعني أنه قد يكون لديك أنت نفسك خصائص هذه القدوة إلى حد ما.

تعهد نقاط قوتك بالرعاية

انظر إلى نقاط قوتك، وكن فخورًا بها. الخطوة اللاحقة هي الانتباه عن قصد إلى جوانب القوة لديك؛ ففي النهاية هي رأس مالك الأساسي، إنها كنزك الشخصي، وينصحك علم النفس الإيجابي أن تعتمد على نقاط القوة لديك قبل كل شيء عندما تطور شخصيتك، وأن تفيدَ منها. اختبارات الشخصية والتقاط نقاط القوة وتجميعها والاستفادة منها أيضًا تبدأ بتحليل جوانب القوة عند الناس، ويمكنك أن تحقق مزيدًا من الإنجازات عندما تركز على نقاط قوتك أكثر من تركيز العمل المجهد على نقاط ضعفك؛ لأنك بذلك تبني على ما يجعلك ما أنت عليه، وما تجيده، سوف تجد ذلك أسهل للنجاح، وسوف يجعلك ذلك أكثر واقعية مما لو كنت تتعقب نقاط القوة لدى الآخرين عن طريق تقوية نقاط الضعف لديك، وهذا يؤدي إلى بذل مزيد من الجهد في تحقيق نجاح أقل.

مزيد من الأسئلة لك ؟

فكر بأيام المدرسة

1. ما المادة الدراسية التي كانت الأسوأ بالنسبة إليك؟
2. إلى أي مدى كنت قادرًا على تحسين أدائك مع مزيد من التحضير وبذل الجهد؟
3. من ناحية أخرى، كم كان في وسعك أن تنجز في وقت التحضير نفسه وببذل الجهد عينه في المادة الدراسية الفضلى لديك؟

استعمالك نقاط قوتك بهدف تواصلك على نحو أفضل

كثير مما نتعلمه من المدرسة يبقى معنا مدى الحياة، والأشياء التي لا نجيدها ولا نستمتع بها ستجلب لنا نجاحًا أقل نسبيًّا؛ لذلك من الأفضل التوسع بالقوى التي حددتها قبل قليل. الخطوة الأولى هنا هي النظر بعناية إلى كيفية

استعمال نقاط القوى لديك عند التواصل. لا تخشَ من تضمين القوى غير الظاهرة لديك مثل النقاط الثلاث الرئيسة المذكورة سابقًا.

في النهاية نحن نتحدث هنا عن مخزونك من التقدم عندما تتعامل مع الأشخاص الآخرين. ما سبق يقدم مثالًا على ما سيبدو عليه كنزك الشخصي.

كيف يمكنك الإفادة من نقاط قوتك ؟

قوتي	يمكنني استعمالها عندما أتعامل مع الآخرين	يمكنني استعمال هذه القوة جيدًا بخاصّة في هذه الحالات:
المضمون	تحويل المحادثات إلى مستوى أعمق	عندما أعرف الشخص المقابل جيدًا، وعندما يكون الجو هادئًا ومريحًا
....	....	....
....	....	....
....	....	....
....	....	....
....	....	....
....	....	....
....	....	....
....	....	....

تعهد كنزك المتمثل بنقاط قوتك بالرعاية

الآن أنت تعرف نفسك أفضل. اعتنِ بكنزك من نقاط القوة لديك: فكر قبل التحدث مع الآخرين، وتذكر أنه يمكنك المشاركة في تواصل ناجح. رتِّب الحالات؛ بحيث يمكنك الاستفادة منها بأكبر قدر ممكن. سوف تتوصل - وهذا وعد- إلى اكتشاف مذهل: تعمَّد استعمال قوة الهدوء، وسوف تغير -إن فعلت- طريقة تعامل الآخرين معك، ناهيك عن أنك سوف تعبر عن أهدافك واهتماماتك بنجاح أكبر.

ملخص النقاط الرئيسة *

1. لدى الانطوائيين نقاط قوة نموذجيّة. هذه تساعدك على التعامل مع نفسك، ومع الآخرين وعندما تتعامل مع مجموعة كاملة ومنوَّعة من المطالب.
2. القوى هي: الحذر، والجوهر، والتركيز، والاستماع، والهدوء، والتفكير التحليلي (للانطوائيين يساريي الدماغ)، والاستقلالية، والمثابرة، والكتابة، والتعاطف.
3. توسيع القوى الشخصية واستعمالها يحسِّنان التواصل، وفي الوقت نفسه يجعلان العيش ممكنًا على النحو الذي ينبغي.

الفصل الثالث

حاجات الانطوائيين

العقبات التي تواجه الانطوائيين

الوجه الآخر من العملة

يشبه هذا الجزء الوجه الآخر من الفصل السابق الذي أعطاك لمحة عن صندوق كنز التواصل الذي يملكه الأشخاص الهادئون. وكما أنه لا يوجد ضوء من دون ظل، فكذلك لا يوجد كنز من دون ثمن. لكل قوة جانب ضعف، فإذا كان لدى عقل الانطوائي قوة محددة، فهناك جوانب أخرى أقل تطورًا، أو أن للجوانب القوية مصائد خاصة تعيق التواصل، أو حتى قد تهدمه؛ فلا أحد كامل.

مثلًا، ميزة القدرة على النظر إلى الداخل التي يتحلى بها الهادئون هي نقطة قوة فيما يتعلق بالتركيز، والجوهر والتحليل. لقد تعرَّفت هذا وبعض القوى لديك في الجزء الأخير، أما الجانب الآخر من النظر إلى الداخل فهو المجالات الأخرى التي تستفيد من التوجه نحو النظرة الخارجية، مثل التحفيز المستمد من التواصل المركَّز مع عدد من الأشخاص، أو القدرة على إلقاء الضوء المناسب على إنجازاتك الخاصة في العمل والتعامل مع النزاعات بفاعلية.

إدراك نقاط الضغط لديك

تعابير مثل الضعف والعقبات تقصر عن بلوغ الغاية بوصفها مصطلحات مفيدة، ويتعين على الأشخاص الهادئين كلهم معرفة نقاط الضغط لديهم؛ لأنها تعرِّف حاجاتهم المحددة؛ على سبيل المثال: تتطلب الإثارة المفرطة تعاملًا ذكيًّا مع مصادر الطاقة الشخصية، والخوف من المواجهة يستدعي تحليلًا وعلاجًا لحالات التوتر؛ بمعنى، العقبات في هيئة الاحتياجات هي إشارات واضحة من أجل إقامة تواصل شخصي.

أولًا، كما في الفصل السابق، ورد ملخص مع تعليقات موجزة، هذه المرّة سوف يكون عن نقاط الضعف والحاجات التي تجعل الأشخاص الهادئين عرضة للهجوم.

ملخص العقبات التي تواجه الانطوائيين

العقبة الأولى: الخوف

التردد والشك عند التعامل مع الآخرين.

العقبة الثانية: شدّة الانتباه للتفاصيل

الأجزاء المتفرقة من المعلومات تمنع النظرة الشمولية.

العقبة الثالثة: الإثارة المفرطة

زيادة المتطلبات من أطراف كثيرة، الضجيج المفرط، أو الانطباعات السريعة.

العقبة الرابعة: السلبية

من دون مثير شخصية، الجمود، المثابرة المؤذية.

العقبة الخامسة: الهروب

تجنب الحالات (المواقف) والأمور التي تحتاج إلى العمل.

العقبة السادسة: عقلاني على نحو غير ملائم

يهمل المشاعر.

العقبة السابعة: خداع النفس

يكبح صفات أو حاجات الانطوائي، أو يقوِّمها تقويمًا سلبيًّا.

العقبة الثامنة: التشبُّث

العناد عند التواصل.

العقبة التاسعة: تجنُّب التواصل

يتجنَّب الناس.

العقبة العاشرة: تجنب المواجهة

الاستسلام أو الإحجام عن المتابعة.

العقبة الأولى: الخوف

الخوف مثير قوي وله مكانَة في الدماغ تجعله قويًّا بصورة خاصة: في الأجزاء العميقة، في الجهاز الحوفي واللوزة؛ حيث يمكنه الدخول بسهولة إلى العقل الباطن. سوف نناقش هذه العقبة بتفاصيل أكثر؛ لأنها العقبة التي في وسعها أن تعترض سبيلك كثيرًا وباستمرار.

الخوف المناسب والخوف غير المناسب

ليس الخوف بالضرورة شيئًا سيئًا، فإذا كان مناسبًا (في وقته)؛ فهو يحمينا من الإقدام على تصرفات حمقاء، مثل القفز في بحيرة ونحن لا نجيد السباحة، إضافة إلى أنه يحمينا من أخطار لا يمكننا تقويمها تمامًا، مثل القفز من مكان مرتفع بوجود حلقة مطاطية حول كاحلنا فقط للحماية، باختصار الخوف يدعم الحياة إذا كان في الأوقات والمواضع المناسبة، ورسائل الخوف منطقية: لا تفعل ذلك! لا تتحرك! لا تتصرف على نحو منافٍ للذوق السليم!

ابق هادئًا! لا تخاطر! من الملاحظ أنه في اجتماعات الأعمال: كثير من الناس يلتزمون بذلك.

الخوف المناسب يحمي، والخوف غير المناسب يسدُّ الطريق.

متى يكون الخوف سدًّا؟

هذا يأخذنا إلى مكان غير مناسب حيث الخوف يزعج ويكبح وحتى يشكل سدًّا، كأن تكون خائفًا من القيام بأشياء هي في الحقيقة مهمة ولها قيمة؛ مثل إلقاء خطاب، أو تقديم اقتراحات في جلسة عامة في مؤتمر، أو إجراء محادثات مواجهة. يمكنك القول إن كل شيء جيد، و لكن أليس الانطوائيون والانبساطيون على الدرجة نفسها من الخوف؟ الخوف هو انفعال إنساني أساسي ومشترك عند الناس جميعًا. ومن جانب آخر: الخوف يؤثر كثيرًا -عند التواصل- في الأشخاص الذين ينظرون إلى أنفسهم من الداخل أكثر. بمعنى آخر، الخوف يمنع الانطوائيين من التعامل باستهتار مع الآخرين أكثر مما عليه الحال عند الأشخاص الانبساطيين، ويمكنني تحديد ثلاثة أسباب لذلك.

أولًا، بالمقارنة مع الانبساطيين، الانطوائيون يحتاجون إلى تواصل خارجي أقل ومزيد من التحفيز الداخلي (هناك بعض المعلومات عن هذا في الفصل الأول)؛ لهذا السبب فإن الحاجة إلى التواصل لا يمكنها مواجهة الشعور بالخوف بفاعلية والتعويض عن ذلك، وهذا مختلف عند الانبساطيين: التحول إلى أشخاص آخرين يبدو محببًا بصورة خاصة، وهذا يعني أنهم يتغلبون على خوفهم أكثر.

ثانيًا، الانطوائيون أكثر عرضة للخوف من الانبساطيين، والسبب في ذلك أنهم قادرون على التأمل: على العموم يميل الانطوائيون للتعامل مع عواطفهم على نحو متكرر أكثر؛ لأن النشاط الداخلي لديهم أعلى درجةً من الانبساطيين.

الخوف قد يؤدي إلى تأثير قوي في المقابل، بحيث يحجم الشخص المعني عن ممارسة أي أنشطة، ويفضل تركها منذ البداية.

ثالثًا، الانطوائيون مبرمجون بيولوجيًّا نحو السلامة (انظر الفصل الأول)، ما يعني أن عقولهم تسجل الأخطار المحتملة بسرعة أعلى وبوضوح أكبر، وينطلق الخوف لديهم بسرعة نتيجةً لذلك.

إذا كان الخوف قويًّا بحيث يسيطر على الفعل، تنتج صفة تؤدي إلى إعاقة الأشخاص الهادئين بصورة دائمة عند التعامل مع الآخرين: الخجل.

انظر في عيون الخوف

مواجهة الخوف عن عمد

الآن، كيف يمكنك بوصفك إنسانًا هادئًا أن تمنع خوفك من صدك عن القيام بأشياء ترى أنها مهمة؟ إنه سؤال كبير (مهم). سترى إجابات ملموسة لهذا السؤال في الفصول اللاحقة ومرتبطة دائمًا بموقف محدد، ولكن يوجد شيء واحد صحيح جوهريًّا في الحالات كلها: يمكنك دائمًا مواجهته بأجزاء أخرى من دماغك ـ الجزء الواعي. الإستراتيجيات المقترحة هنا كلها تشترك بشيء واحد؛ إنها لا تجعلك تتجنب مخاوفك، بل على العكس من ذلك تمامًا.

التعامل مع الخوف: إستراتيجيات عامة ١

المرحلة الأولى: كن واعيًا لمخاوفك.

يخاف الأطفال غالبًا من الوحوش تحت السرير. المرحلة الأولى هي العلاج المضاد للوحش: سلط الضوء على مركز الخوف (بكلمات أخرى، سلط ضوء المصباح تحت السرير) تجعل الوحش يختفي، وكثير من الخوف كذلك يختفي معه.

المرحلة الثانية: ابقَ منتبهًا إلى السبب؛ فما تريد فعله مهم، وهو مهم جدًّا لدرجة أنك تخاطر على الرغم من الخوف.

الخطوة الثانية هذه تعني أن تعطي نفسك القوة لاتخاذ القرار بصورة واعية، وأن تأخذ هذه القوة بعيدًا عن خوفك. موقع الخوف في دماغك بخاصة يخشى من الفشل، ها أنت ذا تقرر القيام بأمر ذي قيمة تبرر فيه خطر الفشل، وهذه أفضل طريقة لتوسيع منطقة الراحة لديك؛ أنت على دراية بمخاوفك، وتجازف مجازفات محسوبة تستحق ذلك؛ لأن ما أنت بصدده يعني لك شيئًا كثيرًا.

اذكر مخاوفك بصوت مرتفع

العقبة الرئيسة هي تغيير عادتك: كل انتهاك للعادات يمثل تشتتًا في البداية لكل عقل، وعلى وجه الخصوص، للأشخاص القلقين.

إذا توقفت عن استعمال الطريق الممهدة التي تجعلك تتصرف تلقائيًّا، فستجد الأمر مجهدًا ونتائجه غير محددة من دون خبرات معتادة، والأهم من ذلك كله أن تتصرف عن سابق تصور وتصميم، وقد أوصى سيث غودن (Seth Godin) بتدابير جذرية أكبر في كتابه **مسمار العجلة** (Linchpin) الذي يقول فيه إن أي إنسان سواء أذكرًا كان أم أنثى يعلن عما يخشاه بصوت مرتفع سوف يتمكن من دفع الخوف بعيدًا، جرِّب ذلك، قل: «أنا أخاف من المحاضرات لأن لدي معارضين بين الحضور».

وضع مسارات جديدة في العقل

من وجهة نظر عصبية بيولوجية، فإن المرحلة الثانية هي الخطة الأفضل: القشرة الدماغية، مركز التفكير الواعي، لديها القدرة على تهدئة مركز الخوف في الدماغ (اللوزة). إذا تمكنت من رؤية لماذا ما تخافه مهم

فأنت تساعد دماغك على رسم طريق جديد، وحالما تُبنى تلك الطرق فلا يقتضي الأمر أن يكون مركز الخوف نشطًا في منطقة العمل المقصودة. وفي حالة المحاضرات، هذا يعني أنه بدلًا من الذعر سيكون لديك شعور خفيف بعدم الارتياح.

العقبة الثانية: شدَّة الانتباه للتفاصيل

الاستغراق في تفاصيل المعلومات المجزأة:

كثير من الانطوائيين ينزعون لرؤية العناصر(الأجزاء) الفردية من المعلومات على أنها كل شامل، وهذا يرتبط بصورة خاصة بقواهم الضخمة في التحليل، وهو ينسحب بصورة خاصة على الهادئين ذوي الدماغ اليساري (انظر التفسير في الفصل الثاني تحت القوة السادسة). التحليل يعني تقسيم الكل إلى أجزاء منفردة من أجل تفحصها تمامًا، وكثير من التفاصيل ـ التجزئة ـ هو الوجه الآخر لهذه العملة: المراقبون يضيعون في التفاصيل بدلًا من تكوين صورة شاملة، وبذا تضيع رؤية ما هو مهم حقيقة.

هذه العقبة قد تكون مفيدة في بعض الحالات؛ مثلًا، عندما يبحث مدقق عن خطأ في الميزانية العمومية، ولكن في حالات التواصل، الميل نحو كثير من التفاصيل غالبًا ما يعني أن الانطوائي (ربما عندما يكون النقاش والتحدث في مناظرة أو في المفاوضات) يتورط في تفاصيل متشابكة، بدلًا من الانتباه إلى الموضوع كاملًا أو ما يحتاجه الشخص المقابل. وعندما يرتبط بالكمال، فإن الانتباه الشديد قد يؤدي إلى التجزئة وفقدان السيطرة، وكل منهما يمثل مشكلة للأشخاص ذوي المسؤوليات الإدارية؛ الانتباه الشديد للتفاصيل قد يصبح مصيدة عندما تستعمل الأحاديث القصيرة بوصفها أداة للتواصل. في الفصل السادس ستتعرف كيفية تجنب ذلك.

العقبة الثالثة: الإثارة المفرطة

كثير جدًا_ مرهق جدًا

الإثارة المفرطة تعني أن الموقف يحرمك الطاقة؛ لأن الانطباعات متنوعة، وهذا يحدث عندما تنصب عليك انطباعات كثيرة في آن واحد، ولكن قد تكون بسبب كون المحيط حولك فيه ضجيج، فكثير من الأشخاص الهادئين لديهم حساسية من الأصوات المرتفعة، ويفقدون تركيزهم إن كان المستوى عاليًا (مستوى الصوت 3) ، ومستوى استرخائهم (مستوى 5) .

سريع جدًا_ مرهق جدًا

السرعة المفرطة قد تسبب الإثارة المفرطة؛ مثلًا، إن وجِد من يصر على قرار سريع، أو يتحدث بسرعة أكثر من العادية، أو ثمة إشارات تدل على نفاد الصبر من خلال لغة الجسد (فرقعة الأصابع، النظر إلى الساعة بنفاد صبر) . الإثارة المفرطة ترهق الأشخاص الهادئين بصرف النظر عن طبيعتها، ويمكن أن تلقي بظلالها على مقابلة مع أشخاص آخرين، عندها يصبح التحدث مع الآخرين مرهقًا، لهذا السبب يتعامل كثير من الانطوائيين مع المناسبات الاجتماعية بعناية، ويختارونها انتقائيًّا. المخاطرة تكمن في حقيقة أن احتمال الإثارة المفرطة تجعل الأشخاص الهادئين سلبيين (العقبة الرابعة) ، وقلقين (العقبة الخامسة) ، ويميلون لتجنب النشاط الاجتماعي (العقبة التاسعة) ، كل ذلك يعرقل التواصل.

إن الضغط المتعمد في المفاوضات، والمعلومات الكثيرة في المناسبات الاجتماعية التي تحتاج إلى معالجة، والجدال الهجومي أو الجمهور المتململ في محاضرة يمكن أن يقضي على كثير من التحضير الجيد، ويقلل من التأثير الشخصي الناجم عن الفرد المثار أكثر من اللازم.

إيجاد موارد للطاقة _ ضمان زمن توقف لشحن البطارية

أنت تعلم أن الأشخاص الهادئين لا يجددون طاقاتهم بالطريقة ذاتها التي يجدد بها الأشخاص الانبساطيون طاقاتهم؛ فهم يحتاجون إلى الهدوء والعزلة والتفكير؛ من أجل استعادة طاقاتهم مجددًا، وبالمقابل يستعملون طاقة أكبر في التواصل مع الآخرين، أكثرها في الأحاديث القصيرة وفي المواقف المشحونة بالانفعال؛ مثل المواجهات والتفاعل داخل مجموعة كبيرة، إلا أن يومًا عاديًّا مع كثير من التغيرات السريعة يمكن بكل سهولة أن يرهق الانطوائي؛ مثل المقاطعة المستمرة، والاتصالات الهاتفية، والتسوق العابر، وحتى أفكار الأطفال الصغار المفاجِئة أو نشاطهم المفاجىء.

أي شخص يعرف هذا يعلم أيضًا أن الوقت المستقطع حاجة مهمة وغير قابلة للتفاوض بالنسبة إلى الأشخاص الهادئين، وإذا تمَّ التنازل عنها بسبب قصر الوقت، فسيكون ذلك مكلفًا جدًّا، وأول شيء داخل الحالة نفسها: إن لم يكن هناك إمكانية لبقاء الانطوائي وحيدًا فسوف (ينغلق) إذا استُنزفت طاقته تمامًا. سوف يشاركون في قليل من المحادثات والمناقشات، ويحدون من المشاركة في المناسبات الاجتماعية؛ لأن ذلك صعبٌ عليهم من دون الوقت المُستَقطَع.

الأشخاص الآخرون الذين لا يمكنهم فهم الحاجة إلى الانعزال يرون في هذا السلوك نوعًا من التحفظ الممل أو حتى يضجرون منه، وفي السياق المهني سوف ينظر إلى الأشخاص الذين يحتاجون إلى الخلوة على أنهم لا يحبون الاختلاط وغير قادرين على فرض أنفسهم أو حتى على التحدي فكريًّا، وواضح ماذا يعني ذلك مهنيًّا...

طرق لاستعادة الطاقة

إذا قاوم الأشخاص الهادئون حاجتهم إلى الانفراد، فسوف يشعرون بالإنهاك، وفي أسوأ الحالات سوف يقضون على أنفسهم:

الاستمرار في الاستغلال المفرط للطاقة لدى شخص ما ثمنه باهظ؛ لذلك لا تدعه يصل إلى ذلك الحد!

يمكنك تجنب هذه المشكلات بالاعتراف بأنك بحاجة إلى وقت مستقطع، ستجد هنا أهم الخطط (الإستراتيجيات) أُبقِيت في هذا الفصل عامةً جدًّا عن قصد، وسوف تجد مساعدة أكبر في الفصول ذات العلاقة بالفكرة الأساسية وضمن مسائل خاصة.

إدارة الطاقة: إستراتيجيات عامة ١

1. حلِّل أي نوع من الأشخاص والحالات التي تستنزف طاقتك.
   اختصر الارتباطات واللقاءات قدر الإمكان، وخطط دائمًا ومن البداية للوقت المستقطع عندما تكون لديك حالة مجهدة، أو اجتماع مع أشخاص مجهدين.

2. تأكد من الحصول على استراحة في أوقات منتظمة. من ناحية مثالية كل يوم (نصف ساعة على الأقل)، كل شهر (نصف يوم) وكل عام (أسبوع أو عطلة نهاية الأسبوع). ليس مهمًّا كم يمكنك الابتعاد عن الحياة اليومية: المهم أنه يمكنك الابتعاد عنها؛ استعمل الوقت المستقطع للقيام بعمل تحبه: القراءة، أو التقاط الصور، أو المشي، أو استغراق في حلم(أحلام اليقظة)، أو أخذ قيلولة، أو ابتكار نظريات، أو التأمل، أو حل ألغاز السودوكو، أو أي شيء تراه مناسبًا.

3. اجمع بين الرياضة و الاستراحة.
   تعرَّف حركات تمدُّك بالطاقة، وأي منها يستنزف طاقتك؛ كثير من الأشخاص الهادئين يحبون الرياضة التي تمنحهم مددًا

قصيرة من الوقت المستقطع في أثناء اللعب؛ مثل تسلق الجبال، والركض، وقيادة الدراجات الهوائية، والسباحة، واليوغا، ستجد اقتراحات عديدة حول الرياضة للانطوائيين في الفصل الرابع.

العقبة الرابعة: السلبيّة

الفرق بين الهدوء و السلبية

الهدوء جيد، السلبية ليس كثيرًا. الحقيقة أن هناك فرقًا كبيرًا بين المصطلحين: الهدوء (من حيث القوة الخامسة) سلوك داخلي أساسي، يجعل التركيز ممكنًا والتصرف متعمدًا، لكن السلبية تطرح شيئًا من الإنكار؛ الأشخاص السلبيون يرفضون القيام بمبادرات واستثمار المثيرات؛ يجلسون وينتظرون من دون حول أو قوة، أو جامدين من تلقي الصدمة مهما كانت حالتهم، ويفضلون كثيرًا أن يعانوا مأزقًا بدلًا من محاولة تغيير شيء ما، وهذا يشمل الملل وحتى العلاقات السيئة.

تعزيز صوتك

يمكن الكشف عن الضعف من خلال الصوت: كثير من الأشخاص الهادئين يتحدثون بصوت لطيف، بمعنى آخر بصوت منخفض وفوق ذلك مع كثير من قلّة التركيز. الحديث البطيء والصوت المنخفض يعطي انطباعًا قويًّا ومركزًا إذا كان بإيقاع مفعم بالحيوية والنشاط، ولكن الصوت السريع جدًّا أو البطيء جدًّا أو اللطيف الذي يستعمل قليلًا من التأكيد ليس لديه القدرة على التأثير عند محاولة التواصل؛ إنه يرسل إشارة تقول: «أنا ضعيف جدًّا». وهذه هي ردة الفعل لدى الأشخاص الآخرين (الانبساطيين على وجه الخصوص) عندما يستمعون لذلك: إنهم يقللون من شأن ما قيل، ولا يستمعون كما ينبغي أو ينفد صبرهم.

الصوت اللطيف غير القوي نسبيًّا يمكن أن يدمر أثر ما يقال، بصرف النظر عن مدى انطوائه على ذكاء أو مدى أهميته.

لا تفشل في الرَّد عندما تتعرض لهجوم

الأشخاص الذين يفضلون عدم الرد عندما يُهاجَمون أيضًا قد يكونون سلبيين؛ هم يتمنون أن يؤدي الامتناع عن القيام بأي فعل إلى جعل الموقف أفضل، ولكن نادرًا ما يحدث ذلك، على العكس: أي شخص يسمح للآخرين بالتعدي على حدوده واحترامه، يغريهم بالمواظبة على فعل ذلك.

ولكن السلبية قد تكون لها أسبابها، ولها جوانب مفيدة للأشخاص الهادئين، وبذلك فهي منطقية من وجهة نظرهم: مريحة، وتساعد على تحاشي الإثارة المفرطة (العقبة الثالثة)، ومن هذا المنطلق تكون توفيرًا للطاقة لدى الانطوائيين، وفي أسوأ الحالات توفير الطاقة بهذه الطريقة قد يؤدي إلى العيش بانعزال. والآخرون يتصرفون والأشخاص السلبيون يتم التصرف ضدهم أو (مثلًا عند الحاجة إلى قرارات أو إلى الترويج) يتركون على الجانب ويجري تجاهلهم. والآخرون يقدمون المثير والسلبيون يتورطون؛ ينتظرون في مكانهم. هذا غير مفيد على مستوى العمل وكذلك في العلاقات الخاصة، عندما لا تتحدث عما يرضيك. الأشخاص الذين يَدَعون الآخرين يديرون حياتهم يفقدون القدرة على تكوين حياة ناجحة والسيطرة عليها، يا له من ثمن! ستجد خططًا للتعامل مع السلبية في الفصل السادس الذي يتحدث عن بناء العلاقات (علاقات التواصل).

الانطوائيون يحتاجون إلى الوقت للتأمل

من المهم الإشارة إلى سوء فهم آخر عند هذه النقطة؛ فلأن الأشخاص الهادئين يحبون التفكير مليًّا قبل قول أي شيء (القوة الثالثة ـ الجوهر)، فإنه

يسهل وصفهم بالسلبيين بسهولة، على الرغم من أنهم في هذه الحالة خلاف ذلك؛ هذا لأن الانطوائيين بحاجة إلى وقت أطول لفهم الانطباعات والمعلومات التي حصلوا عليها بأكملها. الانبساطيون المثاليون لا يحبون الانتظار للحصول على إجابة في أثناء الحديث، ويستمرون في الحديث لأنهم لا يتوقعون أي إجابة أخرى، وبسبب ذلك يستنتجون ـ بقصد أو من دون قصد ـ أن نظراءهم الانطوائيين سلبيون بالتأكيد، وهذه حالة بكل بساطة غير حقيقية؛ ذلك لأن الأنشطة الحقيقية، والتفكير، والتقويم والصياغة أمور تتم داخليًّا ـ حيث لا يمكنك رؤية ذلك؛ فإذا كنت تتحدث بالهاتف أو وجهًا لوجه، وكنت بحاجة إلى وقت للتفكير، فعليك أن تقول ذلك بإيجاز، وهنا بعض الأمثلة:

عينة من الجمل التي تستعمل لكسب الوقت للتفكير

«دعني أفكر لدقيقة فقط».

«أجل أنا أفهم أن الأمر مستعجل، سأعود إليك في أقرب وقت».

«أنت تثير نقطة صعبة (شائكة)، ما رأيك بها»؟

«ابق معي، أعطني دقيقة».

«هل يمكنني التواصل بك بشأنها لاحقًا»؟

«سأفكر ثم أعود إليك، هل غدًا صباحًا وقت مناسب لك»؟

تأكد من القيام بكل ما قلته، فهذه الجمل تعطيك وقتًا للتفكير، ولكنها تَعِدُ بأمور يجب القيام بها: أوضح نقطتك، توصل إلى نتيجة، أظهر جوهرك وقدرتك على التحليل!

العقبة الخامسة: الهروب

خلافًا للسلبية، فإن الهروب هو فعل ـ ولكن لسوء الطالع يؤدي إلى الاتجاه الخطأ. الهروب يعني التجنب بالانسحاب؛ إنها حالة مليئة بالقلق ـ كما في

حالة السلبية (العقبة 4) الناجمة عن الإثارة المفرطة (العقبة 3)، ولكن توجد أمور أخرى قد تسبب ذلك أيضًا. بالهروب، يبحث الشخص المعني عن الانشغال أو الهروب بعيدًا بصورة نشاط أقل إثارة للقلق أو إلى محيط مختلف، قد يكبح هذا القلق الحقيقي، ولكن يمكن أن يكبح ما يجب القيام به أيضًا. الأخير يعرف بالمماطلة؛ أي الميل لوضع الأمور جانبًا. والخطاب الذي يسبب إلقاؤه أمام الجمهور رهبةً في النفس يُكبَح باستمرار عن طريق تأجيل تحضيره؛ لا يمكنك تحديد موعد مع رئيسك لزيادة الراتب؛ لأن لديك أمورًا مهمة كثيرة عليك القيام بها.

أحيانًا يكون الهروب موئلًا للاحتفاظ بما تبقى من طاقة، ولكنه في الوقت نفسه قد يمنع الشخص المعني من التحرك بنشاط ومن تحقيق أهدافه؛ لأن الخوف والكسل قوتان أساسيتان في الخلفية، تحولان دون تحقيق تواصل ذي معنى، والثمن هنا غالٍ كذلك: تحضير الخطاب في اللحظات الأخيرة أمر مرهق جدًّا، للأشخاص الهادئين بصورة خاصة حيث يقدرون أهمية الوقت للتفكير، والآخرون سوف يحصلون على زيادة الرواتب...

العقبة السادسة: كون المرء مفرطًا في العقلانية:

تقليب الأمور في دماغك شيء جيد في المقام الأول، وكثير من الأشخاص الهادئين مفكرون لامعون، يمكنهم إنجاز أمور رائعة بفضل القوى التي يتميزون بها مثل الجوهر، والهدوء والتفكير التحليلي.

عيوب التفكير

تمثل العقلانية المفرطة عندما تكون عقبة الجانب السببي للتفكير: يصبح هذا الأمر مشكلة عندما يفشل العقل في الفهم أو يحجب العواطف. الأشخاص الهادئون يحدُّون من رؤيتهم للأمور بهذه الطريقة؛ لأنهم يهتمون قليلًا

بالجانب العاطفي لديهم، ويهتمون كثيرًا بالجانب العقلاني؛ فأن تكون مفرطًا في العقلانية أمر يتمخض عن أضرار عندما تتعامل مع الآخرين: العقلانيون يهملون الأشخاص المقابلين لهم عاطفيًّا، ولا يحاولون التفكير بأنفسهم من خلال وضعهم العاطفي، ويقيدون أنفسهم بالحقائق عند تبادل الأفكار.

لا تقلل من شأن عامل العلاقة

قد يكون للتواصل تبعات غير سعيدة، فحتى في العمل، يكون المفهوم العاطفي لتبادل الأفكار أمرًا مهمًّا للغاية. تبادل الحقائق جزء صغير من الانطباعات المشتركة سواء أمفاوضات كانت أم اجتماعات، محادثة في وقت الاستراحة أو تحدثًا إلى مجموعة صغيرة من الزملاء. هناك علماء نفس تواصل يقولون إن هذا يشكل نسبة لا تزيد على 20%. ونسبة 80% المتبقية تشكل الإشارات عن العواطف والطريقة التي يتواصل بها المشاركون بعضهم مع بعض.

هل حددت حالة كونك مفرطًا في العقلانية إحدى عقباتك الشخصية؟ ستجد في الفصل السابع الذي يتعامل مع المفاوضات الذكية، كيف تتصرف بحيث لا تبقى هذه السمة عائقًا في طريقك.

العقبة السابعة: خداع النفس

عندما تكبت الحاجات

هذه عقبة خاصة؛ إنها عن إدراك الذات لدى الأشخاص الانطوائيين بالعلاقة مع العالم من حولهم، وخداع النفس أو نكران الذات يعني أن الأشخاص الهادئين إما أنهم يكبحون حاجاتهم الخاصة وطباعهم أو يفهمونها فهمًا سلبيًّا، وهذا يحدث -بخاصة- عندما يسكن شخص انطوائي بين أشخاص انبساطيين على الأغلب، ويمكن أن يكون هذا الأمر مسألة ثقافة في المقام

الأول كما في أمريكا؛ حيث معظم السلوك الاجتماعي انبساطي. في مكان صاخب تسوده ثقافة الانبساط، يستنتج الأشخاص الهادئون بصورة مباشرة أو غير مباشرة أن ثمة عِللًا فيهم، وربما لهذا السبب معظم الإصدارات حول شخصيات الانطوائيين نشرت في أمريكا.

الاغتراب الذاتي أو الاغتراب عن الآخرين

في المرتبة الثانية، يمكن لخداع النفس أو نكران الذات أن يحصل عندما يمثِّل الأشخاص الهادئون أقلية في العائلة أو بين الزملاء في العمل؛ لأن الآخرين معظمهم انبساطيون. هؤلاء الانطوائيون يخاطرون بشيئين في ظل ظروف من هذا القبيل، كما أشار لوري هيلجو Lorie Helgo (2008م) في كتابه: إما أن يعزلوا أنفسهم اجتماعيًّا بعبارة أخرى عن الناس حولهم، وهذا يؤدي إلى تجنب التواصل إلى مدى واضح (العقبة التاسعة)، وسوف نناقش المزيد من التفاصيل خلال هذا الفصل، أو أن يصبح الانطوائيون مغتربين عن أنفسهم، وفي تصورنا هذا بالضبط ما يعنيه نكران الذات.

الأشخاص الهادئون الذين يرون انطوائيتهم انحرافًا عن العالم حولهم يخاطرون بالانعزال الاجتماعي، أو الاغتراب عن أنفسهم.

يظهر خداع النفس في مظاهر عدة، وقد يصبح السلوك الانبساطي قد يصبح مقياسًا للتواصل الجيد بالنسبة إلى الانطوائيين المرنين الذين يسهل التحدث إليهم اجتماعيًّا (شُرح في الفصل الأول)؛ إن كانوا يميلون إلى خداع النفس، فسوف يتكون عنهم انطباع يفيد بأنهم ليسوا في وضع يسمح لهم بالقيام بالسلوك الانبساطي تمامًا؛ لأنه يمكنهم التصرف بوصفهم انبساطيين، ولكنهم لا يجدون هذا خبرة إيجابية بالطريقة نفسها، ونكران الذات يمنعهم من الاهتمام بحاجاتهم بوصفهم انطوائيين والاعترف بها، ولكن حتى الانطوائي المرن يبقى انطوائيًّا، ولكن إلى حدٍ مختلف.

العقبة الثامنة: العناد

عندما يتعاظم العناد

العناد ضرب متعاظم من ضروب المثابرة، ويؤدي إلى نهج جامد في التواصل، وكثير من الأشخاص الهادئين الذين يواجهون هذه العقبة يجدون من غير المستحب التخلي عن إجراءاتهم المعتادة؛ مثلًا إذا كان عليهم العمل في غير الأوقات المعتادة أو التغلب على ظرف غير معتاد في رحلة عمل، وقد يظهر العناد في مجال التواصل على هيئة جدال إذا ما اتخذ الأشخاص الهادئون موقفًا متصلبًا، وعندما يفضلون البحث في التفاصيل إلى حد كبير، بدلًا من التعامل مع الصورة العامة.

المرونة اللازمة للمفاوضات

في المواقف التي يكون فيها من الضروري -على وجه الخصوص- إظهار المرونة في المفاوضات؛ مثلًا، يمكن أن يمنعك العناد من الاعتراف بمعايير القرار والوصول إلى الحلول وحاجات الأشخاص المقابلين لك في تفكيرك. الفصل السابع سوف يبين لك كيف تتصرف في مثل هذه الحالات.

العناد خطة لتوفير الطاقة

كما في العقبات الأخرى من هذا الفصل، يُعد العناد إستراتيجية لتوفير الطاقة. إن الشخص الذي يتصرف دومًا بالطريقة نفسها تقريبًا، لديه نوع من القيادة الداخلية الآلية لاتخاذ القرارات غير الضرورية؛ فأنماط السلوك والطقوس تشغل حيِّزًا في القرارات الواعية.

ميزة الطقوس في الحياة اليومية

الطقوس ليست بالضرورة شيئًا سلبيًّا؛ فلها ميزاتها على صعيد التواصل، فهي تساعدنا على رد الفعل المناسب وبثقة في حالات خاصة؛ مثال يومي على

ذلك: تقديم شخصين ممن عملت معهما أحدهما للاخر في سياق مهني، ستجد أن الأمر أسهل منالًا، وفي وسعك التعامل معه بثقة أكبر إذا علمت:

1. أيًّا منهما تقدمه للآخر أولًا (الأقل أهمية إلى الأكثر أهمية).
2. المعلومات المثيرة التي يمكن ذكرها بعيدًا عن الاسم والوظيفة لجعل المحادثة أسهل، يمكن أن تكون عاملًا مثيرًا مشتركًا؛ مثل المسرح، الملاكمة...، أو نوع العمل نفسه (التعليم، إدارة علمية...)، أو عنصر جديد لمعطى إيجابي بشأن أحدهما (لقب رفيع أحرزه مؤخرًا، مكانة مرموقة جديدة على صعيد الوظيفة...).

المرونة تعتمد على الحالة

طقوس مثل تقديم الأشخاص تجعل الحياة أقل تعقيدًا؛ إنها تشمل خبرة في التعامل مع الناس وتأسيس قواعد ثابتة، بحيث يمكنك المضي قدمًا للتركيز على أمور أخرى، لكن الأمر يختلف عندما تسلبك (القيادةُ الآليةُ) المرونةَ في التعامل مع الآخرين؛ إنه أمر مهم في الحالات غير العادية.

الأشخاص الذين يتصرفون دومًا بالطريقة نفسها على صعيد ردود أفعالهم (مثل الصمت أو الإصرار على التفاصيل) بوصف ذلك رد فعل على انتكاسة محددة (مثل مقاومة التحدث مع الشخص المقابل في المفاوضات) يعرقلون تواصلًا ناجحًا بعدم المرونة هذه، وهذا يجعل رد فعلهم متوقعًا من الآخرين، وكذلك من الأشخاص الذين ليس لديهم شيء ضدهم أيضًا. إن من السهل الضغط على زر معين لاستخلاص رد فعل معين، والأسوأ من ذلك كله أن الأشخاص الهادئين يدفعون ثمن هذا العناد: إنهم يحرمون أنفسهم مساحةً للمناورة، ويحرمونها بالنتيجة الثقةَ لإدارة الحالة استباقيًّا مع الاهتمام بالعوامل المهمة كلها.

العقبة التاسعة: تجنُّب التواصل

أسباب تجنُّب التواصل

الأشخاص الهادئون يفضلون عددًا محدودًا من الأصدقاء الجيدين على عدد كبير من العلاقات السطحية، وهذا أمر محق تمامًا، ولكن كلما كان من الواضح أنهم يميلون أكثر إلى منطقة الانطوائيين على مقياس الانطواء - الانبساط، زاد ميلهم لتجنب الآخرين؛ لأنهم متعبون أو مزعجون. وهنا تكمن الصعوبة؛ فالأشخاص الذين يتجنبون التواصل مع الآخرين يتصومعون بعيدًا عن العالم الخارجي.

تجنب العزلة

هذا النهج يعني أن الأشخاص الهادئين يخاطرون بالوصول إلى حالة متطرفة؛ أي الانعزال الاجتماعي، إنهم يتقوقعون داخل أنفسهم بكل ما لديهم من أفكار وعواطف، أما التبعات، فهي: فقدان المثير المهم، وتصحيح المسار من قبل الآخرين في حياتهم المهنية والخاصة، كذلك وفي حالة العمل الجماعي أو التعاون مع الآخرين، يصبح التواصل صعبًا- سواء أكانوا يخططون لعطلة مع العائلة أم لاستكمال مشروع في العمل. الآخرون يرون أن متجنبي التواصل غريبون قليلًا. نموذج لمتجنب التواصل زوج انطوائي يتجه إلى غرفة لممارسة الهوايات الخاصه به بعد يوم عمل؛ فيعيد ترتيب الأثاث، أو قد يصنع نموذجًا لمخطط سكة حديد، بدلًا من التحدث إلى زوجته.

المديرة الانطوائية تتصرف بالطريقة نفسها: خلال احتفال سنوي تنكفئ مع هاتفها المحمول إلى ركن قَصيٍّ متعللة بالابتعاد عن الضوضاء، وهي في الحقيقة تحاول تجنب محاولات لتبادل أحاديث قصيرة وسريعة من قبل زملائها.

الهروب وتجنُّب التواصل

يختلف تجنُّب التواصل عن الهروب (العقبة الخامسة) في الهدف من التجنُّب؛ فالشخص الذي يهرب يتجنَّب الأمور التي يجب فعلها أو موقفًا محددًا عن طريق إبعاده أو القيام بشيء آخر غيره، ولكن متجنِّب التواصل يحاول عدم التشارك مع أشخاص يجد أن العمل معهم صعب، ويمكن لهذا أن يؤدي إلى عواقب مزعجة للغاية على صعيد العلاقات الشخصية، بخاصة إذا اجتمعت مع العقبة اللاحقة؛ الخوف من المواجهة.

الانطوائيون المنعزلون اجتماعيًّا (فُسِّر تحت العقبة السابعة) يمكنهم أن يتخذوا من تجنُّب الاتصال حرفة؛ إنهم يشعرون أنه قد أسيء فهمهم، ورُفضوا من الأشخاص المحيطين بهم، وهذا له تأثير مهم في التواصل: في الحالات المتطرفة يمكن أن يصبحوا وحيدين ساخطين مفعمين بالكراهية تجاه الآخرين.

العقبة العاشرة: تجنُّب المواجهة

هل الانطوائيون محبون للسلام أكثر؟

تفصيل مهم واحد يظهر المرة تلو المرة في الكتابات عن الأشخاص الهادئين: حتى في سنوات شبابهم الأولى، يتورط الانطوائيون في مواجهات أقل من الانبساطيين؛ هل هم أكثر حبًّا للسلام؟ هل هم أقدر على التناغم؟ أعتقد أن السبب يكمن في مكان آخر.

لماذا يتجنَّب الانطوائيون المواجهات؟

المواجهات جزء من تعامل البشر لأننا نختلف في شخصياتنا، وطموحاتنا، وأهدافنا وخصوصياتنا؛ إنها تحدث في كل مكان، ولكن معظم الناس ما برحوا يعرفونها على أنها عمل صعب: الحديث عن المواجهات يأخذ وقتًا طويلًا، وهو

مجهد نسبيًّا، ونتائجه متوقعة إلى حد معين، وبناءً عليه معظم الناس يتحدثون عن المواجهات عندما يعتقدون أنها تستحق بذل الطاقة المكرسة لها، وهنا قد يختلف الانطوائيون والانبساطيون في طرق تقويمهم للأمور: وصول الانطوائيين السريع إلى الرأي الذي تدور حوله المواجهة قد يصبح مجهدًا جدًّا؛ ذلك لأنهم يقلقون على السلامة، فيبدؤون بالقلق من هذا النوع من التواصل؛ ما قد يؤدي إلى فقدان سريع للسيطرة على الأمور.

هذا يُظهِر أن الخوف (العقبة الأولى) يؤثر في مقاومة المواجهة، ولكن بالنسبة إلى الانبساطيين فإن ثمن استعمال الطاقة في الحالة نفسها ليس كبيرًا، بالتزامن مع تفضيلهم إظهار خط مقاومة قوي بدلًا من معاناة الإحباط، والنتائج الحسنة لكل من الطرفين مختلفة: عند العمل بجهد لحل النزاعات يُدخل الانبساطيون أنفسهم دومًا في معارك كلامية في الحالات المتطرفة، في حين أن الانطوائيين يقلقون ليلًا، ولا يستطيعون النوم؛ لأنهم يفكرون في النزاع الذي لا يريدون حلّه، وعلى الرغم من ذلك فهو يقلقهم كثيرًا.

في الفصل السابع، المثال عن المفاوضات سوف يزودك بتوضيح قوي عن كيفية التعامل مع النزاعات بصورة بنَّاءة عندما تظهر من مجموعات مختلفة من التوقعات.

ما عقباتك الشخصية؟

تقويم عقباتك الشخصية

كما في الفصل الماضي، حيث اقتربت أكثر من النظر إلى نقاط قوتك الفردية، الآن نضع عقباتك (الصعوبات التي تواجهك) تحت المجهر؛ أولًا: أنت تحتاج إلى تحديد العقبات التي تراها في نفسك.

سؤالنا لك ؟

أي من عقبات الانطوائيين التي قرأتها في هذا الفصل تنطبق عليك؟

العقبة الأولى: الخوف.

العقبة الثانية: شدَّة الانتباه للتفاصيل.

العقبة الثالثة: الإثارة المفرطة.

العقبة الرابعة: السلبية.

العقبة الخامسة: الهروب.

العقبة السادسة: عقلانية على نحو غير ملائم.

العقبة السابعة: خداع النفس.

العقبة الثامنة: العناد.

العقبة التاسعة: تجنُّب التواصل.

العقبة العاشرة: تجنُّب المواجهة.

العقبات الثلاث الكبرى لدي، هي:

1. ....

2. ....

3. ....

استنتاج ما حاجاتك من العقبات التي تواجهك

لِنَخْطُ خطوة إلى الأمام الآن، ونستعمل العقبات التي تواجهك للعمل على تلبية احتياجاتك: لاحظ في الأسفل العقبات التي تعترض سبيلك على وجه الخصوص، والعواقب التي تسببها لك، ثم فكِّر في الحاجة التي تكمن خلف

هذه العقبة، وكيف يمكنك تلبية هذه الحاجة. تأكد أن لديك الوقت الكافي للنظر في هذه الأسئلة. لقد قدمت لك مثالًا ثانيًا، بحيث يمكنك أن ترى كيف يمكن أن تبدو قائمتك:

كيف يمكنك الإفادة من نقاط قوتك ؟

عقباتي	أنا مطلع عليها بصورة خاصة في هذه الحالات، مع هذه العواقب	هذا يظهر لي أن لدي هذه الحاجة، وبهذه الطريقة يمكنني أن أفعل شيئًا حيالها
الإثارة المفرطة	في المناسبات الاجتماعية: كثير من الأشخاص، والصوت العالي في الخلفية العواقب: الإجهاد؛ لهذا أحاول تجنُّب مناسبات من هذا القبيل	أفضل التحدث إلى شخص واحد في مكان هادئ. في المستقبل يمكنني أن أخطط سلفًا، وأقرر مَن الذي سأتحدث إليه - وربما أخطط للقاء، ويمكنني دائمًا محاولة إيجاد (زوايا هادئة)

العقبات بوصفها معالم تشير إلى الحاجات

التمرين في الأعلى يطلعك على جزء مهم من نفسك، وأنت الآن تعلم أكثر عن حاجاتك في حالات التواصل.

إذًا، بالطريقة نفسها التي يمكنك بها استعمال نقاط قوتك، عليك استعمال نقاط ضعفك كذلك بوصفها إشارات توجهك إلى ما تحتاجه؛ لتشعر

بالراحة عند التعامل مع الاخرين. ويكتشف كثير من الانطوائيين أن نقاط قواهم وضعفهم مترابطة؛ مثلًا الاستقلالية بوصفها نقطة قوة من جهة يمكن أن يقابلها الخوف بوصفه عقبة من الجهة الثانية، أو قد يكون تجنُّب التواصل، والحذر والخوف متصلين، كذلك الهدوء والسلبية، والتركيز والاهتمام المفرط بالتفاصيل. انظر إلى ملاحظاتك في الفصل السابق مرة ثانية: هل يمكنك إيجاد أي صلة بين مجموعتي الصفات التي لديك؟

سؤال آخر لك ؟

أي من نقاط قوتك وضعفك تبدو مترابطة في نظرك؟

العقبة الأولى: الخوف.

العقبة الثانية: شدَّة الانتباه للتفاصيل.

العقبة الثالثة: الإثارة المفرطة.

العقبة الرابعة: السلبية.

العقبة الخامسة: الهروب.

العقبة السادسة: عقلانية على نحو غير ملائم.

العقبة السابعة: خداع النفس.

العقبة الثامنة: العناد.

العقبة التاسعة: تجنُّب التواصل.

العقبة العاشرة: تجنُّب المواجهة.

العقبات الثلاث الكبرى لدي، هي:

1. .... و ....

2. .... و ....

3. .... و ....

الأمور تصبح ملموسة أكثر في بقية هذا الكتاب: الهدف هو تشكيل طريقة تعاملك مع الآخرين؛ بحيث تستغل نقاط قوتك، وتتعهد احتياجاتك بالرعاية والعناية. أولًا سنلقي نظرة على محيطك الخاص والمهني.

نقاط مهمة بإيجاز *

1. كما أن لدى الانطوائيين قوة فإن لديهم عقبات أيضًا، ومن المهم أن تكون مدركًا لها، بحيث لا تتحول إلى نقاط ضعف في حالات معينة، أو تجعل حياتك أكثر صعوبة.
2. وفي الوقت نفسه عقبات الأشخاص الهادئين مؤشرات جيدة لحاجاتهم.
3. العقبات هي: الخوف، وشدَّة الانتباه للتفاصيل، والإثارة المفرطة، والسلبية، والهروب، والعقلانية على نحو غير ملائم، وخداع النفس، والعناد، وتجنُّب التواصل، وتجنُّب المواجهة.

الجزء الثاني

كيف تعيش حياة خاصة سعيدة، وتكون ناجحًا مهنيًّا؟

الفصل الرابع

بيتي هو قلعتي

تشكيل الفضاء الخاص بك

كريستين محللة في شركة عالمية، عمرها 34 عامًا، لها إنجازات كثيرة: دائرة مسؤولياتها واسعة، وتحظى بتقدير من حيث الخبرة، وتُشكر على دقتها، وتُعد ممن لا يمكن الاستغناء عنهم في قسمها.

تكرِّس كريستين كل ما لديها من أجل عملها، أما الجانب السلبي لديها فهو أنها عندما تعود إلى المنزل في نهاية النهار، لا تجد سوى قطتها في انتظارها في البيت، وأحيانًا تلتقي مع صديقتين لشرب القهوة أو ركوب دراجة هوائية.

تعتقد كريستين أنه من الجميل أن يكون لها شريك، و لكن بوصفها هادئة فإنها تعارض البحث عن شريك حياة؛ فبعد يوم مجهد تحب أن ترتاح، وقل ما تشعر بالنشاط للخروج والمشاركة في أنشطة اجتماعية.

بين الحين والآخر يتقدم للزواج منها أشخاص عديدون، ولكنها في النهاية تظل متشككة؛ فهناك كثير ممن لا يستحقون الثقة بهم، ولديها مشكلة في تخيل أنها قد تجعل نفسها جذابة لشريك محتمل، وكأنها نوع من السلعة، غير أنها

بدأت تفكر كثيرًا مؤخرًا أن السعادة بالنسبة إليها هي أن تمضي بقية حياتها مع شخص يشاركها اهتماماتها؛ شخص تتزوجه وتكون مهمَّة بالنسبة إليه.

الدائرة الاجتماعية الداخلية

الانطوائيون داخل عائلاتهم و أصدقائهم

حتى وإن قَصَرنا أنفسنا على موضوع هذا الكتاب (التواصل)، فإن الحياة الخاصة مساحة أكبر من قدرتنا على تغطيتها. يوجد كثير من الكتب الجيدة عن عيش المرء حياته وحيدًا، وعن الحياة مع شريك حياة في الحياة العائلية. هذا الفصل سوف يتناول التفاعل مع العائلة والأصدقاء من منظور شخص انطوائي؛ أولًا: يوجد تفاعل مع الشريك (كما في المجتمعات الغربية)، ويوجد قسم أيضًا مكرس للأشخاص الوحيدين، وقسم يتعامل بالتفصيل مع الحاجات المختلفة للأطفال الانطوائيين والانبساطيين؛ يناقش إستراتيجيات الحب والرعاية لكل منهما. ننصحك بقراءة الفقرة التي تناسب حياتك في هذه اللحظة!

العيش مع/ ومن دون شريك

يوجد أشخاص يعيشون مع شريك وأشخاص يعيشون من دونه، وسواء أكان هذا باختيارهم أم لا، فهم يواجهون تحديات مختلفة؛ فلكلٍّ من طريقتي الحياة ميزتها وصعوبتها، وحتمًا هذه هي حال الأشخاص الهادئين أيضًا، والحياة مع شريك أسهل بطريقةٍ ما، وصعبة أحيانًا أخرى. بالتأكيد الحياة جميلة مع شخص يهمه أمرك، ويفهمك، ويجعلك تفعل أمورًا جديدة، ومع ذلك وبالدرجة عينها، قد يكون ذلك مرهقًا إن كان لدى شريكك حاجات مختلفة

عن حاجاتك، ونتيجةً لذلك لديك وقت أقل لنفسك. سنتحدَّث في الصفحات القليلة القادمة عن كل من نوعي الحياة، إلا أننا سنبدأ بمرحلة التردد في البحث عن شريك، وهو الجزء الذي تجده كريستين شاقًّا.

العثور على شريك

ما ستحتاجه للاستثمار في هذا: الطاقة

إيجاد شريك بالنسبة إلى كثير من الأشخاص الانطوائيين، يُعد تحدِّيًا كبيرًا، كذلك هو بالنسبة إلى كريستين، في النهاية الأمر يعني القيام بالخطوة الأولى، الخروج والبحث عن أشخاص غير مألوفين والتعرف إليهم بصورة أفضل، وهذا يحتاج إلى طاقة، ويتطلب التغلب على مقاوتك للفكرة. على كل حال، إذا قررت أنك تفضل الحياة مع شريك، فسيكون من المجدي القيام بهذه الخطوة للوصول إلى الحياة التي تريدها لنفسك، وإذا كنت في هذه الحال فسأدعوك في الأجزاء القليلة القادمة من هذا الكتاب للقيام بعمل، هو على أي حال لن يكون مؤذيًا: فكر مليًّا بالخيارات المتاحة، ثم ضع خطة؛ خطتك الشخصية جدًّا!

شريك انطوائي أم انبساطي؟

أنت تبحث عن شخص للعيش معه، إذًا وعلى ضوء ما قرأته للتو، يوجد سؤال مهم للإجابة عنه: بوصفك شخصًا هادئًا، ما نوع الشخص الذي تكون معه أفضل؟ هل هو انطوائي أم انبساطي؟

قد يكون جوابك بالقول هناك كثير من الصفات الشخصية التي تتجاوز مسألة موقعه على متصل الانطواء ـ الانبساط، وهذا حقيقي؛ نظريًّا العلاقة مع أي من النوعين قد تكون ناجحة، ولكن بطرق مختلفة.

تجاذب الأضداد

بوصفهم شركاء، يُعد الانبساطيون جذابين بالنسبة إلى الانطوائيين كما لاحظ كارل غوستاف يونغ (Carl Gustav Jung)، الأضداد تتجاذب، وهذا ينطبق على الانطوائيين والانبساطيين. مثل أفلاطون فهو يؤمن أننا نختار الشركاء المختلفين عنَّا، حيث نكَمِّل شركاءنا وهم يجعلوننا كلًّا متكاملًا؛ شديد الذكورة وشديدة الأنوثة، المتسرع والمتأني، الجميل والذكي، النوع المحب للعائلة والوحيد: إذا نظرت حولك، فسوف تجد أمثلة لنوعين مختلفين من الناس يعيشون معًا.

الانطوائيون والانبساطيون يكمل كل منهما الآخر

من السهل فهم احتمال أن يكون الانبساطي جذَّابًا بالنسبة إلى الانطوائي؛ يؤدي الانبساطيون الأعمال بسهولةٍ تبدو غالبًا بعيدةً عن السهولة بالنسبة إلى شخصٍ هادئ، مثل إلقاء كلمة في احتفال عائلي، وأخذ زمام المبادرة في التخطيط لمناسبة اجتماعية أو التعامل مع النِزاعات، والاعتراض في المحال التجارية. وقد قدَّم المشخِّصون الذين يستعملون مؤشر مايرز- برجز للأنواع (Myers–Briggs Type Indicator) توصية ذات مرة؛ تقضي بأنه يتعين على الشريكين أن يكونا مختلِفين بالمفاهيم الشخصية الممكنة كلها، بما في ذلك من حيث الانطواء والانبساط.

الأشخاص المتشابهون أيضًا متعايشون

لقد حدث تغيُّر كبير على التصورات؛ فقد أظهرت دراسة حديثة أن التشابه قد يكون جذَّابًا أيضًا؛ ففي كثير من العلاقات الوظيفية، يكون كلا

الشريكين متشابهين من حيث الذكاء، والناحية الاجتماعية والتعليم والمهنة، ولكن التشابه في العادات من حيث العلاقة مع الآخرين ومن حيث كيفية تمضية وقت الفراغ، يمكن أن تجعل الشريك أكثر جاذبيةً وأكثر قربًا، ويشعر بالراحة أكثر مع (الأرواح المتشابهة).

هذا يجعل من المفهوم أن ينجذب الشخص الهادئ وشديد الانطواء نحو انطوائيين آخرين، أما الأمر الجيد فهو، إن كنت تبحث عن شريك حاليًّا، فيمكنك التفكير في الأمر بهدوء: ما ردة فعلك تجاه الانبساطيين وتجاه الانطوائيين؟ ما الصفات الجميلة في الشخص؟ وما الذي وجدته غير جذاب؟ ماذا تريد من المتواصلين معك؟

ولكن أولًا، علينا مواجهة الحقائق: عندما نحب، فإن الحب ينطلق من خلال الجانب الأيمن من الدماغ - الجانب الذي يهتم بالعواطف والحدس، ويمكنك التخطيط، والتحليل والتفكير بماذا تريد - هذا جزء من العملية - ولكن في النهاية، من اخترته شريكًا قد يتحول ليكون مختلفًا تمامًا عما في ذهنك. وفي النهاية، أليس هذا أمرًا جيدًا؟

البحث عن شريك: سَخِّرْ نقاط قوتك

هل تذكر النظرة العامة للقوى النموذجية للأشخاص الانطوائيين في الفصل الثاني؟

سأدرجها هنا من جديد: نظرة عامة على نقاط القوة جميعها، وكيف يمكنك الاستفادة منها في المهمة الصعبة... البحث عن شريك.

القوة	فائدتها عند البحث عن شريك
1. الحذر	إحدى أفضل الطرق للقاء شخص ما أن تُقَدَّمَ إليه عن طريق شخص تعرفه، وتثق في حكمه، في هذه الحالة سوف تعرف -على الأقل- أن طرفًا ثالثًا يستحق الثقة يعتقد أن الشخص الذي يتم التعرف إليه لا بأس به. • استعمل حاسوبًا مجهزًا ببرنامج حماية مضاد للفيروسات. • استعمل برامج تسمح لك بالتسجيل مستعملًا اسم المستخدم (لا اسمك الأول) وعنوان بريد إلكتروني صالحًا. • في البداية، لا تُعْطِ بياناتك لأي شخص (اسمك، عنوانك، رقم هاتفك، عنوانك الإلكتروني، مكان عملك). • خذ المكالمات الهاتفية على خط الهاتف الخلوي، لا على الخط الأرضي. • كن حذرًا إذا سأل المتصل عن نقود، أو تحدث عن الزواج بسرعة أو ذكر أي شيء غريب، وإذا حدث ذلك، فاقطع المكالمة حالًا. • إذا قررت أن تقابل شخصًا ما، فليكن ذلك في مكان عام؛ حيث لا تكون بعيدًا عن النظر؛ مثلًا في مقهى خلال النهار. أخبر شخصًا واحدًا على الأقل أين ستلتقي ومتى، وافعل الشيء نفسه إذا كنت تواعد شخصًا عن طريق الجريدة أو مكتب إعلانات التعارف. في أثناء المحادثة أفصِح عن معلومات تخصُّك بالتدريج؛ فأنت لست في عجلةٍ من أمرك.
2. الجوهر	أولًا، فكر: ما الأنشطة التي تستمتع بها وتجدها جديرة بالاهتمام؟ حالما تعرف ذلك، يمكنك التخطيط لأنشطة تتيح لك الالتقاء بأشخاص يشبهونك في أسلوب التفكير.

القوة	فائدتها عند البحث عن شريك
3. التركيز	خصِّص وقتًا كل يوم للبحث عن شريك؛ مثلًا قد تختار خطة، وتطبِّقها فعليًّا بنشاط من القائمة التي وضعتها سابقًا.
4. الاستماع	1. استمع جيدًا: كيف يتحدث الناس بعضهم مع بعض عندما يجهلون بعضهم بعضًا؟ وما الأجزاء التي تنطبق عليك؟ 2. اسأل أصدقاءك الانطوائيين الذين هم على علاقة كيف التقوا مع شركائهم، ماذا يمكنك أن تتعلم من قصَصِهم بما يفيدك؟ 3. عندما تلتقي بأحد، من الجيد أن تستمع له قليلًا. 4. ما الذي يجِب أن يتكلم عنه الطرف الآخر؟ هل هو أو هي من الذين يستمعون على النحو الذي ينبغي؟
5. الهدوء	1. استَرْخِ! توسيع دائرة المعارف يجب أن يكون أولًا وقبل كل شيء مسألة الحصول على خبرة مثيرة ـ حتى لو كان هدفك مختلفًا، وهنا بالضّبط يكون الهدوء مناسبًا..... 2. كرر: لا تدع أحدًا يدفعك إلى شيء لا تريده. 3. لا تنخرط في كثير من الأنشطة في آن معًا. 4. تأكد من أنك تأخذ بعض الوقت المستقطع للراحة والاسترخاء.

القوة	فائدتها عند البحث عن شريك
6. التفكير التحليلي	1. حالما تجيب عن السؤال تحت نقطة القوة الثانية، خطط لبعض الأنشطة المناسبة، وقد يتضمن ذلك ركوب دراجة هوائية، أو البحث في المكتبات، أو القيام بعمل تطوعي، أو الذهاب إلى درس في الرسم، أو زيارة المعارض أو ممارسة الرياضة. هذه أنشطة ستبقيك منشغلًا أيضًا، وهكذا تبحث عن شريك بمزيد من الشعور بالارتياح. 2. ما الأنشطة المناسبة أكثر لأول لقاء؟ 3. عليك توظيف قوة التفكير التحليلي لتقويم الأشخاص الذين تقابلهم؛ فهذا يشعرك بالثقة. اسأل نفسك: ما الصفات التي تراها في هذا الشخص؟ وماذا تحب منها؟
7. الاستقلالية	من أجل أن تكون شريكًا جيدًا، عليك أن تكون جيدًا في الخلوة مع نفسك؛ كلما كنت سعيدًا بحياتك الحاضرة، كان من الأسهل أن تتعرف إلى الآخرين. الشخص الذي يشع إحساسًا بالحاجة، نادرًا ما يكون جذابًا لأي شخص يبحث عن شريك ملائم له، وبالتأكيد أنت لا تريد علاقة بشروط كهذه. هل أنت مستقل بهذا المعنى؟ هذا شيء عليك العمل من أجله.
8. الصلابة	1. البحث عن شريك يأخذ وقتًا، فكن واعيًا لهذا، واتخذ قرارات واعية لاستثمار ذلك الوقت. 2. لا ترحب كثيرًا بالحلول الوسط. سوف تساعدك القائمة الثانية من القائمتين المدرجتين تحت نقطة القوة التاسعة في ذلك.

القوة	فائدتها عند البحث عن شريك
9. الكتابة بدلًا من الحديث	اعمل قائمتين: 1. قائمة بالصفات الجذابة لك: (لتعزيز ثقتك بنفسك). 2. قائمة بالصفات التي تريدها في الشريك المحتمل (للمساعدة في البحث). الأمثلة تتضمن: الدعابة، الأمانة، الدقة. حدد الصفات التي لا غنًى عنها. كذلك فكر في الاختلافات التي يمكنك العيش معها. بالإضافة إلى الإعلانات في الجرائد، استعمل الشبكة العنكبوتية بوصفها منطلقًا للبحث عن شريك؛ فهي تتيح لك وقتًا للتفكير، وهي وسط للكتابة.
10. التعاطف	1. هذه صفة مفيدة جدًّا عندما تلتقي بشخص ما في العالم الافتراضي (عن طريق الشبكة العنكبوتية) أو في واقع الحياة؛ إنها تساعدك على تكوين رأي عن الشخص الآخر كما تساعدك على التواصل معه؛ هل يشعر كل منكما بالراحة؟ ما المهم بالنسبة إلى الآخر؟ عليك أن تأخذ كل شعور سلبي يتكون لديك بصورة جدية (هذا يتضمن الإزعاج والخوف والملل وعدم الصبر) يمكنك الحصول على كثير من المعلومات المهمة عن طريق طرح أسئلة غير ضارة ـ عن الأنشطة الترفيهية للشخص الآخر مثلًا. 2. في النهاية: هل يطرح الشخص الآخر أسئلة؟ هل يحاول هو (أو هي) أن يفهمك؟ هل يمكن له (أو لها) أن يفكر فيما وراء حياته (أو حياتها) الشخصية؟ 3. من أجل اللقاء الأول، ستجد ملاحظات مفيدة للمحادثات القصيرة في الفصل السادس.

حالة كريستين

تستخدم كريستين خطة تقليدية؛ فنظرًا إلى عدم ثقتها بالإنترنت، فقد وضعت إعلانًا في جريدة أسبوعية محلية محترمة، آخذةً في الحسبان الصفات الأكثر أهمية لها في الشريك، كذلك أجرت اتصالات مع مكتب ترتيبات الزواج، وبدأت بحضور حلقة دراسية لمتابعة شيء ما كان مهمًّا لها لمدة طويلة: تريد كتابة قصة جريمة، فمن يعلم كيف يمكن لهوايتها الجديدة أن تضعها في تواصل مع.... .

العيش مع شريك حياتك

العلاقات بوصفها تحدِّيًا

معظم الناس يريدون إقامة علاقات إنسانية، وبالرغم من ذلك معظم العلاقات تفشل؛ فالدول الصناعية الغربية لديها نسبة طلاق تصل إلى 50%، وهذا يمثل عدد العلاقات المحطمة بين الأشخاص المتزوجين فعليًّا، وقد أظهرت نظرية إحصائية أن عدد الزيجات في أوروبا ومعظم العالم في تناقص. هناك كثير من النصائح المتعلقة بتكوين علاقات، ومع ذلك إذا كنا نتحدث عن الأشخاص الانبساطيين والانطوائيين وطرق تواصلهم والحاجات المختلفة، يصبح منطقيًّا البحث عن تركيبتين محتملتين؛ كيف يمكن أن تنجح علاقة بين شخصين أحدهما انبساطي والآخر انطوائي؟ والعكس بالعكس، ماذا يمكن أن يقدم شخصان انطوائيان أحدهما للآخر؟

سؤال لك ؟

إن كان لك شريك حياة، فهل هو (أو هي) انبساطي أم انطوائي؟
إذا لم تكن متأكدًا، استعمل اختبار النظرة العامة في الفصل الأول.

هو أو هي: ....

صفات واحتياجات خاصة: ....

علاقات الانطوائيين ـ الانبساطيين

عندما يتمم الشريكان أحدهما الآخر

في هذه الحالة يعيش الشريكان في عالمين مختلفين، وحالما تنقضي المدة الأولى من الحب، يصبح واضحًا كم يختلف عالماهما؛ كل منهما له قيم مختلفة، وتجارب مختلفة، ومواهب وخصائص شخصية مختلفة. باختصار الأمور التي تشكل التوجه الانطوائي أو الانبساطي، الاختلافات الناتجة من هاتين الحقيقتين مثيرة للاهتمام؛ عالمان يضيف أحدهما للآخر أكثر مما يضيف عالم واحد، وغالبًا ما يقوم أحد الشريكين بالأمور التي يجدها الآخر صعبة، وذلك لتسهيل حياة الشريك الآخر؛ الشريك الانبساطي -مثلًا- يجد أن من السهولة التخطيط، والمحافظة على الحياة الاجتماعية للثنائي؛ مثلًا امرأة انبساطية قد تقنع (أو تدفع) شريكها الانطوائي للذهاب إلى الحفلات، وعندما يكون هناك، قد تحرص على ألا يكون لوحده، فتشركه في أنشطتها. بالمقابل، كونه الهادئ بين الاثنين، قد يقدم لها الطرف الآخر من الهدوء، ويوازن شخصيتها، ويقدم لها الجوهر والاستقلال، مثل صخرة في أثناء هبوب العاصفة.

ضريبة الاختلافات

من ناحيةٍ أخرى، الاختلافات بين الانبساطيين والانطوائيين قد تكون مرهقة: الاختلافات بالمزاج، والحاجات، والأفكار تؤدي كثيرًا إلى اشتباكات تفضي إلى أوضاع غير ملائمة. في الحالة التي ذكرت تتحمَّل المرأة بوصفها شريكًا انبساطيًّا العبء كله من حيث الوقت والطاقة اللازمة للمحافظة على

العلاقات الاجتماعية، وفي الحفلات يتبعها شريكها كأنه ظلها، على الرغم من أنها بوصفها انبساطية، يمكنها الاستمتاع أكثر إذا أمكنها الحديث مع كثير من الأشخاص من دون الحاجة إلى التفكير في إشراك شريكها في المحادثة. من جانبه يجد الزوج أن الحياة مع زوجته الانبساطية تُصعِّب عليه إيجاد وقت الهدوء والسكينة ببساطة من دون الحاجة إلى القيام بأي شيء بين الحين والآخر.

الاختلافات بين الشركاء الانبساطيين والانطوائيين قد تشكل تهديدًا للعلاقة و قد تغنيها.

الاحتياجات المتضاربة

عندما يعيش انبساطي وانطوائي معًا، يمكن للاختلافات المتضاربة -في أسوأ الحالات- أن تصبح تهديدًا للعلاقة السعيدة، وقد يشعر الطرف الانطوائي أنه مسيطَر عليه، مُهمَل، مُساء فهمه، أو أنه يعاني ضغوطًا، وقد يرى الطرف الانبساطي أن الجانب الآخر من العلاقة ضعيف ممل وكثير الشكوى أو سلبي جدًّا، الأمر الذي يؤثر بدوره سلبًا في إحساس الشريك الانطوائي بالثقة بنفسه، إضافةً لذلك قد يريد الانبساطيون مثيرات أكثر وحياة اجتماعية ناشطة أكثر من شركائهم، وقد يشعرون أيضًا أنهم مهملون عاطفيًّا؛ لأنهم لا يتلقون العواطف التي يحتاجونها.

والشركاء الانطوائيون من الناحية الثانية يشعرون بالراحة أكثر في علاقة لا يتعيَّن عليهم إظهار العواطف فيها باستمرار أو إظهار المبادرات.

وفي ما يتعلق بالتواصل، الشركاء الانبساطيون والانطوائيون لديهم أفكار مختلفة عن السرعة المناسبة وحجم التبادل، ولدى كل من الطرفين سلوك مختلف في التحدي والمواجهة، وما يظهر للزوج الانطوائي على أنه مبالغة،

صاخب جدًّا، وصعب جدًّا، وسريع جدًّا، يكون للزوجة الانبساطية طريقة طبيعية للتفاعل، وبالعكس -من جانبها- قد تكون لديها مشكلة في ردة فعل شريكها الهادئ تجاه اختلاف الآراء المتمثلة في انطوائه، بدلًا من معالجة المشكلة، وقد تكون هناك قضايا حول الخصوصية؛ لأن الانبساطيين أكثر استعدادًا لمشاركة المعلومات الشخصية من الانطوائيين.

أساس للاحترام المتبادل

على الرغم من ذلك كله، قد يعيش الانبساطيون والانطوائيون بنجاح، ويستمتعون بعلاقات تشاركية غنية، هذا ممكن شريطة أن يطبقوا ما أسماه العالم النفسي هارتوج هانسن (Hartwig Hanssen 2008) المفتاح لأي علاقة مشاركة: الاحترام في حياة يقضيانها معًا، الاحترام فوق كل شيء، والاعتراف بأمرين: حاجاتك الخاصة وحاجات الشريك.

أمران أساسيان لعلاقة ناجحة ١

1. **الإقرار بحاجاتك الخاصة!**

يمكنك فقط تقبل حاجات شريكك إذا كنت تعرف حاجاتك الخاصة وتحترمها.

2. **الاعتراف باحتياجات شريكك**

سَلِّمْ بأن حاجات شريكك تختلف عن حاجاتك، وأنه قد تكون لديكما رؤيتان مختلفتان للحالة نفسها، وهذا منفصل تمامًا عن الشعور أن كلًّا منكما يشارك الآخر.

ميزات أن يكون لديكما حاجات مختلفة

من الطبيعي أن تدرك تمامًا أن لديكما حاجات مختلفة، ففي النهاية كل شخص مختلف عن الآخر، والأهم من ذلك كله هو كيف تقرر التعامل مع اختلافاتكما؛ أنت وشريكك معًا تشكلان فريقًا، وفي أي فريق يستفيد الأعضاء من الصفات والقدرات المختلفة؛ لذلك عليك النظر إلى ميزات اختلاف الحاجات في العلاقة؛ مثلًا، الشريك الانبساطي:

1. لديه كثير من الطاقة والأفكار الجديدة ليقدمها لك وللعلاقة بينكما.
2. لديه القابلية للمبادرة بأنشطة ولقاءات اجتماعية ـ لك أنت أيضًا ـ قد تكون متحررًا جدًّا من القيود التي تحول دون الاستمتاع بالحياة.
3. لديه قوة مرتبطة بالتواصل يمكنك الاستفادة منها عندما تواجه عقبات؛ مثلًا محادثة مرنة (انظر العقبة الثامنة: العناد أو حل بنّاء للخلافات ـ انظر العقبة العاشرة: خجل الخلاف).

التواصل المستحسن مع شريك انبساطي

من أجل مصلحة الشركاء الانطوائيين الذين يعقدون شراكات مع أشخاص انبساطيين (في النهاية هذا الكتاب من أجلكم). إليكم قائمة بأهم إستراتيجيات التواصل مع الشريك الانبساطي.

إستراتيجيات التواصل للانطوائيين مع شريك انبساطي

1. **في المحادثة**

- ادخل في الموضوع ـعبِّر عن نفسك بوضوح واختصارـ صفات جوهرك (القوة الثانية) وقدرتك على التفكير التحليلي (القوة السادسة) ستسهل ذلك عليك.

- عندما تتحدث، تأكد من أن صوتك واضح ومسموع؛ فإذا تحدثت بهدوء شديد أو رتيب قد لا يتمكن شريكك من سماع ما تقوله، أو يقلل من شأن مدى اهتمامك.
- إن كان يزعجك حديث شريكك السريع، اطلب منها أو منه التحدث ببطء، أو إعادة ما قاله أو قالته.
- لديك القدرة على جعل الحديث يدور ببطء. يجب أن تكون مستعدًّا للقول إنك بحاجة إلى الوقت للتفكير في شيء ما، قبل أخذ قرار مهم قد يؤثر في مستقبلكما معًا، على سبيل المثال.
- أظهر لشريكك أنك متفهم لمخاوفه؛ تفعيل الاستماع (القوة الرابعة) والتفكير التحليلي (القوة السادسة) والتعاطف (القوة العاشرة) ستساعدك على القيام بذلك.
- قبل أي نقاش مهم، دَوِّنْ أهم الأمور التي تريد مناقشتها أو التوصل إليها (القوة التاسعة).
- تعلم أن تتعرف الرسائل المنقولة إليك من الشخص الآخر (التوتر، الملل، الإحباط، الخوف)، من الجيد أن تتعلم أن تفهم لغة الآخرين، بخاصة إذا كانت لديكما طرق مختلفة في التعبير عن نفسيكما.
- عليك أن تعبِّر عن مشاعرك الخاصة، سواء أمريحة كانت أم غير ذلك، وهذا يتضمن إظهار إشارات المودة بانتظام.
- أَفْصِحْ عن احتياجاتك، ثم اسأل عن احتياجات الآخرين. عند النقاش عليك أن تعامل الأمرين بالقدر نفسه من الأهمية.

- أظهر تفهمك لكون شريكك يجد بعض الأمور صعبه (وبيِّن أنك أيضًا تجد بعض الأمور صعبة)؛ غالبًا سوف تضحكان معًا من ذلك ...

2. **عند العيش معًا:**

- كن مدركًا لاحتياجاتك، وراقب حياتك بناءً عليها؛ عليك أن تتيح مجالًا كافيًا لشريكك ليعيش حياته بطريقة تتناسب مع حاجاته.
- خطط لأنشطة تقومان بها معًا - العطلات، مناسبات خاصة، مناسبات عائلية - بحيث تتناسب معكما كل ما كان ذلك ممكنًا.
- تأكد من وجود كثير من الفرص للانسحاب، وتعامل مع حاجتك إلى أن تكون وحيدًا بين الحين والآخر. من المهم أن تجد أسبابًا واضحة لذلك: أنا لا أبتعد عنك، أريد فقط أن أنفرد بنفسي. واطلب من شريكك تفهم ذلك.
- احترم الانطواء والانبساط بوصفهما صفتين فرديتين. على الرغم من كل شيء، نمطا الشخصية كلاهما يجلبان معهما نقاط القوة ونقاط الضعف في آن معًا.
- أظهر التقدير للأمور التي يؤديها الشريك بطريقة أسهل وأفضل مما تفعل أنت؛ اشكره (أو اشكرها) على القيام بالأمور التي يقوم بها من أجلك: شراء هدية أو تسجيل شكوى مثلاً.

مَنْحُ كل منهما الآخر مجالًا رحبًا بما يكفي:

في علاقة الانبساطي ـ الانطوائي الخاصة بي، اكتشفت بأي طريقة يختلف فيها زوجي الانبساطي عني، وما احتياجاته، وبالأهمية نفسها كانت معرفة ما أحتاجه أنا شخصيًّا وأن من المقبول أن تكون حاجاتنا مختلفة، ومع مرور الوقت على زواجنا، تعلمنا أن يعطي كل منا الآخر الفضاء الكافي: زوجي يحتاج إلى أمسيات اجتماعية مع الأصدقاء وفي النادي، ومشاريع أكثر، ووقت أكثر للحركة، والسفر عبر العالم، ويحب أيضًا أن يشغل التلفاز أو المذياع حالما يدخل الغرفة. أما أنا فأحتاج إلى مزيد من الهدوء و السكينة، إلى وقت أكثر للبقاء وحيدة، والأهم من ذلك كله، إلى وقت للابتعاد عن الضجة.

بالتدريج اكتشفنا طرقًا للعيش معًا، بصرف النظر عن مناطق الراحة المختلفة لدينا وموقع كل واحد منا على متصل الانطواء ـ الانبساط. الوقت الذي نمضيه معًا جيد: لدينا روح الفكاهة لنتمكن من الضحك معًا من أنفسنا وكل منا من الآخر.

وبالطبع، توجد دائمًا سماعات وسدادات للأذن! أخيرًا؛ يوجد تداخل في الأمور التي نستمتع بالقيام بها معًا، أمور تجعلنا سعيدين؛ عشاء جميل مع الأصدقاء أو محادثة جيدة.

أهم شيء هو أن تتذكر أنه إن كان شريكك مختلفًا عنك، فلا يمكنك الجزم أنه/أنها يتذكر احتياجاتك المختلفة؛ فهو/هي ليس شخصًا هادئًا في النهاية، وكذلك يمكن أن تنسى حاجات شريكك الانبساطي، ومن هنا تأتي أهمية أن تعرف حاجاتك الشخصية، وأن تتواصل معها.

علاقات انطوائي_انطوائي

احتمال أقل للخلاف والتضارب

إذا كنت في علاقة مع شخص انطوائي، إذًا سوف تشعر بالرضا التام؛ في النهاية لديك رفيق يتفهم احتياجاتك، وقد يشترك معك فيها أيضًا؛ ما البداية المثالية للعلاقة؟

إليك الآن سؤالين ؟

في أي المناطق تختلف احتياجاتكما؟

الشريك

....

....

....

....

أنا

....

....

....

....

كيف يمكنك التعامل مع هذه الاختلافات لجعلها تثري علاقتك؟

....

....

....

....

....

إذا كنت تعيش مع شريك انطوائي، فإن لديك شريكًا:

1. مستمعًا جيدًا، صَبورًا ومدركًا لاحتياجاتك إلى حد بعيد.
2. يتمتع بحس التعقل، يتفهم حاجتك للهدوء والعزلة.
3. يشاركك كثيرًا من الأنشطة.
4. يضيِّق مجال احتمال الصراع والمواجهات.

خطر الخمول

ولكن، هذه التركيبة تنطوي على عقبات أيضًا، ربما أكبرها هو الخمول: الركود المشترك، هنا الخطر أكبر، بخاصة إذا كان كل من الشريكين يميل إلى السلبية (العقبة الرابعة)، أو تجنب التواصل (العقبة التاسعة)، وهذا قد يؤدي إلى افتقار للأصدقاء وقليل جدًّا من السعادة، الخبرات المشتركة، وكذلك إلى نقص في تطور الشخصية وعِوَزٍ للمرونة في حل المشكلات والنزاعات والأزمات.

تفهم أحدهما الآخر قد يتحول إلى تعلق مرضي واتكالية متبادلة، وكما قد تكون توقعت، هذا أمر غير صحي.

الرؤية الشاملة المدرجة أدناه تبين كيف يمكنك توجيه تواصلك وحياتك معًا بطريقة تمكنك من الاستمتاع بالميزات لمثل هذه العلاقة المشتركة، وتجنب أي صعوبات فيها.

إستراتيجيات لتواصل الانطوائيين مع شركائهم الانطوائيين

1. **في المحادثة.**

- تحدث عن الأمور التي تجعلك مختلفًا؛ ما الذي تعنيه هذه الأمور بالنسبة إلى علاقتك؟
- تواصل مع احتياجاتك، وقارنها مع احتياجات الآخر. في النقاش تعامل معها بالدرجة نفسها من الأهمية.
- دع الشخص الآخر يعلَم سلفًا أنك تريد التحدث عن شيء مهم، ما يعطي الشريك فرصة للاستعداد.
- يمكنك اختيار التواصل عن طريق الكتابة؛ إذا كان كل منكما يحب التعبير عن نفسه عن طريق الكتابة (القوة التاسعة) من خلال البريد الإلكتروني، الرسائل والملاحظات على الورق... لديك كثير من الوسائط للاختيار.

2. **العيش معًا**

وفِّر طقوسًا تمكِّنك من إضفاء قدر لا بأس به من التنوع لحياتكما، إليك بعض الاقتراحات:

- جرِّب هواية جديدة مرّة في العام.
- اخرجا معًا مرّة كل أسبوعين.
- جرِّب ترتيب مفاجأة لشريكك مرّة كل شهرين (تناوبا في تحمل هذه المسؤولية).
- سجل طقوسك في مفكرتك.
- تمرَّنا على مناقشات صعبة ومؤتمرات قادمة (الفصل السابع)، أو عروض تقديمية (الفصل الثامن) معًا؛ هذا

يساعد على إكساب كل منكما مِرَانًا.

- كذلك تابع اهتماماتك الشخصية بنفسك، وحافظ على أصدقائك وشبكة علاقاتك.
- في الجزء الخاص بك، تحمَّل المسؤولية للعيش بتوازن معًا.

إذا كنت تعيش مع شخص انطوائي، الآن هو الوقت المناسب لتقييم علاقتك.

إليك سؤالين ؟

1. ما المشترك بينك وبين شريكك؟
2. ما العقبات والتحديات التي تراها في حياتكما معًا؟ وماذا يمكنك أن تفعل لتجنب العواقب السلبية؟

العقبات	كيف تتعامل مع العقبات
....	....
....	....
....	....
....	....
....	....

عيش المرء وحيدًا بوصفه انطوائيًّا:

العيش وحيدًا من دون الشعور بالوحدة

العيش وحيدًا له حسناته وسيئاته، قد يكون ذلك نمطًا لحياتك باختيارك، أو نتيجة لفقدان شريك؛ كثير من الانطوائيين يجدون أن في وسعهم العيش

هكذا من دون الشعور بالوحدة. يتابعون أنشطتهم التي يمكنهم القيام بها على نحو مناسب من دون رفيق، لدرجة أنهم يرون من المريح أن تكون قادرًا على الاسترخاء بهدوء وسكينة بعد يوم عمل شاق.

خطورة الانفراد

الأخطار مشابهة لما تعلمته سابقًا حول العلاقة بين انطوائي وانطوائي، مع الفرق أنك أنت الوحيد الذي تجد أن من الصعب الشروع بنشاط أو لقاء الناس (وليس أنت وشريكك الانطوائي)، وهذا صحيح تمامًا عندما تكون أنت شخصًا وحيدًا، تميل لأن تكون سلبيًّا (العقبة الرابعة) أو تتجنب التواصل(العقبة التاسعة). تمامًا مثل الثنائي انطوائي- انطوائي، هذا يؤدي إلى عوز على صعيد التواصل وقليل من الخبرات التي تمدك بمنظور جديد وانطباعات جديدة، قد يؤدي ذلك إلى سرعة في الخمول، وإنقاص القدرة على التعامل مع المشكلات والنزاعات والأزمات.

إليك رؤية شاملة مع نصائح ستساعدك على الاستمتاع بحياتك بوصفك شخصًا وتجنب المشكلات التي ذكرت سابقًا:

نصائح مفيدة للعيش بسعادة بوصفك شخصًا وحيدًا

1. ابتدع طقوسًا شخصيةً لإثراء حياتك، دوِّنها في مفكرتك بوصفها مهمات أو مواعيد. إليك بعض الاقتراحات:
   - جرِّب هواية جديدة مرّة في العام.
   - تعرَّف مكانًا جديدًا، مرّتين في العام.
   - زُر متحفًا أو سينما أو مسرحًا أو مضمار أداء رقص كلَّ أسبوعين.
   - شارك في احتفالات أو مناسبات اجتماعية مرّة في الشهر.

- خطط للقيام بنشاط ما مع صديق كلَّ شهرين، وتبادل الأدوار في تحمل تلك المسؤولية.

2. تأكد من الالتقاء بأشخاص مثيرين ومُلهِمين، والتواصل من خلال الهاتف أو الإنترنت جيد أيضًا، ولكن عليك أن تُرتِّب جديًّا لموعد شخصي خارج نطاق حياتك العملية؛ مع الأصدقاء، أو الأقرباء أو الزملاء.
3. تابع اهتماماتك الشخصية التي تجعلك سعيدًا.
4. اندمج في مجتمعك: حافظ على علاقاتك وصداقاتك، وإذا كان في وسعك مساعدة الآخرين، فافعل بالقيام ببعض الأمور الصغيرة لأجلهم (سقاية النبات، أو الاستماع، أو تنزيل برامج على الحاسوب، أو مجالسة الأطفال...)، وعلى الدرجة نفسها من الأهمية، عليك أن تطلب المساعدة من الآخرين عندما تحتاج إليها.
5. إذا كانت لديك قضية محددة عزيزة على قلبك، ففكِّر في القيام بعمل تطوعي خارج نطاق حياتك العملية، هذا سوف يسمح لك بالالتقاء مع أشخاص لهم توجه مماثل، وهو أمر مثير دائمًا، وليس فقط إذا كنت تبحث عن شريك.

تحكم في حياتك، واستمتع بها بوصفك وحيدًا، وقم بالأعمال التي تثري حياتك وحياة الآخرين؛ كونك شخصًا هادئًا، فأنت مؤهل للقيام بذلك على نحو جيد.

الاهتمام بالأطفال

إذا كنت تعيش مع شريك حياة فإنكم عائلة: بدلًا من العيش وحيدًا، فإنك تعيش متشاركًا مع شخص يهمه أمرك. قد يكون الأطفال أو أشخاص آخرون

جزءًا من العائلة، قد يكون على المدى الطويل (والد كبير، حماه أرملة) أو مؤقتًا تبادل الطلبة، عاملة منزل).

لشخص هادئ أكبر عقبة وجدت في الحياة العائلية السعيدة هي تلك التي تحمل الرقم 3:

الإثارة المفرطة! الصوت ووقع نوم الأطفال الصغار ـ والحياة الاجتماعية للأطفال الأكبر سنًّا ـ يمكن أن تكون متعبة ومنهكة جدًّا، أما احتمال قضاء الوقت منفردًا فغالبًا ما يكون محدودًا.

نصائح مفيدة لحياة عائلية سعيدة

المقترحات المتضمنة في القائمة الآتية هدفها مساعدتك بوصفك انطوائيًّا؛ للعيش بسعادة داخلية وعائلية.

إستراتيجيات للانطوائيين للتعامل مع الحياة العائلية

1. التعايش على قاعدة المساواة..........................
في معظم العائلات، يعيش الانبساطيون والانطوائيون معًا. ضمن عائلتك عليك تقديم الجهد لترتيب الأمور بطريقة عادلة للمعنيين بالأمر كافة، وبصرف النظر عن منطقة الراحة على متصل الانطوائي ـ الانبساطي، عليك الاهتمام بحاجات الطرفين بالدرجة نفسها من الأهمية؛ من المعقول أن ترغب في أن تنام في وقت القيلولة عند الظهيرة تمامًا مثل ما تريد زيارة صديق.

2. مجال للانسحاب..
جد لنفسك مكانًا تشعر فيه بالراحة، ويمكنك الذهاب إليه للبقاء وحيدًا لأوقات قصيرة على الأقل، قد تكون غرفة نومك

أو غرفة في الطابق الأسفل أو غرفتك الخاصة أو غرفة في الطابق الأعلى.

غرفة المعيشة -على وجه العموم- هي غرفة لقضاء الوقت معًا، مع ذلك يمكن الإفادة منها للاسترخاء عندما يكون الأشخاص المزعجون خارج المنزل أو نائمين.

3. مستوى الضجة ....

إذا كنت حسَّاسًا للضجة، فاتخذ تدابير فاعلة للحد من مستوى الضجة، حيث سيتكرر ذلك. يوجد شيء واحد مؤكد وهو أنه سيكون هناك دائمًا كثير من الضجة! إليك بعض الأمور المحددة التي يمكنك فعلها:

- أكِّد أن يتحدث المعنيون كلهم بالأمر بصوت مناسب للغرفة؛ أسِّس القاعدة بحيث يتكلمون جميعًا على مائدة الطعام بمستوى صوت الغرفة. استعمل هذا المصطلح لتذكير أفراد العائلة الذين يميلون لرفع أصواتهم عند التواصل؛ و ذلك لتعديلها.
- احمل الناس على الحصول على وقت مستقطع للانفراد. إذا كانت هناك مجادلة أو انتابت أحد نوبة غضب، فيمكنك إزالة التوتر من الموقف بجعل الأشخاص المشاركين يذهبون كلٌّ إلى غرفة مختلفة، في النهاية إنه من المستحيل التحدث عن أي شيء عندما يكون الناس غاضبين. يجب مناقشة الموضوع فيما بعد عندما تهدأ الأمور قليلًا.
- استعمل التكنولوجيا؛ في عائلتنا لدينا سماعات أذن للتلفاز؛ بحيث تجلس الأم الانطوائية إلى جانب زوجها وابنها وهما يشاهدان برامج تلفازية محددة، وفي الوقت نفسه تقرأ كتابها.

4. جلساء الأطفال ....

جلساء الأطفال ضرورة حاسمة لحياة الانطوائيين، سواءٌ أكانوا الجدَّ والجدَّة، أم أبناء الجيران اليافعين أم بنات الإخوة؛ من المهم بين الحين والآخر أن يتم الترتيب لأحد ما ليجالس الأطفال؛ ليخفف من عبء الأمومة والأبوة.

ويمكن أن يكون ذلك مفيدًا لا لأنك تريد الذهاب إلى المسرح أو السينما أو أي مناسبة، بل لأنك ببساطة تحتاج إلى الهدوء والسكينة. يمكن للجليس ـ مثلًا ـ أن يأخذ الأطفال إلى السينما، أو المتحف أو ليلعبوا في حديقة عامة لمدة ساعة أو ساعتين. وثمة إضافة واحدة وكبيرة هي أنك ستتمكن من التعرف تمامًا إلى مدى حبك لأطفالك عندما تأخذ استراحة صغيرة من أجل الهدوء والسكينة، وسوف تلاحظ بنفسك أنك مرتاح أكثر. إذا كانت إمكاناتك المادية محدودة ففي وسعك الترتيب مع والدين آخرين فيما يتعلق بالمجالسة لأطفالهم بالمقابل، وهذا نوع آخر من بناء العلاقات الناجحة.

5. غذاء للفكر ....

كونك انطوائيًّا تحتاج إلى هذا الشيء بوصفه ضربًا من التعويض لمنع الحياة الداخلية من الغرق في التوتر يومًا بعد يوم، بخاصة في مرحلة الحياة العائلية، في مكان عملك أبقِ على على تواصل بالفعاليات؟ تأكد من أن يكون لديك عدد من الكتب الجديدة، والأفلام المثيرة، والمدونات الممتعة للقراءة والمحادثة في موضوعات غير أمراض الأطفال واختيار المدارس، يجب أيضًا أن تلتقي بأشخاص لا أطفال لديهم.

6. الرياضة ....

الرياضة جيدة للناس كلهم، بصرف النظر عمن تعيش معهم؛ اختر رياضة مناسبة لك يمكنك متابعتها وحيدًا، وهذا له حسنتان: تحافظ على صحتك وتجدد طاقتك! معظم الرياضات الآتية يمكن القيام بها مع أصدقاء أو مع العائلة إذا أردت ذلك: زيارة نادٍ رياضي، الركض، ركوب دراجة هوائية، السباحة، الإبحار، الغوص، المشي، اليوغا، التجوال.

طفل انطوائي أم انبساطي؟

الأطفال لديهم شخصيات مثل الكبار، ومع ذلك يجب القول إن شخصياتهم تتغير وتصبح أكثر وضوحًا كلما نضجوا، حتى الأطفال يتفاعلون مع الآخرين ومع المحيط حولهم بطرق مختلفة بناءً على شخصياتهم؛ (انبساطية أو انطوائية). كذلك لدى الأطفال منطقة راحة واسعة على متصل الانطواء - الانبساط كما شُرح في الفصل الأول، فإن كان لديك طفل أو تعيش مع طفل فمن الأفضل أن تكون قادرًا على دعمه وتعزيز تطوره، إذا كنت تعرف حاجات الانطوائيين والانبساطيين من أجل الشعور بالسهولة والنجاح. وبالنسبة إلى الانطوائيين اليافعين بخاصة، فمن التقدير الكبير لقوتهم وأولويتهم أن يتم تفهمهم في عالم يُنظر فيه إلى الانبساطيين في صفوف المدرسة والحضانة على أنهم شخصيات محببة ورائعة، ومن الجيد أيضًا للأطفال الانبساطيين التعلم في مرحلة باكرة ما هي ميزاتهم والصعوبات التي يعانونها.

تقويم طفلك

أنت بحاجة فقط إلى فكرة تقريبية عن نوع شخصية طفلك هنا، ومن أجل ذلك يمكنك اعتماد الرؤية الشاملة (في الفصل الأول)؛ فالتطرف في

الانطواء أو الانبساط أمر نادر -على الأغلب- عند الأطفال كما عند البالغين؛ فمنطقة الراحة لديهم تقع في مكان ما بين ذلك، مع صفات مختلطة وميل نحو أحد نوعي الشخصية. حالما تجد أن لديك شابًّا انطوائيًّا أو انبساطيًّا، ارجع إلى الجزء المناسب أدناه.

تربية طفل انطوائي

خبرة شخصية لطفل انطوائي

لدي كثير من الخبرات لأطفال انطوائيين وقبل كل شيء في النهاية لدي أنا شخصيًّا مثل هذه الخبرة، فالسيد ابني (هذا ما أدعوه به على تويتر ومدونتي؛ لذلك سألتزم بذلك هنا) شخص بالتأكيد انطوائي؛ منذ كان صغيرًا كان من الملاحظ أنه مختلف عن أقرانه الانبساطيين؛ لم يحب أبدًا المجموعات الكبيرة أو الجمهرة، حتى إنه كان في سن باكرة يحتاج إلى كثير من التشجيع للذهاب إلى حفلات أعياد الميلاد، وفي المقابل عندما كان يذهب إلى روضة الأطفال كان يثير إعجابي بحياته الداخلية الغنية - ورؤيته تجاوزت رؤى كثير من البالغين.

عندما كان في السادسة، قال ابني بكل أدب إنه لا يريد الذهاب إلى احتفال إحدى المناسبات الشعبية: الموسيقى سيئة و صاخبة، وهناك كثير من الناس.

عندما كان في الثامنة قرأ أن الشخص النباتي ينقذ حياة (100) حيوان سنويًّا، وتوقف عن أكل اللحوم زمنًا طويلًا. بعد المدرسة كان يمضي ساعة جيدة ليستريح من الضوضاء في الصف مع أصدقائه. باخ، بيتهوفن، شوبان ورحمانينوف على البيانو. لديه قليل من الأصدقاء، لكنهم رائعون. وأنا فخورةٌ به كثيرًا.

نصائح مفيدة للتعامل مع طفل انطوائي

الرؤية الشاملة الآتية هي نتيجة أعوام من البحث، والمناقشات والمشاورات، وبالطبع كثير من الحب. إن كان هناك جزء من هذا الكتاب تم اختباره فهو هذا الجزء.

كيف تقدم الدعم لطفل انطوائي ١

1. تأكد أن طفلك يحصل على الفضاء الذي يحتاجه.

إن الأطفال الهادئين يحتاجون إلى مكان للبقاء وحيدين ولتجديد انتعاشهم، حتى في السنوات الباكرة. يستحسن أن تكون لهم غرفة خاصة بهم، وإن لم يكن ذلك ممكنًا ـبسبب المنزل أو وجود إخوة وأخوات- فيجب أن يكون هناك مكان على الأقل من دون إزعاجات؛ بحيث يكون لطفلك فقط، لمدة من الوقت الكافي في الحياة اليومية. إذا ذهب طفلك في رحلة ـمدرسية، أو عطلة، أو مناسبة خاصةـ فيمكنك مناقشة كيف يمكنه أو يمكنها الانسحاب من حين إلى آخر إذا لزم الأمر؛ اترك طفلك لبعض الوقت لكي يتهيأ قبل المشاركة في نشاط جماعي.

(الفضاء) يعني أيضًا الابتعاد عن الآخرين؛ احترم (وقت الوحدة) لدى طفلك، أو اطرق الباب دائمًا قبل دخول غرفته أو غرفتها؛ اكتشف مدى القرب الجسدي- مثل الاحتضان والجلوس معًا في السيارة- المريح لطفلك، واحترم منطقة الراحة له أو لها.

2. ابتكر طقوسًا لجعل الوقت المستقطع أسهل منالًا.

كلما احتوى جدولك اليومي وقتًا مستقطعًا منتظمًا، كان أسهل على طفلك أن يستفيد منه. الطقوس ـالأشياء التي تقوم بها دائمًا بالطريقة

ذاتها وللسبب عينه- يمكن أن تقدم مساعدة كبيرة هنا؛ إليك بعض الأمثلة:

- طقوس في العطلات: خطط لوقت استراحة يتبع وقت النشاط - بعد العودة من السوق، خطط لقضاء يوم في القراءة، وبعد السباحة في البركة، خصِّص وقتًا لتناول الشاي والبسكويت.
- طقوس لمناسبة خارج المنزل: اصطحب طفلك في الوقت المناسب (لا في الدقيقة الأخيرة) والعب معه لعبة ما: هل يمكنك إيجاد مكان مناسب للهروب إليه من الضوضاء والاستراحة لبعض الوقت؟ أشرِك مضيفك في هذا إن كان ذلك ضروريًّا.
- طقوس للحياة اليومية: عندما يعود طفلك من المدرسة أو روضة الأطفال، اجلس مرتاحًا على الطاولة مع طفلك في أثناء استمتاعه بكوب من المشروب المفضل لديه. من دون وابل من الأسئلة! (وأقول ذلك لكوني مشهورة بطرح الأسئلة...).

3. ساعدوا أطفالكم على اكتشاف حاجاتهم الخاصة.

اكتشف ما يبدو صحيحًا لطفلك في حالة محددة، بخاصة عندما تكون الأفكار الاعتيادية أكثر توجهًا نحو الانبساطيين، حفلة عيد ميلاد -مثلًا- ليس ضروريًّا أن تكون حفلة ضخمة وفيها كثير من الأطفال؛ قد يكون يومًا على البحيرة مع صاحب مقرب، أو رحلة مع قالب من الحلوى. إذا كان باديًا على طفلك التوتر في موقف صعب، أو ببساطة يمر بنوبة غضب (ويمكن أن يحدث ذلك مع طفل انبساطي أيضًا) فحاول البقاء هادئًا قدر الإمكان (تنفس وإذا كان ضروريًّا ابتعد). حالما يهدأ طفلك، راجع الأحداث، ماذا حدث؟ ماذا يمكن أن تفعل للتأكد من مرورها على نحو أفضل في المرة

القادمة؟ من المفيد الاستماع بدقة (إذًا أنت ترى أن مارك لا يريد المشاركة معك؛ ولذلك أنت.....)، ثم اسأل أسئلة مفتوحة تحتاج إلى التفسير بدلًا من القرار: كيف يمكنك القيام بذلك بحيث يريد الأطفال جميعهم المشاركة في اللعبة؟ الأطفال الانطوائيون جيدون في معرفة ما يحتاجون وما يحتاجه الآخرون.

بالنسبة إليك شخصيًّا، احذر أن تطلق أحكامًا متعلقة بحاجات طفلك، قد يكون ذلك صعبًا إذا كنت أنت شخصًا هادئًا وتجد أن الموقف متعب، وعليك أن تبين لطفلك في طريقتك بالعيش، كيف يمكنه اكتشاف حاجاته الخاصة عن طريق طرح أسئلة؛ مثل: ماذا يمكنني أن أفعل؟ أو ماذا أحتاج الآن؟ إذا ابتعد طفل هادئ عن محادثة عائلية، فاسأله عن رأيه/رأيها.

إذا كان إخوة طفلك أو أخواته أكثر انبساطًا، فتأكد أن العاطفة والوقت المقضي والقرارات موزعة بالعدل؛ كلما عجَّل الطفل في تعلم أن الطرق المختلفة في التواصل والطرق المختلفة في العيش قد تكون ناجحة، كان ذلك أفضل.

يمكنك أن تظهر لطفلك أن في وسعه التواصل بطريقته الخاصة، وأفضل طريقة للقيام بذلك هي بالاقتداء: إذا كنت شخصيًّا متفاعلًا بسهولة وبراحة مع أفراد العائلة، والأصدقاء والمعارف (وعند الضرورة، تنسحب لتنفرد بنفسك بطريقة مريحة) فإن طفلك الهادىء الذي يميل للمراقبة، سيأخذ هذا في حسبانه، وإن كان ضروريًّا، ساعد طفلك على إيجاد رفيق في اللّعب يمكنه الاستمرار معه.

4. الاعتراف بمواهب طفلك الخاصة.

هذا الجزء من النصيحة يتجاوز ما قيل سابقًا في النقطة الثالثة. (الاعتراف)، في هذه الحالة، يعني بذل جهد واعٍ للتعبير عن نقاط

القوة التي يمتلكها طفلك. انظر إلى قائمة نقاط القوة النموذجية للأشخاص الهادئين، أي منها يمكنك أن ترى أثرها ـ أو تطورًا متفتحًا لها ـ في طفلك، بحيث تغدو مهمة على المدى الطويل؟ وإن إدراك أمر من هذا النوع يجب أن يكون محددًا، فبدلاً من القول: «أنت دائمًا شديد الحساسية» من الأفضل أن تقول: «أعتقد أنه عظيم أنك تفقدت مدى عمق الماء قبل الغوص فيه». عند فعلك ذلك، أنت تساعد طفلك على تطوير الوعي الشخصي لديه كثيرًا والتغلب على الشكوك؛ فالأطفال الانطوائيون يشككون في أنفسهم أكثر مما يفعل الانبساطيون، ويسارعون في الحكم على أنفسهم بسرعة (أنا خاسر)؛ لذلك عليك أن تحاول ـقدر الإمكانـ أن تتجنب نقل التوتر الشخصي لديك إلى طفل انطوائي، بنفاد صبرك أو بتشكيلك ضغطًا ـ بحيث يشعر هو (أو هي) أنه السبب في الفشل، وإذا قبلت طرق قيام طفلك الهادئ بالأمور ودعمته، فهذا سيساعده على المدى الطويل: سوف يساعده على تجنب الموقف الحرج بسبب الصوت الداخلي الناقد.

5. ادعم طفلك في حياته المدرسية.

الأطفال الهادئون يميلون إلى أن يكونوا غير ملحظوين في الصف، وهذا يعني ـمن جانبـ أنهم يسببون قليلًا من الصعوبات للمعلمين، ولكن ذلك يعني أيضًا أن المعلمين يميلون إلى إعطائهم انتباهًا أقل من باقي زملائهم الذين هم أقدر على جعل أنفسهم مسموعين، وقد يشكل هذا مشكلة ـمثلًاـ في الدرجات التي تعطى للأداء الشفهي الذي هو أقل موضوعية في القياس من الدرجات التي تمنح للأعمال الكتابية. الطفل الهادئ يُنظر إليه بسهولة على أنه سلبي، وكذلك

لا يسهم كثيرًا في العمل الجماعي. ويمكن تفادي هذه المشكلات بالتواصل والحوار المستمر مع معلميه. أدمغة الأطفال الانطوائيين قد تحتاج إلى وقت أطول للتعامل مع الأمور، نتيجةً لطول النواقل العصبية (انظر فصل 1). من جانب آخر إنهم غالبًا ما يفكرون بالأشياء مليًّا أكثر من زملائهم الانبساطيين في الصف، ويميلون إلى التركيز لمدة أطول. ببساطة اجعل الناس على علم بما يحققه طفلك خارج المدرسة: في الرياضة، والموسيقى، والقراءة، واجتماعيًّا.
أخيرًا، يجب أن تعطي طفلك كثيرًا من الفرص لتعلم أنواع التواصل المطلوبة في المدرسة في وضع آمن كما في البيت. هذا قد يتضمن نقاشًا حول طاولة الطعام، وقد يحتاج إلى مزيد من مصروف الجيب، والمباشرة بمشروع عن الحيوانات المهددة بالانقراض في مجموعات صغيرة ...

هل الانطوائيون متأخرو النمو؟

أخيرًا، كلمة للطمأنة. في الدراسات المهتمة بالأشخاص الهادئين، ذكر كثير من علماء النفس الهادئين أنهم يميلون إلى أن يكونوا متأخرين في النضج على نحو غير متناسب. معظم حياة المدرسة، مع وضع الصفوف وضغط المجموعات، تشكل ضغطًا على الأطفال الهادئين، بحيث لا يدركون الطاقة الكامنة لديهم. الخبر الجيد هو حالما يتمكن اليافعون من التعبير عن حاجاتهم وميولهم (من حيث الإقامة، وموضوع الدراسة، ومجال العمل أو الحياة الاجتماعية) فإنهم كثيرًا ما يحظون بدفع حقيقي، فيصبحون سعداء وناجحين في أنشطتهم المختارة.

تنشئة طفل انبساطي

إذا كنت شخصًا هادئًا، فإن تنشئة طفل انبساطي يُعد تحدِّيًا؛ لأن هذا الكتاب معدٌّ بالمقام الأول للأشخاص الهادئين، الرؤية الشاملة اللاحقة العامة تركز على القضايا التي قد تسبب احتكاكًا.

كيف ترعى طفلاً انبساطيًا؟

1. تأكد من وجود أشخاص يتحدث معهم طفلك.

الأطفال الانبساطيون يتباهون عندما يتمكنون من نقل أفكارهم وانطباعاتهم إلى الآخرين: من هنا يستمدون طاقتهم! صديقة لي انطوائية أخبرتني مؤخرًا عن ابنها: «أنا أحبه، لكن عندما أكون معه أشعر أنني مع مذياع يبث كل الوقت؛ إنه يقول أي شيء يخطر في باله، وهذا يجعلني أحيانًا غاضبة!» إذا كنت أنت نفسك انطوائيًّا، فالهدف من العنصر الأول هذا هو تخفيف بعض الضغط عنك شخصيًّا، وبوصفك ولي أمر فيجب أن تكون دائمًا بجانب ابنك ليتحدث إليك، ولكن من الأفضل لابنك ولك ألَّا تكون أنت الوحيد المتاح لابنك التحدث إليه.

الأشخاص الانبساطيون يجدون أن من الأسهل لهم تطوير أفكارهم إذا أمكنهم التكلم بوضوح عنها؛ ولذلك فإنك ستساعد طفلك ونفسك إذا شجعته على بناء صداقات واتصالات مع عدد من شركاء التواصل: مكِّن طفلك من دعوة أصدقائه إلى المنزل، ومكِّنه من قضاء ليلة مع أصدقاء وأقارب، وخذه إلى أي مناسبة خاصة تناسب الأطفال.

لا تتفاجأ إذا دخل طفلك الانبساطي في مراحل يغدو فيها ميالاً إلى الانكفاء على الذات؛ هذا جزء اعتيادي من تطور الطفولة، وهو لا يعني أن طفلك تحول من انبساطي إلى انطوائي.

2. شجع طفلك على تقويم الخبرات والانطباعات.

بسبب (قصر النواقل) في الدماغ (انظر الفصل الثاني)، يميل الأشخاص الانبساطيون إلى التصرف بسرعة وتلقائية، فمن ناحية يمكنهم التحول بسرعة من أداء نشاط ما إلى أداء نشاط آخر، ومن ناحية ثانية، هم يتشتتون بسهولة أكثر؛ لذا استعمل نقاط قوتك في مساعدة طفلك على كبح جماحه بين الحين والآخر وفي التأمل: ما الذي يحدث بالضبط؟ من يريد ماذا؟ ما إمكانات حل المشكلة؟ كيف يمكن تحسين الوضع؟

كذلك عليك الاستمرار بهذه الطريقة إذا أزعجك شيء ما قام به طفل انبساطي. ما الخطأ من وجهة نظرك؟ (استمرار طفلك بإصدار الأوامر لأحد أصدقائه المدعوين للعب) ماذا على طفلك أن يفعل؟ (الاعتذار والتخطيط للعبة منصفة للطرفين في المرة القادمة) سوف يتعلم طفلك تدريجيًّا جمع مزيد من المعلومات عن أفعاله/أفعالها، تعديل سلوكه أو سلوكها واكتشاف حريته أو حريتها في اتخاذ القرار.

3. أتح مجالًا للاختلاف.

إذا كنت شخصًا هادئًا تعيش مع طفل انبساطي، فقد يكون ذلك مجهدًا أو حتى محبطًا؛ فاحتياجاتك ـ من حيث الأنشطة المفضلة، والألفة، والحاجة للحديث، وتنظيم اليوم ـ قد تكون مختلفة، هذا يجعل من المهم تعلم كيفية التعامل مع الاختلافات، وعلى طفلك تعلم ذلك أيضًا.

والتواصل الجيد مهم في هذا الجزء. اشرح لطفلك أنك وأي فرد انطوائي آخر في العائلة بحاجة إلى فضاء هادئ بين الحين والآخر، وأنك سعيد بوجود أطفال بالمنزل طالما أنهم قليلون ولا يحضرون كثيرًا، وبالعكس أيضًا يجب عليك الإقرار بحاجات طفلك وطباعه الشخصية. إليك أمثلة عن حالة يومية:

- خطة زيارة: قرر أيام الزيارة وأيام الهدوء والسكينة. إن كان لدى طفلك كثير من الأصدقاء، رتِّب الأمر مع أولياء أمور آخرين، للتناوب أو حتى الترتيب معًا للقيام بمجالسه لليوم كاملًا؛ بحيث تستطيع الذهاب إلى المكتبة أو قضاء اليوم في حالة من الاسترخاء.
- التحفيز: الطفل الانبساطي يحب أن يكون لديه كثير من الأشياء المادية للقيام بها، إنه يتغذى على المديح والانتباه؛ ببساطة عليك أن تعطي طفلك كثيرًا من المحفزات؛ مثل مشروع أو مهمة تتماشى مع اهتمامه؛ قد يكون ذلك مسرحية لدمى السيرك، أو سلسلة من المقابلات، أو معرضًا فنيًّا منزليًّا.
- الفضاء: رتِّب وقتًا للسكينة عندما يكون طفلك مشغولًا بالعمل بهدوء، ومتى يمكنك اقتطاع وقت خاص بك، وإذا أراد طفلك حفلة عيد ميلاد كبيرة وكثيرًا من الأصدقاء، فليس بالضرورة أن تكون في بيتك! كذلك عليك وضع حدود لمشاركتك الشخصية في الحديث والأنشطة؛ مثلًا لا يمكنك أن تبقى طوال الليل لتجيب عن أسئلة مشروع المدرسة، وبدلًا من ذلك حدِّد موعدًا يستمر لساعة. إذا كان طفلك الانبساطي يحب أن يترك التلفاز مُدَارًا لإحداث ضوضاء خلفية في أثناء القيام بالواجبات المدرسية، فأغلقه.

4. تعرَّف مواهب طفلك الخاصة وقدِّرْها.

هذا الجزء من النصيحة لكل من الأطفال الانبساطيين والانطوائيين على حدٍّ سواء. التعرف في هذه الحالة يعني بذل مجهود واعٍ للتعبير بالكلمات عن القوى التي يمتلكها طفلك. ما القوى التي يمتلكها طفلك؟ اجعلها مرئية؛ فالتعرف الدقيق -على وجه الخصوص- مهم للأطفال الانبساطيين. لا تقُل: «أنت رائع» في أثناء الحديث أمام الناس، بل قل: «لقد سمعت تفسيرك لأصدقائك كيف تتم اللعبة،

يمكن لكل من سمعك أن يلعب اللعبة من فوره؛ لأن كلامك كان واضحًا جدًّا، ولأنك أحضرت أمثلة جيدة». تذكر أن الانبساطيين يحتاجون إلى الاعتراف من الآخرين. بالنسبة إلى طفل انبساطي من المهم -بخاصة- أن تركز على الإيجابيات؛ مدى جودة أدائه (أو أدائها) للواجب المنزلي، مدى جمال هدية عيد الأم التي أحضرها، مدى أهمية إجراء مكالمة هاتفية مع صديق...

5. شجع على إطالة مدى الاهتمام.

عندما يتعلق الأمر بالمدرسة، الأطفال الانبساطيون -على وجه العموم- يعانون قليلًا المشكلات مع العمل الشفهي أو الجماعي في الصف. ما يجدونه تحدِّيًا هو التركيز لمدة طويلة حول الموضوع، في أثناء جلسة هادئة، أو مشروع في الصف، كذلك عندما يؤدون الواجبات المنزلية؛ من الممكن تدريب الأطفال لتركيز أفضل. بيِّن لطفلك كيف يجزئ المهمات الكبيرة إلى خطوات صغيرة، أَثنِ عليه عند استكمال مهمة شاملة وطويلة.

دع طفلك يتنقل بين الأنشطة، ولكن بعد أن يقضي وقتًا محددًا في نشاط ما، حيث عليك محاولة إطالة ذلك تدريجيًّا. وبالتناوب، حوِّل ذلك إلى نوع من التنافس الرياضي: كم مسألة رياضيات يمكن لطفلك أن يحل في 20 دقيقة؟ هذا النوع من التحدي جيد بصورة خاصة لتحفيز الأطفال الانبساطيين.

العيش مع كليهما: نقاط القوة والعقبات

كلما بَكَّر طفلك في تعلم تعرف قواه والعقبات لديه يشعر أنه مقبول من قبل الآخرين ومحبوب كما هو، وسيكون ذلك أفضل لحياته المستقبلية؛ أن يكبر في عائلة حيث تأخذ صفات الأفراد في العائلة كثيرًا من الحيِّز والاحترام، هو تحضير جيد لحياة البالغين - للتفاعل المجتمعي وللعيش مع الذات.

نقاط مهمة بإيجاز *

1. مشاركة الحياة مع آخرين تثري حياة كل من الانبساطيين والانطوائيين، على الرغم من أن الانطوائيين يجدون القيم في أمور حياتهم منفردين أسهل من الانبساطيين.
2. الشخص الهادئ يمكنه أن يوظف نقاط قوة الشخص الانطوائي للبحث عن شريك، ويمكن أن تكون العلاقة ناجحة مع شريك انبساطي أو انطوائي، ومع ذلك في كل حالة توجد أمور مختلفة يجب أن تؤخذ في الحسبان، وينبغي التغلب على العقبات المختلفة.
3. من الضروري أن يعترف كل من الطرفين بحاجات الطرف الآخر ويحترمها، وعندما يرى الثنائي نفسيهما بوصفهما فريقًا، يصبح من السهل رؤية الاختلافات على أنها إثراء متبادل.
4. الأشخاص الهادئون الذين يعيشون وحيدين قد يكونون سعداء بطريقة حياتهم، ولكنهم يغامرون بتعرضهم لخطر أن يبقوا منعزلين، وجامدين في ما يتعلق بالتطور الشخصي لهم؛ اختيار الأنشطة والطقوس الصحيحة المناسبة قد يكون طريقة جيدة لإبعاد ذلك.
5. مثل علاقة أي زوجين، العيش مع عائلة فيها أطفال يكون أفضل عندما يكون لكل فرد في العائلة الفضاء الكافي لتلبية حاجاته ومسايرة طباعه، وهذا يستدعي التفكير والرغبة في الوصول إلى حل وسط، ولكنه أيضًا يُعَلِّمُ الناس كيف يفهم كل منهم الآخر.
6. الأطفال الانبساطيون والانطوائيون لهم حاجاتهم الخاصة فيما يتعلق بالتواصل والتطور الشخصي، ومن الجيد لأولياء الأمور في تربية الأطفال تعرُّف الصفات الشخصية والاحتياجات للأطفال، وأن يكونوا قادرين على تزويد أطفالهم بالدعم المناسب.

الفصل الخامس

العام والإنساني

تشكيل مكان عملك

سليمان شاب عمره سبع وعشرون سنة يعمل مع فريق في شركة أدوية كبيرة، ويتشارك المكتب مع زميل له يدعى باسل، وهو شخص هادئ، ويعمل على نحو أفضل وأكثر فاعلية عندما يركز على شيء واحد ولمدة طويلة، ويُفَضِّل عدم وجود ضوضاء في محيط العمل.

شيء ما يجعله غاضبًا ببطء ولكن بصورة أكيدة: باسل لا يقدر على الجلوس في مكتبه ولا على العمل المتواصل حتى لمدة نصف ساعة؛ فبعد ربع ساعة على الأكثر، يستعمل الهاتف أو يخرج من المكتب، وعادةً يخبر سليمان لماذا يفعل ذلك، كذلك فإن سليمان هو من يتوجه إليه باسل عندما يصطدم بأمرٍ ما؛ إنه يفضل حل المشكلات من خلال مناقشتها مع أشخاص آخرين. سلوكُ باسل عادةً ينتزع سليمان من عمله، ويجد صعوبة بالعودة إليه ثانية، والأكثر من ذلك أنه يجعله غاضبًا ومحبطًا.

هل لاحظ باسل أنه يسبب اضطرابًا؟ حتى عندما يستجمع سليمان شجاعته، ويشير إلى قضية العمل معًا في المكتب (حيث حاول مرات قليلة) يتحسن الوضع قليلًا لوقت قصير، ثم يعود باسل إلى تصرفه المعتاد مرةً أخرى.

لا يمكننا اختيار زملائنا

لا يمكنك دائمًا اختيار من يعملون معك في مهنة ما إلا إلى حد ما. الزملاء، والزبائن، والإدارة كلٌّ له شخصيته الخاصة، وله أهدافه الخاصة، وأحاسيسه، واهتماماته، ونقاط ضعفه، وهذا قد يكون مرهقًا، بخاصة للأشخاص الهادئين الذين يعملون بصورة أفضل عندما يُتركون في أجواء من الهدوء والسلام، وهذا لا يؤثر كثيرًا في الأشخاص كلهم كما يحدث مع سليمان الهادئ والحساس الذي عليه مشاركة المكتب مع باسل شديد الانبساط.

نجاح الانطوائيين في القطاعات كلها

ولكن الأشخاص الهادئين ليسوا أقلية، هذا يعني أن الانطوائيين ليسوا فقط محللين، ومحررين، وباحثين، واختصاصيين في تكنولوجيا المعلومات. صحيح أن الانطوائيين ناجحون في القطاعات كلها -على الأقل- مثل الانبساطيين، مع مواردهم وقواهم، إلا أنهم بوضوح أكثر نجاحًا في بعض المجالات؛ مثلًا الثورة الرقمية وتطور شبكات التواصل الاجتماعي لم تكن لتحدث من دون انطوائي عنيد مهووس منكب على موضوع محدد (على الجانب الآخر، سيكون هناك بالتأكيد قراصنة أقل).

نجاح الانطوائيين في يوم العمل العادي

ليس المقصود من هذا الفصل أن يحل محل أدلّة المهن أو الإدارة أو كتيبات الإرشادات التنفيذية. هنا أيضًا يتم التركيز على نقاط القوة للأشخاص الهادئين واحتياجاتهم ولكن في سياق مهني؛ الموضوع المطروح هنا يغطي أكثر أهم الأسئلة ونقاط الضغط التي يمر من خلالها الانطوائي في الحياة العامة: كيف نعمل معًا بمهنية بوصفنا فريقًا؟ كيف تشرح إنجازاتك، بخاصة عندما لا تحب التحدث عما يمكنك عمله وما أنجزته؟ كيف يمكنك بوصفك

شخصًا انطوائيًّا استعمال قنوات تواصل بطرق تتفق مع احتياجاتك؟ هذا الفصل ينتهي بعامل ضغط غير مرئي، لكنه ملموسٌ أكثر، وكثير من الأشخاص الهادئين عليهم التعامل معه: كيف يمكن للانطوائيين الاعتناء بأنفسهم في رحلة عمل؟ ولكنه في الأساس حول سؤال كبير: كيف تصمم أنماط تواصلك بحيث تكون مناسبة وتجعلك ناجحًا مهنيًّا؟ الدوائر المهمة في الحياة المهنية مثل: علاقات العملاء، والمفاوضات، والمحاضرة أمام جمهور عام والتواصل في الاجتماعات تم التعامل معها بتفاصيل أكبر في الفصلين السادس والتاسع.

أشخاص هادئون ضمن مجموعات عمل

هل الانطوائيون غير قادرين على العمل الجماعي؟

الأشخاص الهادئون يحبون العمل بالاعتماد على أنفسهم، ويكونون أكثر انشغالًا بالعمليات الداخلية، وهذا يثير الشك في أنهم أقل تجويدًا في العمل الجماعي من زملائهم الانبساطيين الذين يستمدون طاقتهم من العمل الجماعي، ولكن هذا غير صحيح؛ فبعض المشاريع قد تفشل من دون وجود الانطوائيين، وذلك يحدد بجدية أداء بعض الفرق. جملتان صحيحتان بالتأكيد؛ أولًا: الأشخاص الانطوائيون في الفريق يُقَلَّل من شأنهم. وثانيًا: الانطوائيون يتصرفون على نحو مختلف عن الانبساطيين.

لاعب الفريق المستهان به

الأشخاص الهادئون هادئون؛ فلماذا عليهم أن يكونوا مختلفين في الفريق؟ هذا الهدوء يمكن الاستفادة منه جيدًا في المجموعة إذا اعتُرِف بإنجازات الأعضاء الهادئين في الفريق، وهذا يعتمد على عوامل مختلفة: في المحيط المهني، وثقافة الشركة، وسلوك الزملاء والمديرين، وكذلك في تكوين فريق من الانطوائيين ـ الانبساطيين.

أعرف سارة معرفة شخصية، فقد عملت حتى أشهر عدة في قسم الموارد البشرية لدى مجموعة كبيرة من الشركات البريطانية، وقد كانت هي وشخص آخر - زميل انطوائي - أقلية بوصفهما شخصين هادئين بين شخصيات انبساطية بوضوح، وقد أوضحت لها قائدة الفريق الانبساطية جدًّا أنها لا تريدها ضمن فريقها: بدت لها سارة عديمة الفائدة، وغير مبادرة، ففهمت الرسالة، وقدمت طلبًا للالتحاق بوظيفة أفضل، وحصلت على الوظيفة. فلأن سارة لم تتواصل وتتعاطف معهم بما يكفي، فقد فشلت رئيستها الانبساطية تمامًا في رؤية مزاياها؛ كانت باحثة رائعة، وخبيرة في إعداد الوثائق، ولها قنوات تواصل ممتازة في بعض أقسام العمل. الرئيسة لم تلاحظ الفجوة حتى وقعت مشكلة؛ قنوات المعلومات توقفت، والوثائق انتقدت لعدم وضوحها، ومع ذلك كانت المديرة السابقة لسارة منصفة بما يكفي لتخبرها بذلك، وتعترف لها أنها أخطأت في الحكم عليها.

عندما لا تُعار المزايا اهتمامًا

كثير من الانطوائيين لديهم خبرة مماثلة لخبرة سارة: تمت إساءة تقديرهم، مع أن قواهم تمكنهم من الأداء بطريقة تحسن كثيرًا من إنجازات الفريق. إذًا هناك شيء ما خطأ؛ الانبساطيون غير مطلعين تمامًا على مميزات زملائهم الانطوائيين، ولكن هذه نصف الحقيقة؛ والحقيقة هي أن هؤلاء الزملاء الانطوائيين أنفسهم لا يسهمون إلا قليلًا في جعل نقاط قواهم وإنجازاتهم بادية للعيان.

فريق عمل انطوائي

جعل الإنجازات مرئية

السؤال الأساسي هو: كيف يمكنك بوصفك انطوائيًّا العمل والتواصل ضمن فريقك بالطريقة التي تجعل منك ومن إنجازاتك ظاهرين بصورة

مناسبة؟ وماذا يمكن أن تعمل لتشعر بالراحة قدر المستطاع مع زملائك، وهم كذلك معك؟

خطط لعمل جماعي جيد

الإجابة الجيدة عن هذا السؤال يجب أن تلبي شرطين: يجب أن تأخذ في الحسبان حاجاتك أولًا ثم حاجات الأفراد الانبساطيين في المجموعة (الأمر بسيط مع الانطوائيين). الخطط الآتية تهدف إلى جمع وجهتي النظر هاتين معًا.

١ تواصل جيدًا مع الفريق، وسوف تتمكن من الجمع بين حاجاتك وحاجات الآخرين

1. احتياجاتك: أن تعمل منفردًا لوقت طويل ومن دون إزعاج.

- احتياجات الانبساطيين: العمل على مراحل، مناقشة النتائج، وإلى أين ستتصل مع الآخرين.
- الإستراتيجية: أوجد طرقًا لتبادل الآراء والمعلومات حيث يمكنك مع الآخرين متابعتها، وهذا سيتيح لك مجالًا للتركيز على عملك الخاص كذلك.

اقتراحات:

- اذهب للعمل باكرًا، أو ابقَ بعد مغادرة الآخرين: أَفِدْ من وقت الوحدة للقيام بجزء من العمل لمدة أطول.
- ابقَ بعد الاجتماعات للحديث عن الأمور مع الآخرين، أسس هذا الوقت بوضوح.
- اتفق مع زملائك على فسحة زمنية يومية تكون قادرًا على العمل في غضونها من دون مقاطعة.

- قسِّم عملك إلى أجزاء يومية، وخذ استراحة بعد ذلك للحديث مع الآخرين حول ما أنجزته. استعمل الهاتف أو البريد الإلكتروني للقيام بذلك.
- إذا حضر زملاؤك من دون الإبلاغ عن ذلك سابقًا، فيمكنك تحديد موعد مختلف إذا لم تتمكن من رؤيتهم: أنا أعمل على أمر مستعجل، هل لديك الوقت لشرب القهوة بعد الغداء؟ هذا غير مناسب في حالات الأزمات.
- تحدث إلى زملائك عن عملك، وكن محددًا: كيف كانت ردة فعل ذلك العميل في الأسبوع الماضي؟... فهذا النوع من الاهتمام يلقى قبولًا ممتازًا.

2. احتياجاتك: الترتيب لوقت الهدوء و السكينة بين الحين والآخر.

- حاجات الانبساطي: الترتيب لمناقشات الآخرين بين الحين و الآخر.
- الإستراتيجية: في المناسبات أو حتى في الأيام العادية تعمد البناء على مراحل عندما يمكنك التحدث عن الأمور مع زملائك. خطط بالطريقة نفسها لوقت مستقطع.

اقتراحات:

- تعامل مِع العمل كأنه خشبة مسرح؛ الغياب يتطلب حضورًا معينًا. أتِحْ فرصًا لمغادرة المسرح (المكتب) بين حين وآخر للاستراحة: قد يكون المشي في استراحة الغداء، في حالة الضغط -على وجه الخصوص- حتى إن كانت استراحة قصيرة للذهاب إلى الحمام.
- رتِّب للقاء شخص ما على الغداء؛ كثير من الأشخاص الهادئين يحبون تناول الغداء مع شخص أو اثنين. انتبه جيدًا للناس الذين حولك.

- تغيَّب عن مناسبات أو حلقات النقاش؛ محاضرة واحدة مثلًا، واستعمل ذلك الوقت للراحة.
- لجعل ذلك أسهل، ابحث عن قوانين الفريق غير الرسمية: ما المناسبات الاجتماعية؟ اللقاءات المهمة وغير المهمة؟ تصرف بلباقة، وهذا يعني: أن تكون شجاعًا بعدم المشاركة في الترتيبات الأقل أهمية؛ مثلًا الذهاب إلى مكان عام بعد يوم مجهد. عوِّض عن ذلك بالانضمام إلى نشاط آخر عندما تكون مستويات الطاقة لديك مرتفعة نسبيًّا؛ مثلًا شارك في الأمسية الأولى، وليس في الثانية.
- اقترح الأنشطة التي ترغب في المشاركة فيها أنت نفسك، مثل تجربة الذهاب إلى مقهى جديد، والترتيب لهدية لزميل بمناسبة عيد ميلاده.

3. احتياجاتك: التحدث قليلًا ـ العمل كثيرًا

- حاجات الانبساطي: أن يوظف التواصل ليظهر لك مع من تتعامل، وما الانطباع الذي يتركه .
- الإستراتيجية: تواصل مع تحديد غاية واضحة في عقلك.

اقتراحات:

- إذا كنت تحب العمل منفردًا بصورة خاصة، فعليك أن تكتب قصص النجاح كلها الخاصة بك؛ فهذا جيد لثقتك بنفسك، ويصبح من السهل ذكر بعضها في اللحظات المناسبة، مثل القول: «لقد أتممت للتو مشروعًا مماثلًا، باسم ....».
- لا تنظر إلى الاجتماعات على أنها مضيعة للوقت. أَفِدْ من المعلومات في الفصل التاسع.

- ابقَ على تواصل مع أشخاص تحترمهم، استفد من الملاحظات في الفصل السادس.
- وظف قواك في المراقبة والتحليل: ما الذي يهم الناس حولك؟ ماذا يحبون؟ أظهر لهم أنك ترعى اهتماماتهم بين الحين والآخر؛ هل مازلت مهتمًّا بمعرض برلين؟
- ساعد زملاءك الانبساطيين (الرؤساء) بتلخيص النقاط المهمة في المحادثات أو حفِّز القرارات وادعمها.
- تحمل المسؤولية وتواصل بناءً على ذلك: قدم نتائج الفريق إذا كانت ضمن مجالك. اشرح المهمات والتوقعات بوضوح عندما تبدأ بشيء جديد أو عند تعيين زميل جديد. توجه للأشخاص إذا كان شيء ما لا يعمل بالصورة الصحيحة.
- تأكد أن اتصالاتك مركزة جيدًّا؛ كن شخصًا يحل المشكلات لا شخصًا لديه تحفظات. قل: «كيف يمكننا التأكد من أن التسليم سيكون في الوقت المحدد؟» بدلًا من: «هذا بالتأكيد لن يصل في الوقت المحدد». ردّتا الفعل كلتاهما نجمتا عن الحالة نفسها...
- تأكد من الاحتفال بالإنجازات، فعندما تقوم بذلك تُقوِّي الشعور بالعمل الجماعي في لحظة إيجابية - أظهر العمل الجيد للفريق. ادعُ المديرين إلى ذلك كلما كان ذلك ممكنًا....

إستراتيجيات القيادة للانطوائي

هل أنت شخص هادئ في موقع قيادي؟ إذا كانت الحال كذلك فأنت في شركة جيدة. يوجد عدد من الرؤساء الهادئين الناجحين، وهذا له أسبابه؛ فقد أشارت الكاتبة جنيفر كانويلر Jennifer Kahnweiler, 2009، في كتابها

عن الرؤساء الانطوائيين، إلى ثلاث قوى يمتلكها الأشخاص الهادئون على وجه الخصوص. أولًا: يمكنهم التخلي عن الغرور الشخصي من أجل دائرة مسؤولياتهم (في هذا الكتاب القوة السابعة). ثانيًا: إنهم هادئون واثقون في أنفسهم (القوة الخامسة الهدوء). وثالثًا: هم أكفياء اجتماعيًّا؛ لأنهم يأخذون في حسبانهم زملاءهم وحاجات زملائهم (القوة الرابعة: الاستماع، القوة العاشرة: التعاطف). والمديرون الهادئون يتيحون عادةً للزملاء النشطين والملهمين المجال المناسب لإنجاز الأفكار وتطوير الإمكانات.

ولكن توجد أيضًا عوامل أخرى تضطر الشخصيات التنفيذية الهادئة إلى أن تعاني: التوتر، وفقدان شبكات العمل، ونقص الإسقاط وانطباعات غير صحيحة من الآخرين. هذا مرتبط بالمزاج المفضل للتواصل لدى الأشخاص الهادئين، وكذلك بكثير من العقبات المختلفة التي اعتدت عليها من الفصل الثالث.

الخروج من منطقة الراحة

عندما يَشْغَلُ الأشخاص الهادئون موقعًا إداريًّا، هذا يعني غالبًا خطوة كبيرة للخروج من منطقة الراحة.

فجأة لم يعد الأمر متمحورًا حول معالجة مجال يمكن التحكم فيه جيدًا: عليهم استعمال مهارات التواصل لديهم لجعل الأقسام المختلفة بكل ما فيها من عاملين تعمل معًا كما لو كانت فرقة موسيقية. وإذا كانوا يميلون إلى الانتباه المفرط للتفاصيل (العقبة الثانية)، وتجنبوا التواصل (العقبة التاسعة)، أو تجنبوا المواجهات (العقبه العاشرة)، فسرعان ما يصبح كرسي الرئاسة كابوسًا. المسؤوليات الجديدة والمشكلات يمكن أن تبدأ، وسرعان ما تنتشر وتختلط وتصبح غير مفهومة، وهم إلى ذلك يفتقرون إلى الخبرة التي تجعل كثيرًا من القرارات سهلة وسريعة.

يوجد كثير من الأشخاص الهادئين الذين يرفضون بحزم المواقع الرسمية التنفيذية (يفضلون العمل المستقل، حيث يمكنهم أن يكونوا مستقلين قدر الإمكان)، هذا بالتأكيد صحيح، ولكن إذا كان عليك اتخاذ قرار بخصوص الارتقاء في التسلسل الهرمي، أرجو التأكد من شيء واحد؛ يجب ألّا يكون خروجك من منطقة الراحة سببًا في رفض المنصب. كما قلنا سابقًا: يوجد رؤساء هادئون رائعون.

لنلقِ نظرة عن كثب: ما الذي يجعل هؤلاء الرؤساء الهادئين رائعين بوصفهم شخصيات قيادية؟ الإجابة موجودة في أربع إستراتيجيات أساسية.

الإستراتيجيات التنفيذية الأولى: أسس ثقتك في نفسك.

الخلفية بسيطة: إذا كنت في موقع تنفيذي ولست مقتنعًا بقواك الخاصة وقدراتك، فسيكون من الصعب عليك إقناع زملائك أنها لديك؛ وذلك لأنك ترسل كثيرًا من الإشارات بلغة الجسد والألفاظ، وهذا يبعث برسالة مفادها «في الحقيقة لا أجد نفسي مقنعًا جدًّا».

هذا ليس دعوة لاستعراض القوة، وأنت بوصفك شخصًا هادئًا بالتأكيد لن تنحدر للقيام بذلك على كل حال، ولكن يجب عليك -وفي وسعك- أن تزرع الإحساس الصحي بالثقة بالنفس. كن على معرفة بمواطن قوتك، وتقبل نقاط الضعف من دون قلق، بصرف النظر عن ردة فعل الذين حولك؛ فالثقة بالنفس والثقة بالمعرفة شديدتا الترابط.

سوف تعزز تقديرك لنفسك بسؤالك نَفْسَكَ بصورة منتظمة: ما الذي فعلته اليوم وكان ناجحًا حقًّا؟ ما نقاط القوة التي تمكنت من نشرها؟

احتفظ بمذكرات نجاح

كثير من الأشخاص الهادئين يتشددون على صعيد النقد الذاتي؛ لأنهم باستمرار يقوِّمون سلوكهم وطريقة تواصلهم مع الآخرين وأفكارهم، وكل ذلك

يتم داخليًّا، فهل أنت أحد هؤلاء؟ إذا كنت كذلك، فمن المفيد لك أن توجه أفكارَكَ نحو مزيد من الثقة بالنفس عن طريق طرح الأسئلة الأساسية الآتية: ما الذي قدمته بصورة جيدة اليوم؟ ما نقاط القوة التي تمكنت من استعمالها؟ إذا أردت أن تقوي ثقتك بنفسك بصورة خاصة وعلى نحو مُجد، فاحتفظ بمذكرة تدوِّن فيها هذه النجاحات، واستعملها يوميًّا؛ ستجد سريعًا أن نظرتك تتغير، وثقتك بنفسك تزداد.

إذا وجدت أنك بحاجة إلى العمل المكثف على ثقتك بنفسك، فسيكون من المفيد تدريبك مع مدرب محترف.

الإستراتيجية التنفيذية الثانية: انتبه جيدًا إلى الشخص الذي أمامك.

الإستراتيجية الثانية مرتبطة مباشرة بالتعاطف (القوة العاشرة)، وكذلك بقوة التركيز (القوة الثالثة)، والاستماع (القوة الرابعة)؛ إنها تحول النظر عنك إلى المحيطين بك من رؤساء و زملاء عمل.

الرؤساء الانطوائيون يمكنهم التأثير بقوة بتركيز اهتمامهم مباشرة على الأشخاص المقابلين لهم، وهذا يظهر بخاصة:

1. في رؤيتك لمن يقابلك بوصفه إنسانًا، لا من وجهة نظر مهنية (مثل طفل مريض، مكان عطلة مفضل).
2. عن طريق قدرتك على إدارة حدث ذي مضمون.
3. عن طريق قدرتك على الاستماع من دون أحكام مُعَدَّة سلفًا (بمعنى آخر، من دون تقويم أو سلوك انتقادي) والمحافظة على التمييز والقدرة على تقييم الموقف.
4. عن طريق أخذ وجهة نظر الآخرين بجدية بصرف النظر عن مكانتهم أو سلطتهم وأن تضعهم في حسبانك.

حقِّق حضورًا قويًا من خلال التعاطف

المدير التنفيذي اليقظ يمكنه إشاعة حضور قوي، والإستراتيجية التنفيذية الأولى ليست كافية لهذا؛ فالأشخاص الذين يعتمدون على ثقتهم بأنفسهم فقط، ويستمرون بالنظر إلى الداخل ليسوا بالضرورة ذوي حضور فاعل؛ إنهم لا يتواصلون مع العالم حولهم، حتى وإن تركز جل اهتمامهم على طقوس تبادل وجهات النظر والمعلومات. في وسعنا جميعًا أن نستشعر جيدًا إن كان شخص ما يستمع إلينا باهتمام حقيقي، ويصغي إلينا بانتباه تام.

المديرة المهتمة جدًّا برؤسائها وزملائها في العمل لديها كثير من الميزات: لديها منفذ أفضل وأسهل للمعلومات؛ لأن الناس يحبون التحدث إليها ويثقون بها. لقد تعرفت إلى ما يحافظ على أعضاء فريقها عن طريق معرفة ما يهمهم؛ من مثل مزيد من الوقت المنزلي، أو زيادة في الراتب أو مشروع لاحق مثير؛ إنها تعلم من هو الأفضل للقيام بعمل ما، ومن هو المستفيد من التدريب والتوجيه؛ باختصار هي مطلعة على الوضع تمامًا، ويشعر موظفوها أنه يتم الاهتمام بهم.

الإستراتيجية التنفيذية الثالثة: احرص على امتلاك رؤية شاملة جيدة.

كن دائم السهر على تحقيق أهداف الشركة:

المديرون التنفيذيون الجيدون ينظرون إلى ما وراء المشروع القادم؛ إنهم يدركون تمامًا أهداف الشركة ودور القسم وقدرته، وهذا يعني أن في وسعهم إبعاد أنفسهم عن العمل اليومي، ويمكنهم العمل بمرونة، ويستطيعون تعديل خطتهم بسرعة (لأن الأمور غير المتوقعة تحدث باستمرار) وتحديد الأولويات (لأن ثمة كثيرًا من الأمور التي ينبغي تنفيذها دومًا).

التخطيط: موطن قوة الانطوائي

الأشخاص الذين يخططون لأهدافهم وتطوير أنفسهم لديهم رؤية شاملة، حتى لو كان ما يمكن تنفيذه فعليًّا جزءًا من الخطة.

التخطيط موطن قوة لكثير من المديرين التنفيذيين الهادئين، وهو يتفق تمامًا مع قواهم: من الأفضل القيام به عن طريق الكتابة (القوة التاسعة) مع مراجعة تحليلية تفصيلية، وتقسيمها إلى أهداف جزئية ومجموعة من الأولويات (القوة السادسة)، ورؤية واضحة للضروريات (القوة الثانية). والإصرار (القوة الثامنة)، أيضًا يساعد على الوصول إلى الأهداف المخطط لها.

إذا اتبعت الإستراتيجية التنفيذية الثالثة فستلاحظ ثلاثة أمور: أولًا أنت مؤثر. ثانيًا تجد أن من السهل تحفيز الآخرين وتحديد الأهداف والغايات، بخاصة عندما تمتلك الإستراتيجية الثانية. ثالثًا سيكون من السهل عليك التواصل مع رؤسائك فيما يتعلق بنطاق عملك، والدفع لاتخاذ قرارات أو التحدث إليهم: ستبدأ بأن تكون مرئيًّا لهم بوصفك مديرًا تنفيذيًّا يعلم تمامًا ماذا يفعل. وهو بالطبع صحيح.

الإستراتيجية التنفيذية الرابعة: اصقل قدرتك على إجراء حوار والتعامل مع نزاع.

اعتنِ بالتواصل مع فريق العمل العامل معك:

بوصفك مديرًا تنفيذيًّا لست مسؤولًا عن تحقيق الأهداف الإنتاجية والتأكد من القيام بالعمل فحسب، بل يوجد عمل آخر عليك القيام به وهو رعاية التواصل: ما مدى كفاءة عمل أعضاء فريقك معًا؟ ما مدى كفاءة المستويات التنفيذية الأخرى والوحدات العاملة في التعامل بعضها مع بعض؟ من الذي

يجب أن يجتمع مع من؟ أي شخص لا يمكنه الإجابة عن هذه الأسئلة سوف يواجه سريعًا عواقب صعبة: تصعيد الخلاف والصمت نتيجة لفقدان المعلومات وربما الموارد. إن فشل الأشخاص في تبادل الأفكار والآراء يؤدي إلى سوء للفهم أو تكوين مجموعات (شلليّة).

الخطط الإدارية هذه تعتمد على مهارتك، وفيما بعد سنبين أين تكمن الفرص والميزات تحت عنوان (الحوار) و(الصدام).

الحوار

لمدة ثلاثين عامًا، كان لدى الأمريكيين مصطلح جميل لحوار ناجح وضعه فريق إدارة: (الإدارة بوساطة التجوال). إنه مبدأ بسيط؛ ففي أثناء التجول تأكد من الاستمرار في مقابلة الأشخاص حولك بصورة احترافية، وتواصل معهم، وبوصفك شخصًا هادئًا سترى ذلك مفرحًا في هذا السياق؛ فقد تلتقي بشخص واحد أو بعدد قليل من الأشخاص، كذلك سوف تستمع أكثر- يمكن الحديث أكثر بين شخصين أو ضمن مجموعة صغيرة بدلًا من اجتماع كامل لفريق العمل.

لذلك ابدأ التحرك: التقِ مع الرؤساء، والزملاء والموظفين حيث يعملون أو يتناولون الطعام. استفد من رحلات العمل، وزمن وجودك في المصعد، وعندما تكون في حال انتظار مع أشخاص آخرين، ومن المناسبات للانخراط في محادثة.

استعمل الإستراتيجية التنفيذية الثانية، وركز الاهتمام كله على من يتحدث؛ كن رئيسًا يمكن الوصول إليه!

مارس الإدارة من خلال التجول

سوف تحقق أمرين عندما تمارس الإدارة من خلال التجول: أولًا سوف تكتشف مزيدًا من الأمور عن أجواء العمل (بين أمور أخرى عن النزاعات والتنمر، انظر أسفل) والأخبار والمفاجآت، والاهتمامات الرسمية والخاصة، والإمكانات والمشكلات. ثانيًا سوف تصبح مديرًا مذهلًا ومشهورًا، وسوف يُنظر إليك على أنك الشخص الذي يتحسس نبض العمل. في النهاية ما هو هذا النبض إن لم يكن الاهتمام بالأشخاص المحيطين بك؟

النزاعات

النزاعات شيء طبيعي، الأشخاص المختلفون يختلفون في مشاعرهم، وما يريدونه، وفي عاداتهم وخصوصياتهم. أمر واحد صحيح لا خلاف عليه في الأخلاقيات كلها في سياق العمل من حيث الأشخاص (بمعنى آخر، الزملاء والزبائن وشركاء العمل) والأجيال المختلفة والتقاليد والثقافات التي تتقاطع بعضها مع بعض، وهو أن: الاختلافات الشخصية غالبًا ما تؤدي إلى مواجهات عندما يكون هناك خلافات. الزميلان في المكتب باسل وسليمان اللذان عرفتهما إليك في بداية هذا الفصل يختلفان في مجالات من الواضح أنها مخزن لنزاعات.

النزاعات قد تعني فرصًا

الاختلافات وحدها لا تؤدي بالضرورة إلى احتكاك حقيقي؛ يمكن تعرفها لأنها تتحول إلى عبء عاطفي للأشخاص المشاركين، وتؤثر سلبًا في مكان العمل.

الخلافات تحمل أخطارًا: فإذا لم تُعالج ولم يُتَعامَل معها فإنها لا تختفي، بل تنمو ـ كذلك الشعور بالعبء والتأثير السلبي. الخلافات الجدية يمكن أن

تشل قدرة الفريق على العمل معًا، ولكن إذا عولجت ونوقشت فيمكن أن تتيح فرصًا. قد تكون المواجهة مؤشرًا لقياس المتاعب، ومستوى التواصل، وبذلك تساعد على تحسين التواصل، وكذلك المواقف، والعمليات أو السلوك العام. وتحسين العلاقات هذا هو مهمة أخرى للإدارة.

معالجة النزاعات معالجة مجدية وفاعلة

لهذين السببين، التحسن المحتمل والضرر المحتمل - على المديرين التنفيذيين التعامل مع النزاعات بفاعلية وتبني إستراتيجيات تواصل تلائم اختلافات شخصيات الموظفين، بمعنى آخر لتناسب اليابانيين والفرنسيين، المتدربين والإدارة العليا وبالطبع الانطوائيين والانبساطيين. لقد تعرفت في بداية هذا الفصل إلى سليمان وباسل. انتبه رئيسهما إلى وجود توتر بينهما، ونزع فتيل الموقف عن طريق إعطاء سليمان مكتبًا صغيرًا خاصًّا به عندما انتقل قسم مشروع المباني، ووضع باسل مع زميلين آخرين انبساطيين.

التنمر في مكان العمل

إدارة الصراع تعني أيضًا التعامل مع التنمر داخل مكان العمل. إذا واصلت الحوار المناسب مع الموظفين فسوف تكتشف على الأغلب مشكلات في مكان العمل، ولكن بوصفك شخصًا هادئًا على الأغلب سوف تجد من الصعوبة بمكان التحدث عن أمور غير سعيدة، وأن تقوم بعمل ما تجاهها، بخاصة إذا كان الهروب (العقبة الخامسة) أو تجنب المواجهات (العقبة العاشرة) من بين صفاتك الشخصية، ولكن لا تعبأ كثيرًا بذلك؛ فالنزاعات حقل ألغام للانبساطيين أيضًا!

اجعل إنجازاتك معروفة

لماذا يتم تجاهل الانطوائيين عند منح المكافآت؟

مهما كانت فاعلية الناس الهادئين وقوتهم في العمل، تبقى لديهم مشكلة في دائرة واحدة: لا يحبون التباهي بأنفسهم والتفاخر بإنجازاتهم، وينتقدون المطبلين والمزمرين للناس، والذين يجعجعون بلا طحن (بمعنى آخر، لا يحبون نشر إنجازاتهم للعموم). هذا وجه من العملة، أما الوجه الآخر فهو أنه يتم إغفال الأشخاص الهادئين فيما يتعلق بالمكافآت؛ لأن صانعي القرار لا يعلمون كثيرًا عن إنجازاتهم و نجاحاتهم.

إليك سؤالين ؟

ما الفرصة التي تعتقد أنها ستتاح لك جراء تنفيذ الإستراتيجية التنفيذية الرابعة بنجاح؟ كيف يمكنك أن تتحسن في ما يتعلق بالخطط الفردية؟

الإستراتيجية التنفذية	قدراتي	الطريق إلى التحسن
1. بناء الثقة بالنفس	....	....
2. الانتباه	....	....
3. امتلاك الرؤية الشاملة	....	....
4. شحذ إدارة الصراع ومهارات الحوار	....	....

مبادئ لتواصل ناجح في العمل

من الواضح أن الإستراتيجية الناجحة تقع في مكان ما بين أمرين هما: يجب ألَّا تتباهى بإنجازاتك أو أن تصبح مطبلًا مزمرًا، ولكن عليك التأكد أن إنجازاتك مرئية على نحو مناسب كافٍ. المبادئ الآتية ستساعدك على لفت الانتباه لنقاط قوتك ونجاحاتك.

التواصل من أجل عملك: خمسة مبادئ لكل يوم

المبدأ الأول: ضع رؤساءك في صورة الأوضاع، وقبل كل شيء كن متأكدًا مما تفعله أنت.

اكتب كل ما ترى أنه إنجاز؛ نجاح في البيع، مشروع أُنجز، مشكلات حُلَّت، تواصل ناجح مع زميل أو زبون مشاكس. من السهل نسيان الأمور التي لا تُدوَّن. والأكثر أهمية سوف تساعدك قائمة نجاحاتك إذا كنت كثير الانتقاد لنفسك.

فكر في الأمر: إذا لم تقتنع أنت نفسك بإنجازاتك، فكيف تتوقع أن يقتنع بها الآخرون؟ تجنب الإفراط في النقد الذاتي والحرص غير المناسب على بلوغ الكمال، وذلك من خلال إدراج إنجازاتك في قائمة بموضوعية، وهذا سوف يعلمك في الوقت نفسه أن تأخذ إنجازاتك في الحسبان ...

انظر إلى القائمة كل ستة أشهر، خذ ورقة ولخص عليها إنجازاتك الملحوظة في تلك الحقبة، وإذا كنت موظفًا وتعمل على أهداف مقررة من قبل رؤسائك، فهذه الأهداف تشكل قاعدة ممتازة، وتزودك بحجج لزيادة الراتب، وقد يكون الأكثر أهمية حقيقة أن لديك إحساسًا كاملًا بمجموعتك من النجاحات؛ هذا يجعلك أكثر

انتباهًا لما أنجزته، وهو الشيء الذي غالبًا ما يهمل، كذلك تغدو أنت على اطلاع على ما تجده سهلاً وعلى ما يثير اهتمامك.

التأثير: لقد عززت ثقتك بنفسك!

ستكون أكثر نجاحًا في تنفيذ هذه المبادئ إذا علمت ما المهم في سياق عملك:

1. ما الشيء الذي يُعَدُّ نجاحًا؟
2. ما الأمر الذي تعتقد أنه مهم بصورة خاصة؟
3. ما المهارات المطلوبة على وجه الخصوص؟

تأكد من أن النجاحات التي دوَّنتها تتناسب مع إجابات الأسئلة هذه؛ فهذا المبدأ يجدي نفعًا مع الرؤساء الذين يميلون إلى الإدارة الدقيقة: تدرب على إرسال ما تدونه بانتظام (في نهاية الأسبوع مثلاً أو كل أسبوعين)، وضمنه ملخصًا موجزًا عن موقع العمل في مشروع تحت التنفيذ، بصفحة واحدة على الأكثر، ويمكنك تقسيمه بناءً على نمط محدد. عناوين مجربة: التقدم المحرز على هيئة نقاط، قائمة ما يجب القيام به، مسائل تنبغي تسويتها. من يتلقى هذه المعلومات أيام الجُمع (اليوم ما قبل نهاية الأسبوع) يمكنه أن يرتاح.

المبدأ الثاني: أسِّس لاتصالات مع زملائك ورؤسائك

تكشف الإنجازات عن نفسها بصورة مثالية في المناسبات الرسمية مثل اجتماع مع موظفين أو نقاشات ومحاضرات، ولكن هذه الاتصالات الرسمية لا تضيف شيئًا وإنما تمثل قاعدة لضمان أن تكون مرئيًّا؛ لذا عليك أن تؤسس شبكة علاقاتك الخاصة داخل نطاق العمل وخارجه. اذهب لتناول غداء مع زملاء تختارهم، واذهب إلى مناسبات غير رسمية مثل أعياد الميلاد، وكوِّن أصدقاء جديرين بالثقة. الإستراتيجية التنفذية الرابعة والفصل السادس سوف يساعدانك على تنفيذ هذه المبادئ.

المبدأ الثالث: أظهر ما هو اهتمامك

إذا اتبعت المبدأ الأول بانتظام، ستجد ما هو سهل، وما الذي يهمك؛ أنت بذلك تؤسس لتقدم محتمل في مهنتك: أفضل شيء هو المضي إلى حيث تحب أن تعمل، وأن تعمل جيدًا.

ولكن الناس حولك ليسوا مستبصرين لذلك؛ فإن كنت مهتمًّا بمشروع محدد أو مجال عمل معين فعليك ذكر ذلك (بصورة غير رسمية) للأشخاص المناسبين، وستجد ذلك سهلًا إذا اتبعت المبدأ الثاني...

المبدأ الرابع: تحمل المسؤولية

يوجد كثير من الأشياء التي يمكنك القيام بها وليست بالضرورة عملك، ولكنها تظهر أنك تستطيع القيام بها. اتخذ قرارًا واعيًا للقيام بجزء محدد من العمل وتحمل مسؤولية ذلك. قد يكون ذلك إجراء مفاوضات مع زبون يتجنبه المعنيون بالأمر كلهم، وقد يعني ذلك التحدث مع هيئة الإدارة؛ رتِّب بعض النقاط في ذهنك عندما تذهب إلى الهيئة، وأدرجها في جدول أعمالك، واستجمع شجاعتك لتقديم الوضع كما هو، أو قدم تقريرًا مرحليًّا، حتى لو كان رؤساؤك في الاجتماع.

تحمل المسؤولية يعني أنك مرئي: الأشخاص الآخرون يلاحظون ما تقوم به وما تمثله؛ المسؤولية تعني المخاطرة: من المحتمل أن تخفق إخفاقًا تامًّا في جزء من العمل، وذلك سيكون ملاحظًا أيضًا، ولكن لو كان العمل بهذه السهولة لكان ممكنًا لأي شخص أن يعمل!

المبدأ الخامس: تفويض المسؤولية

لا، هذا لا يتناقض مع المبدأ السابق؛ يمكنك تحمل المسؤولية فقط عن طريق تفويض بعض الأمور التي من شأنها أن تنشط أشخاصًا

آخرين ولم تعد تشكل تحدِّيًا لك. حتى وإن وجدت ذلك صعبًا عليك، اذهب وتخلَّ عن المسؤولية إذا كنت تعتقد أن الشخص المعني يمكنه التعامل مع الأمور. النتيجة: الأشخاص الجيدون يتحمسون عندما يُتَحدَّون، وبذلك يصبحون ملاحظين؛ لذلك تجد أنه من السهل أن تجذب الأشخاص الجيدين إلى فريقك. هذه الخطة مفيدة لك شخصيًّا؛ لأنها تمنحك وقتًا أطول في مجال مسؤوليتك، المجال صنفته على أنه مهم في المبدأ الرابع، ولكن كن حذرًا؛ فمسؤولية التفويض لها ثمن أيضًا. قد يكون عليك أن تعطي (أنفال) بعض المؤشرات قبل أن تقوم بتنظيم الحدث. هذا يأخذ وقتًا، قد يكون ذلك أيضًا أن علاء لا يمكنه القيام بعرضه التقديمي، في هذه الحالة تكون أنت المسؤول أيضًا بوصفك رئيسًا مباشرًا له، وينطبق الشيء نفسه كما في المبدأ الرابع. المسؤولية تمثل أيضًا مخاطرة.

ولكن المكاسب المحتملة هي أن العبء أصبح أخف عليك عندما تكون (أنفال) بالصورة، وقد اكتسبت أول خبرة لها في التنسيق، وعندما يتقن علاء فن التقديم للعروض التقديمية ستكون في الجانب الرابح أيضًا.

استفد من قنوات التواصل

الهاتف والبريد الإلكتروني هما قناتا التواصل الأكثر شيوعًا في الحياة المهنية إلى جانب التواصل الشخصي. الهاتف الذكي الذي يمكنه أن يرسل البريد الإلكتروني أو يتلقاه يعني أننا مستعدون حتى وإن لم نكن في محيط العمل، أو على الأقل كثير من الناس الذين نتواصل معهم يأخذون ذلك على أنه مسلم به؛ معظم الناس يفضلون إحدى هاتين القناتين. ومن وجهة نظري معظم الأشخاص الهادئين يفضلون البريد الإلكتروني على الهاتف، لأسباب

سنوضحها في الأقسام اللاحقة، ولكن بصرف النظر عن التفضيل، إلا أن طبيعة الموضوع الذي نتعامل معه والأشخاص المشاركون في الحوار تجعل البريد الإلكتروني أحيانًا مناسبًا أكثر وأحيانًا الهاتف؛ لذلك نحتاج إلى النوعين كليهما من أدوات التواصل في الحياة العملية. سوف نعالج السؤال: كيف يمكنك بوصفك إنسانًا هادئًا استعمالها بأفضل الطرق لك وللآخرين؟ ولكن لاحظ أمرًا: توجد حالات يجب عليك التواصل فيها وجهًا لوجه؛ مثلًا إذا كنت تريد إبلاغ شخص ما عن حالة حمل، أو إقالة موظف أو نقد وضع ما.

الاتصال بوساطة الهاتف

الأشخاص الهادئون لا يتناغمون مع الهواتف دائمًا؛ فكثير من الأشخاص الهادئين يشعرون أن سلسلة عملهم أو أفكارهم تنقطع عندما يرن جرس الهاتف، وهذا ينطبق -بخاصة- على الأشخاص الذين يحبون العمل على مشروع بجلسات طويلة، ولكنه صحيح على وجه العموم: الاتصال الهاتفي يجعلك تفقد التركيز والطاقة؛ لذلك يشعر الانطوائيون بالضغط قليلًا عند تلقي المكالمات. يوجد سببان أساسيان لذلك: أولًا متلقي المكالمة عليه أن يتناغم مباشرة مع المتصل وما يريده، وهذا أصعب من المقابلة وجهًا لوجه؛ لأنه بعيد عن المعلومات المستمدة من الصوت (أي النغمة، والسرعة، وعلو الصوت، وطبقات الصوت) إضافة إلى أنه لا توجد لغة جسد تساعد على التفسير.

كذلك فإن رد الفعل المباشر لما قيل أمر متوقع على الهاتف، فعلى العكس من الكتابة بالبريد الإلكتروني، لا يوجد وقت ضائع هنا، وهذا يعني أن الأشخاص الهادئين غالبًا لا يشعرون بأنهم قوطعوا عندما يرن جرس الهاتف فقط، ولكن يشعرون أنهم اختُطفوا بهذه الطريقة من التواصل. الانبساطيون غالبًا ما يرون أن التواصل الهاتفي فرصة لتبادل الآراء في هذه الأثناء، ولا يرونه مقاطعة أكثر من كونه فرصة لطيفة من العالم الخارجي؛ التواصل الهاتفي غالبًا ما يعني للأشخاص الهادئين التوتر والشعور بالعجز في وجه الحالة.

الاتصال الهاتفي بوصفه تحدِّيًا

الأشخاص الهادئون يكونون كذلك أكثر ترددًا عندما يقتضي الأمر أن يتصلوا أنفسهم مع شخص ما. يوجد سبب بصورة خاصة لذلك؛ أولًا، الانطوائيون على الأغلب يقلقون لأن المكالمة قد تكون مقلقة أو مزعجة بالنسبة إلى الشخص الذي يريدون التحدث إليه ـ سواء أهذا الشخص رئيسًا كان أم زبونًا أم زميلًا. خلفيات هذا الأمر لابد أنها ردة فعلهم تجاه الاتصالات الهاتفية: إذا كان الشخص الانطوائي يرى أن المكالمات الهاتفية مزعجة فلا بد من أنه سيشعر أن الشخص الآخر لديه رد الفعل نفسه.

ثانيًا، التواصل الهاتفي يُعد قفزًا إلى المجهول إذا كنت تقوم به أنت نفسك: ماذا لو تقدم الرئيس فجأة بموضوع إضافي، أو إذا كان الزبون الذي اتصلت به يشتكي من أمر ما؟ ماذا لو أراد الزميل التحدث عن هذا أو ذاك والمكالمة استمرت طويلًا؟ إنه اختبار صعب، وبصورة خاصة للانطوائيين إذا كان عليهم التواصل مع أشخاص لا يعرفونهم: هذه قفزة كبيرة نحو المجهول. وجود الانطوائيين في مركز اتصال للرد على مكالمات العملاء على الأغلب نادر.

نصائح لمكالمات خالية من التوتر

بقي سؤالان يتعلقان بالاتصالات المكتبية الجيدة: متى عليك التواصل هاتفيًا بدلًا من إرسال بريد إلكتروني؟ كيف يمكنك تقليص التوتر الناشئ عن تلقي اتصال هاتفي عند الانطوائيين؟

الاتصال الهاتفي: الفوائد و الحد من الإجهاد

الاتصال بشخص

1. إن كان يمكنك شرح أمر ما باختصار، وبصورة مباشرة وبسرعة: في هذه الحالة الاتصال الهاتفي بدلًا من البريد الإلكتروني سوف يوفر لك الوقت.

2. إذا أردت أن تبلغ الشخص الذي تتصل به شيئًا عن أمر حساس، فيجب ألَّا يكتب سلفًا (وإلا فإنه قد يُساء فهمه بسهولة). ونبرة الصوت تضيف مزيدًا من المعلومات، الهاتف في هذه الحالة هو أكثر وسائل الاتصال حصافة إن لم يكن ممكنًا إجراء المقابلة شخصيًّا.
3. إذا كنت بحاجة إلى مفاوضات من أجل أمر ما؛ مثلًا، إذا كنت تحاول التوصل إلى اتفاق ما حول سعر البيع، فالتواصل الهاتفي أكثر تميزًا من كتابة رسالة إلكترونية بسبب حساسية الموضوع، وكذلك سوف توفر الوقت على نفسك بالاستلام والرد على الرسائل إلى أن يتم الاتفاق.

كيف تتخلص من الصعوبة في الاتصال الهاتفي؟

إذا كنت أنت المتصل

دَوِّن الملاحظات قبل الاتصال؛ اكتب عناوين تساعدك خلال إجراء المكالمة: أسئلة يجب الإجابة عنها، مخاوف، نقاط معلومات، وأي شيء ممكن أن يكون مهمًّا للمكالمة. الميزة هي أنك تستفيد من القوة السابعة (الكتابة)، بذلك يكون لديك خط واضح أمامك. إذا كانت المكالمة مهمة بصورة خاصة و/أو أنت غير متأكد، فيمكنك حتى أن تكتب مناوراتك واستنتاجاتك.

كذلك يمكن استعمال هذا الخط إذا لم تتمكن من الوصول إلى الشخص المعني، وبذلك عليك ترك رسالة صوتية بالهاتف أو البريد الصوتي. يجدر القول إنه لا يمكنك إلغاء الرسالة أو تعديلها حالما تُسجَّل، ولكن لا تقلق: إذا تركت مجالًا لاحتمال ترك رسالة عن طريق صياغة العناوين، فإن التحدث إلى الآلة أقل إرهاقًا، وهذا يعني تكريس وقت أقل للتفكير في أمور وكلمات غير مدروسة أقل؛ ما يجعلك تبدو كأنك لست مطلعًا على الأمور.

رسالة جيدة على جهاز التسجيل بالهاتف يجب أن تكون مختصرة؛ لذا ضع المعلومات الآتية بعضها مع بعض في جملة كاملة:

1. اسمك.
2. سبب التواصل.
3. رقم هاتفك.
4. ما الذي تريد قوله: ماذا على متلقي الرسالة أن يفعل؟
5. اختم الرسالة بعبارة ختامية لطيفة (مثلًا، شكرًا مقدمًا على الرد والتواصل ـ اذكر اسمك).

إذا كنت قلقًا من إزعاج الآخرين، قل من البداية: «أنا أحتاج إلى خمس دقائق». هل هذه لحظة مناسبة؟ هذا السؤال مهم، بخاصة إذا كنت تتحدث إلى هاتف جوال؛ فأنت لا تعلم أين هو متلقي الرسالة في هذه اللحظة.

إذا شعرت أن الشخص المقابل تحت الضغط، فاتفق معه على وقت أفضل للاتصال؛ وقت يمكنك إدارته والتعامل معه بأقل قدر ممكن من القيود.

إن كان أحد يتصل بك

أولًا اسأل نفسك: هل يمكنني الرد الآن؟ وهل أريد ذلك؟ أحيانًا يكون القرار أسهل إذا عرفت رقم المتصل...

إذا كانت إجابتك (نعم)، فاختصر وقت المكالمة (إلا بالطبع إذا كنت تريد المضي إلى لب الموضوع)، وأسِّس لإطار وقت من البداية (هل يمكننا المرور عليه في خمس دقائق؟ لدي وقت حتى الساعة العاشرة...)؛ لإعطاء توجيه واضح للأشخاص الذين يتحدثون طويلًا على الطرف الآخر، وإذا لم تفعل ذلك فيمكنك إنهاء المكالمة

مع أخذ الوقت بالحسبان: «أعتقد أننا رتبنا الأمور الأكثر أهمية. شكرًا لك لدي اجتماع، أو موعد الآن». تذكر أن موعدك مع نفسك هو موعد أيضًا؛ فلست مضطرًا لأن تكون دقيقًا...

أما إذا كان جوابك (لا)، فدع جهاز تسجيل المكالمات يستلم الرسالة. اتصل عندما يكون الوقت مناسبًا لك - أو أرسل بريدًا إلكترونيًّا إذا كنت تفضل التعامل مع الأمور بهذه الطريقة.

قد يبدو ذلك واضحًا، ولكنني وجدت غالبًا وبخاصة الأشخاص الذين لا يحبون التحدث بالهاتف هم الذين يكونون غير مرتاحين حيال إبقاء الهاتف يرن من دون الإجابة. تذكر دائمًا: الهاتف لخدمتك، وليس العكس.

البريد الإلكتروني

يفضل الأشخاص الهادئون البريد الإلكتروني بوصفه وسيلة اتصال لأسباب عدة: أولًا المادة عن طريقه تكون مكتوبة، وبذلك تتناسب مع القوة التاسعة، وتترك للكاتب وقتًا أطول للتفكير والصياغة أكثر من الهاتف، ومن السهل نقل عدد من الصيغ للأشخاص بوساطة الرسالة نفسها، ما يجعل التواصل الجماعي ممكنًا حتى إن كان كل منهم يعمل منفردًا، وهذه ميزة أساسية للأشخاص الهادئين الذين يقدرون العمل بهذه الطريقة. الرسائل الإلكترونية أكثر راحة من أي كلمة في محادثة شفهية؛ مستويات الطاقة أقل لأنه يمكن التواصل والبقاء وحيدًا في الوقت نفسه.

البريد الإلكتروني بوصفه أداة اتصال سريع

للرسائل الإلكترونية ميزة واحدة كثير من الانطوائيين يمكنهم بسهولة إغفالها؛ إنها سريعة بالرغم من حقيقة أنها مكتوبة.

ما أحاول قوله هو أن كثيرًا من الانبساطيين لا يختارون كلماتهم بعناية، ويسرعون في الضغط على (الإرسال) بدلًا من قراءة ما هو على الشاشة، كذلك اختيار الكلمات في البريد الإلكتروني تميل إلى أن تكون أقل اكتراثًا بالرسميات من الرسائل العادية، وفيه كثير من الأمور المشتركة مع التواصل الصوتي من حيث الأسلوب. أقول ذلك لأن الانطوائيين يميلون إلى أخذ الحذر في الصياغة؛ لأن ما يريدونه يعد حقيقةً مقررة بالنسبة إلى الأشخاص الذين يكتبون إليهم، هذا يعني أنه يمكنهم الافتراض بسرعة أن الكلمات في الرسائل الإلكترونية تعني أكثر مما هي في الحقيقة؛ لذلك الكتابة السريعة والصياغة الفضفاضة يمكن أن تبدو تهديدية، وإجابة مقتضبة على نحو غير ملائم قد تبدو متكلفة.

(عاجل) تعني أن المرسل يتوقع ردًّا سريعًا كما في التبادل اللفظي؛ لذلك أي شخص بطيء الرد يسبب إحباطًا وشكًّا: هل وصلت رسالتي؟

البريد الإلكتروني شيء مكتوب لكن يحمل بعض سمات الاتصال اللفظي.

نقص الإشارات غير اللفظية

هناك طبيعة أساسية في التواصل اللفظي غير موجودة في الرسائل الإلكترونية: إنها لا تنقل رسائل غير لفظية. نغمات الصوت في مكالمة هاتفية تكشف أشياء كثيرة؛ مثلًا، مدى أهمية الرسالة أو جديتها، كذلك إذا كان الشخص يقف أمامنا، فيمكننا رؤية إيماءاته وتحركاته وسلوكه البدني، فنبني الرسائل التي نراها و نسمع ما وراء الكلمات في فهمنا لنوايا الشخص المتكلم وهذا غير ممكن عن طريق البريد الإلكتروني. هناك نوع وحيد من المعلومات فيها: الكلمات المكتوبة فقط. إضافة إلى أن (التعبيرات المرسومة) لا تغير كثيرًا، ولكن يبدو أن كاتب الرسالة يرى تمامًا أن نقص لغة الجسد يمثل فشلًا؛

ولذلك يضع بعض (التعبيرات المرسومة)؛ بتعبير آخر نحن قلَّ ما نعبر عن المشاعر بالكلمات؛ فنحن نراها ونسمعها بين الكلمات.

الميل إلى الإفراط في التفسير

الرسائل الخالصة تنقل محتوًى فقط، ولا تحتوي عبارات فيها مشاعر، وهذا يجعل القارئ المتأمل (الانطوائي) أكثر ميلًا إلى قراءة شيء ما في الرسالة المكتوبة: هل الرد مختصر أكثر من الرسالة المرسلة؟ هذا قد يوحي بالابتعاد. هل كتابة رسالة إلكترونية إلى زبون مثل عزيزي السيد سلطان يكون الرد عليها: مرحبًا سيدة أماني؟ هذا قد يؤشر إلى عدم احترام. إذا لم تُنقل معلومات كافية، فحتى التحية يمكن تفسيرها بالنسبة إلى الاحترام والاهتمام اللذين تطرحهما؛ هذا قد يؤدي إلى سوء تفاهم وتقويم مغلوط فيه.

المتلقي يقرأ في النص ما في نفسه هو شخصيًّا. ليس هناك انحيازٌ نهائيٌّ من جانب المرسل (على إشارات لغات الجسد).

الخلاصة: هذا يعني لا تقرأ كثيرًا في الرسائل الإلكترونية؛ فكثير من المستخدمين يصيغون الرسائل الإلكترونية مثل الجمل اللفظية؛ سريعة وغامضة، ولا تراعي البناء والصياغة اللغوية كثيرًا.

إذا كان المتلقي والرسالة مناسبين للتواصل الإلكتروني، فاستعمله، وأبقِ شيئًا واحدًا فقط في ذهنك: مهما كان البريد الإلكتروني مريحًا لك، لا يمكنه (ويجب) ألا يكون بديلًا عن المحادثة المباشرة مع الرؤساء، والموظفين والزملاء؛ لذلك انتبه كي لا يتحول البريد الإلكتروني إلى خطة لتفادي التواصل الشخصي أو الهاتفي مع الأشخاص العاملين معك.

إستراتيجيات لاستعمال ناجح للبريد الإلكتروني

اللوحة الآتية نسخة مشابهة لملخص استعمال الهاتف سابقًا. سوف تساعدك على التواصل بنجاح من خلال البريد الإلكتروني.

أفضل طريقة لاستعمال البريد الإلكتروني ١

إرسال بريد إلكتروني

1. إذا كنت تريد على وجه التحديد شيئًا أبيض أو أسود (شيء محدد): مثلًا شخص متفق عليه، موعد نهائي، توزيع العمل في مشروع ما، فيمكن لهذا أن يكمل مكالمة هاتفية، مثل التفاوض إن كنت تريد تأكيد اتفاق شفهي.
2. إذا كان مستوى الطاقة لديك منخفضًا فإن الهاتف والبريد الإلكتروني مناسبان تمامًا للمسألة التي تتناولها.
3. إذا كنت تنظم اجتماعًا أو تحدد موعدًا نهائيًّا، وتريد أن يكون لدى المهتمين جميعًا المعلومات نفسها، إضافة إلى أن البريد الإلكتروني يمكن إرساله إلى عدد من المتلقين إلى جانب وثائق صغيرة؛ مثل المذكرات التي يمكن إرفاقها بسهولة ضمن مكون الرسالة الإلكترونية.
4. إذا كنت تتعامل مع متلقٍّ لا تعلم من هو ولست متأكدًا من كيفية تواصله أو تواصلها شفهيًّا؛ لأن البريد الإلكتروني يوفر لك أمانًا كاملًا (وقتًا للتفكير)، ولا يستهلك كثيرًا من الطاقة!

أفِدْ من مزايا البريد الإكتروني، ولكن لا تدعه يصبح بديلًا عن التواصل المباشر.

في النهاية إليك آخر جزء من النصيحة: لا تكن متاحًا كل الوقت. حدِّد وقتًا للاتصالات الهاتفية وكذلك لإرسال البريد الإلكتروني وتلقيه - عدد الأوقات يعتمد على طبيعة عملك؛ سوف تتفاجأ كيف أن هذه الخطة البسيطة يمكن أن تخفف من التوتر اليومي!

رحلة عمل

السفر بوصفه شرًّا لا بد منه

على الرغم من أنني أحب عملي، لكن السفر لرؤية عملائي دائمًا يمثل شرًّا لابد منه لكني أتقبله لكي أتمكن من القيام بما أحب القيام به، والسبب الذي يجعله شرًّا بسيط: السفر مجهد للأشخاص الهادئين.

رحلات العمل تعد أكثر استهلاكًا للطاقة لدى الانطوائيين منها لدى الانبساطيين، فغالبًا لا تتوافر فرصة لانفراد المرء بنفسه، وكذلك العدد الكبير من الانطباعات والمناسبات غير المتوقعة يستهلك إمكانات الناس. لا أقصد هنا أنها كارثة كبيرة؛ فالقطارات المتأخرة والاتصالات غير المحددة متعبة للانطوائيين، كذلك غرف الانتظار المزدحمة وأنواع الدفع والتدافع كلها، ولكن الأهم هو مستويات الضجة غير المتوقعة، وقرع الباب والأحاديث في الممرات حتى في الفنادق الجيدة هي من مخاوفي الشخصية، ويجبرني الأشخاص الذين يستعملون سماعات الرأس ويطلقون العنان للموسيقى بصوت عالٍ في القطارات على استعمال سدادات الأذن كرد فعل ارتكاسي.

ملاحظات: ما الذي يجعل السفر ممتعًا؟

لكن لا يمكن حل مشكلة السفر بنجاح كامل؛ فهو ببساطة جزء من الحياة المهنية لكثير من الأشخاص الهادئين. التوصيات الآتية تجعله أكثر سهولة وجاذبية لك، وقد جمعتها منذ مدة فقط من أجل مصلحتي...

ملاحظات حول السفر للانطوائيين

1. ابحث عن طرق للفرار.

طرق الفرار تعني أي شيء يساعدك على الاسترخاء، وفوق كل شيء على تجديد طاقتك من حين لآخر.

- خطط لخروج مختصر إلى غرفتك في الفندق في أثناء المحاضرات أو الندوات؛ فقط اختصر محاضرة أو ندوة أو مناسبة اجتماعية لهذا الغرض، أو تناول طعامك واختصر الحلويات، استسلم لقيلولة في بعض الأحيان.
- إذا كنت تستطيع ذلك سافر بالدرجة الأولى في القطار أو درجة الأعمال في الطائرة؛ الفراغ الإضافي يمثل فرقًا مهمًّا والضجة تكون عادةً أقل.
- الحمامات، أنصح بها القراء المتوترين بوصفها مكانًا للانسحاب من المحيط الغريب؛ فمقصورات الحمامات تُعد منطقة محمية، وبذلك تكون مثالية لأخذ نفس عميق من دون جمهور (بخاصة إذا كانت نظيفة وجيدة التهوية).
- سدادات الأذن توفر طريقة للهروب سمعيًّا؛ لذا احتفظ على الأقل بواحدة معك دائمًا فأنا أعرف بعض الانطوائيين الذين اتجهوا نحو سماعات أذن ذات تقنيات عالية (كما تعلم تلك السماعات التي تكتم الأصوات بفاعلية كبيرة)، وهم سعيدون جدًّا بها: لديك الهدوء والسكينة، وغالبًا الأشخاص لا يحاولون التحدث إليك إذا كنت تضع السماعات.

2. عرّف وقت السفر بوصفه مزيجًا من وقت للتواصل ووقت خاص بك.

بالطبع رحلات العمل مفيدة للقيام بالتواصل، ولكن حتى في مرحلة التخطيط تأكد من أن يكون لديك وقت للطعام وأوقات للراحة من دون اتصال، وهذا مهم لتجديد الطاقة. عندما أكون في رحلات عمل (ندوات) أتناول الطعام مع المشاركين مرّة واحدة على الأكثر، وألتقي مع المشترين أو المندوبين التجاريين أو الأصدقاء كل ليلتين. هنا نطبق المبدأ الذي ستجده في الفصل السادس حول العلاقات؛ النوعية بدلًا من الكمية.

أحيانًا يكون عليك الدفاع عن وقت الانفراد برفض القيام ببعض الأمور؛ مثلًا عندما يدعوك زملاؤك أو أعضاء الندوة أو أي شخص للخروج معهم لتناول الطعام أو لحضور أي مناسبة، اعتذر بطريقة لطيفة، ولكن مختصرة ولا تفسر كثيرًا، جرِّب أن تقول: لا ليس اليوم، ولكن أراكم غدًا، استمتعوا بوقتكم!

3. تجنب الأحاديث العارضة في الرحلات.

الانبساطيون يحبون الحديث في أثناء السفر مع الأشخاص الجالسين بالقرب منهم، وإذا كنت متعبًا، فهذا قد يؤثر بسرعة في أعصابك، وفوق كل ذلك سوف تشعر سريعًا أنك عاجزٌ عن مواجهة الموقف، ولكن يوجد شيء بسيط يمكنك القيام به فيما يتعلق بذلك: استعمل بعض الجمل البسيطة بحيث تكون واضحة ولطيفة، إذا أصبحت المحادثة مع المتحدث إليك فوق الاحتمال: إليك بعض الأمثلة:

- كانت محادثة جيدة، شكرًا لك (ثم انظر ثانيةً إلى الحاسوب أو إلى أي ورقة لديك).
- شكرًا لملاحظتك، والآن أرغب في معرفة كيف ينتهي هذا الكتاب.

• لنتبادل البطاقات، وأنا سأتصل بك حول هذه المعلومات.

أحيانًا تلتقي بأشخاص مثيرين في رحلاتك يمكنهم أن يصبحوا شبكة معارف. عليك أن تتأكد من تبادل بطاقات العمل في المناسبات السعيدة مثل تلك؛ حتى تبقى على اتصال بعد الرحلة.

نقاط أساسية باختصار *

1. الانطوائيون يمكنهم العمل ضمن فريق تمامًا مثل زملائهم الانبساطيين، على الرغم من استعمالهم لطرق مختلفة. هذا التنوع في المجموعة يمكن أن يثبت أنه مثمر.

2. حاجات الانطوائيين الخاصة - العمل من دون مقاطعة، أخذ الراحة بين الحين والآخر، التواصل باعتدال - يمكن أن يصلح في العمل باستعمال خطط محددة.

3. الأشخاص الهادئون لديهم مخزون كبير بوصفهم مديرين تنفيذيين، ويمكن تلخيص صفاتهم للنجاح في القيادة بأربع إستراتيجيات: بناء الثقة بالنفس، الانتباه التام للشخص الذي أمامك، التأكد من حصولك على رؤية شاملة جيدة، والعمل على مهارتك في الحوار ومعالجة الصراع.

4. من المهم في عملك أن تجعل إنجازاتك مرئية.

5. أي شخص هادئ يمكنه أن يظهر ذلك بالاتصال المتعمد؛ خمسة مبادئ تساعد على تطبيق ذلك: إبقاء رؤسائك على اطلاع، أسِّس أرضية لاتصالات مع رؤسائك و زملائك، أظهر ما يهمك، تحمل المسؤولية، امنح الآخرين صلاحيات.

6. كثير من الأشخاص الهادئين يفضلون استعمال البريد الإلكتروني على الهاتف بوصفه وسيلة للتواصل. المهاتفة مفضلة في بعض الحالات، وقد تتخلص عن طريقها من مقدار كبير من التوتر. والابتعاد عن الشخص الذي تتصل معه يجعل البريد الإلكتروني ممتعًا أكثر وينصح به في حالات محددة، ولكن يتعين عدم استعماله لتجنب الاتصال المباشر.

7. رحلة العمل تستهلك كثيرًا من الطاقة، ولكن يمكن جعلها أكثر إمتاعًا باتباع عدد قليل من الطرق البسيطة؛ من مثل قضاء الوقت وحيدًا أحيانًا، والتأكد من الحصول على وقت منفرد قبل المناسبات الاجتماعية وبعدها، والتعامل بثقة مع الأشخاص الذين تتحدث إليهم في الرحلة.

الجزء الثالث

كيف تجعل حضورك ملموسًا وصوتك مسموعًا؟

الفصل السادس

اختبر شجاعتك

كيف تكوِّن شبكة معارف وتستفيد منها؟

نحن الجنس البشري مخلوقات اجتماعية، ولهذا نستمر بلقاء الآخرين- ليس فقط لأنه توجد أمور يجب التحدث عنها أو القيام بها، ولكن لأننا وببساطة نحب أن نبقى على تواصل مع الأشخاص الآخرين من حيث المبدأ.

ليلى (40 عامًا) تحتاج إلى هذا النوع من المعلومات في عملها؛ إنها انطوائية ـ مرنة (الانطوائية التي يمكن التواصل معها اجتماعيًّا والتي التقيتها في الفصل الأول)، وهي تحب التعامل مع الآخرين. هي المسؤولة عن قسم العلاقات العامة والصحافة في شركة متوسطة الحجم، وتحب التعامل مع مجال واسع الطيف؛ مع الصحفيين كما مع الزملاء في قسمها.

ليلى تعمل لساعات طويلة مع أنواع كثيرة ومتكررة من المقاطعات؛ أشخاص يقفون أمام مكتبها ورنين الهاتف؛ لذلك هي تحب الاسترخاء في المساء وقراءة كتاب جيد، ولكن ذلك لا يحصل دائمًا؛ ففي عملها المشاركة في المناسبات وحضور اللقاءات الاجتماعية في المساء أمرٌ مفروغ منه، ومن الواضح تمامًا أهمية اتصالاتها غير الرسمية، لكنها ما زالت تشعر أنه بعد أمسيات من هذا

القبيل كانت تتحدث كثيرًا وتنجز قليلاً ، فقط مؤخرًا ـ في مؤتمر في سويسرا ـ وجدت أنه من المتعب ـ على وجه الخصوص ـ بعد يوم كامل من المحاضرات أن تتحدث في المساء إلى أشخاص لا تعرفهم؛ لقد بقيت لمدة ساعة ونصف الساعة، ثم عادت إلى غرفتها في الفندق وهي تعاني ضجرًا.

تنمية شبكة المعارف والمحادثات القصيرة

ليلى لا تستمتع كثيرًا بمعظم المناسبات الاجتماعية، ولاحظت أن الأحاديث القصيرة العادية تجعلها مجهدة، ولكن تحديدًا بعد المناسبات الإلزامية فإن الحديث مع الزملاء ورجال الأعمال (وكذلك الغرباء المثيرين للانتباه) يؤدي إلى اتصالات مريحة أكثر خلال أيام العمل. إن تنمية العلاقات أمر مركزي في الأحاديث القصيرة، حتى عندما تبدو أنها تدور حول الطعام أو مكاتب جديدة. وشبكة العلاقات الشخصية والمهنية لا تبنى من خلال برنامج رسمي لمناسبة ما.

صور التواصل الحقيقية تأتي من المحادثات مع الأشخاص الذين تجالسهم خلال استراحات احتساء القهوة أو تناول الطعام بعد انتهاء المحاضرات.

التبادل غير الرسمي للمعلومات

الأمر السخيف هو عندما يرتب الانطوائيون للقاء بعضهم ـ بعد كلمة افتتاحية طويلة ـ للإفطار أو عمل مؤتمر صغير في الممرات؛ الانطوائيون يفضلون استعمال هذا الوقت (غير الرسمي) للاستراحة بعد هذه الضجة، أو قد يفضلون السير وحيدين. وما برحت أوصي ـ في هذا الكتاب ـ بالحصول على استراحات قصيرة؛ وقت مستقطع، ولكن يجب استعمالها باعتدال، وإلا فإنها قد تتسبب بضرر شخصي: تُختبَر الآراء بمقابلتها بعضها ببعض في هذه

المناسبات غير الرسمية جميعها، وتُدرَس القرارات، وتُقام تحالفات؛ إنها بعيدة عن غرفة المؤتمرات وعن مكتبك الذي تظهر فيه مدى انسجامك مع فريق عملك، وستكسب موردًا من المعلومات لم يكن في وسعك الحصول عليه رسميًّا إلا بعد مرور وقت طويل، أو قد لا يحصل ذلك نهائيًّا.

بناء العلاقات مهارة مهنية مطلوبة.

بناء شبكة لعلاقاتك على طريقتك الخاصة

القدرة على استغلال المناسبات الاجتماعية، وإتقان المحادثات القصيرة وبناء الشبكات مهمة لكل من الانبساطيين والانطوائيين، ولكن يوجد اختلاف جوهري؛ الانبساطيون يحبون هذه الأنشطة كلها والإثارة الناجمة عنها، ولكن الانطوائيين يجدونها مرهقة كما يرون أن الأحاديث القصيرة يعوزها الإمتاع (انظر سابقًا). كل شبكة يجب أن تتم تنميتها، وتوسيعها وأحيانًا إصلاحها كذلك لتصبح مناسبةً لما وجدت له، وهذا يتطلب قدرًا من الأفق والاستثمار في الوقت والطاقة، وقد يكون المال مطلوبًا أيضًا، ولكن يمكن للانطوائيين أيضًا الاستثمار بنجاح والاستمتاع بذلك علمًا أنهم يديرون شبكاتهم بطرقهم الخاصة، هذا يعني بوضوح أن الشبكات للأشخاص الهادئين تختلف من حيث النوعية والأهداف، والانطوائيون مثل ليلى غير معنيين بالتحفيز؛ إنهم لا يفرحون بتناول طعام الغداء بمفردهم فحسب، ولكن في الحقيقة يستمتعون بالوقت مع أنفسهم، ولا يحتاجون إلى دائرةٍ واسعةٍ من المعارف أيضًا، ولكنهم يقنعون بعدد قليل من الاتصالات الجيدة؛ ما هو مهم بالنسبة إليهم هو نوعية العلاقة: أن تكون طويلة الأمد وذات معنى شخصي لهم.

التواصلات التي يقدرها الانطوائيون غالبًا يجب أن تكون طويلة الأمد وذات معنى، والنوعية أكثر أهمية من الكمية.

هناك نوع من الشبكات يجدها الانطوائيون ممتعة، وهي تلائم ما يفضلونه علاوة على أنها مختلفة عن نوعية التواصل التي يفضلها الانبساطيون. هذا الفصل يتعامل مع هذا النوع الخاص من شبكات الانطوائيين.

تنمية التواصل: الشبكات

الشبكات تغطي كل ما هو مهم لموضوع التواصل: نحن نعيش جميعًا في شبكة من العلاقات الخاصة والمهنية؛ نحن نعرف الناس والناس يعرفوننا، ونلتقي أُسرًا وفي أوساط الأصدقاء وفي النوادي الرياضية وفي مجموعة اعتيادية في جمعية مهنية وفي المؤتمرات، والشبكات تحصل طالما أنك لست وحيدًا: في احتفال عائلي، وفي حفلة، وعندما ننتظم في طابور لدفع الفاتورة عند الشراء. للاختصار أنشطة الشبكات كلها تدور حول بناء التواصل وتنميته عن وعي.

مكان لتبادل المعلومات

الشبكات ليست مجموعة أو نادي مؤتمرات (على الرغم من وجود معاهد من الصعب أو من المستحيل الدخول إليها). مبدئيًّا توجد مواقع ضخمة حيث يمكن تبادل المعلومات؛ فنحن نعيش في عالم لديه كثير ليقدمه لنا، وكذلك يتطلب منا اتخاذ كثير من القرارات؛ لهذا نكون سعيدين عندما نستمع لأشخاص يسهلون علينا اتخاذ تلك القرارات؛ مثلًا، عندما نبحث عن طبيب، أو محاسب، أو مصمم جرافيكي أو جليسة أطفال جيدة. هذا ينطبق على الأشخاص المسؤولين عن التوظيف: خبيرة الشبكات مونيكا شيرن Monika Scheddin قدّرت أن 85% من تعيينات الوظائف الإدارية جميعها تتم بوساطة المعارف؛ بمعنى آخر تذهب لأشخاص معروفين جرت تزكيتهم.

لذلك ما نتحدث عنه هنا هو لقاءات مع أشخاص ترتبط بهم، وتبقى مرتبطًا بهم طوعًا. أحيانًا يتم تنظيم هؤلاء الناس وربطهم ببعض عن طريق مصلحة مشتركة؛ مثلًا لمجموعة تمثل اهتمامًا معينًا أو في نادٍ رياضي، ولكن الشبكات غالبًا ليست منظمة رسمية؛ مثلًا مجموعة من الجيران أو أصدقاء من الجامعة يلتقون مرة كل عام. الانبساطيون والانطوائيون -على حد سواء- يستفيدون إلى حد ما من التواصل القريب عن طريق الشبكات؛ إذ يمكن للشبكات أن تقدم التوجيه (الوصول إلى معلومات، إمكانية مهنية، مزيد من الدعم والتدريب، مقارنة مع زملاء، نصائح وتغذية راجعة من أشخاص منافسين لهم العقلية نفسها) أو منابر (إنشاء تعاون وشبكة تواصل تجارية، تجعل أداءك الشخصي مرئيًّا).

الاستفادة من الشبكات

الشبكات يمكنها أن تقلل من بعض الضغط عن طريق تهدئتك في مشروع يتجاوز مهارتك الأساسية، أو ترتيب مجموعة مجالسة أطفال. جودة كثير من الشبكات يمكنها أن تضيف إلى جودة حياتك عن طريق توفير الأنشطة الرياضية والترفيهية المشتركة، حتى إن كان لها ارتباط بعملك: من لعب الغولف إلى تسلق الجبال ومن مجموعة السفر أو الأمسيات المريحة مقابل النار إلى المشاركة في أنشطة الطهي.

يوجد أمر مشترك في أنشطة الشبكات جميعها؛ إنها توفر فائدة مشتركة للمشاركين الفاعلين كافة.

السؤال الأساسي: كيف يمكنك بوصفك إنسانًا هادئًا أن تتواصل بطريقة تناسبك وتمكنك من الإفادة من نقاط قوتك؟

هناك كثير من التوجيهات الذكية لموضوع الشبكات، وأريد هنا أن أطرح سؤالًا ثانيًا: كيف يمكنك بوصفك شخصًا هادئًا أن تتواصل مع الانتباه إلى نقاط قوتك وحاجاتك؟ بمعنى آخر بطريقة تناسبك. هنا سوف ألتزم بالخطوات التي تقدم إجابة لهذا السؤال، ويمكنك أن تضع خططك الخاصة بك في الوقت نفسه: سوف تجد أسئلةً بعد كل خطة تقودك خطوة فخطوة نحو أنشطة الشبكات الخاصة بك شخصيًّا.

الخطة الأولى: ضع لنفسك أهدافًا محددةً وواضحة.

مهاراتك التحليلية (القوة السادسة) سوف تساعدك عندما تخطط ولديك غاية محددة في عقلك، ولكنها سوف تجعل الأمور تقتصر على الضروريات (القوة الثانية؛ الجوهر) وقدرتك على التركيز (القوة الثالثة).

سؤالان لك ؟

1. ما الأهداف التي تريدها من أنشطة الشبكات؟

أهداف خاصة	أهداف مهنية
هوايات (بما فيها الرياضة)	التواصل مع الزملاء
تخفيف العبء (أي الدعم)	مشاركة المعلومات
التطور الشخصي	المساعدة، تدريب إضافي
مشاركة الخبرات	المقارنة مع الآخرين
مثير جديد	إمكانية عمل جديد

2. أي من الشبكات مهمة لك؟

ضع إجاباتك بدقة قدر الإمكان.

الشبكات الخاصة	الشبكات المهنية
(مثلًا: المجتمعات، والمبادرات، والأصدقاء)	(مثلًا: المنظمات، والنوادي، والزملاء المقربون)
....	....
....	....
....	....
....	....

الآن حاول أن تضع جدول ترتيب: ضع أرقامًا للشبكات التي دوَّنتها في كل عمود على نحو منفصل بناءً على أهميتها؛ بحيث تحصل الأكثر أهمية في الشبكات الخاصة والمهنية على الرقم 1، ثم يليها الرقم 2، وهكذا...

عندما تنتهي من ملء الجدول بإجاباتك، سوف تعرف ما يستحق أن تستثمر فيه طاقتك ومواردك الأخرى.

الخطة الثانية: عرِّف مواردك.

بوصفك شخصًا هادئًا أنت مدرك تمامًا أن للموارد المهمة في الشبكات حدودًا؛ لذلك الأكثر أهمية بالنسبة إلى الخطة الثانية أن تتخذ قرارًا حيال الوقت والطاقة الذين تريد استهلاكهما، وعلى ماذا؟

إليك سؤالين إضافيين ؟

1. أي من الموارد الآتية يمكنك الاستثمار فيها في أنشطة الشبكات الخاصة بك وترغب في الاستثمار فيها؟

الشبكات الخاصة	الشبكات المهنية
الوقت:	الوقت: ....
(يوميًّا/ أسبوعيًّا/ شهريًّا؟)	(يوميًّا/ أسبوعيًّا/ شهريًّا؟)

أنت بحاجة إلى الوقت من أجل أمور معينة مثل حضور مناسبة، وتنمية اتصالات، والاتصالات والمشاركات (الفخرية).

نقود:	نقود: ....
(يوميًّا/ أسبوعيًّا/ شهريًّا؟)	(يوميًّا/ أسبوعيًّا/ شهريًّا؟)

أنت بحاجة إلى النقود لأمور محددة مثل دفع رسوم عضوية، ومصروفات للسفر، وللمأكل وللمسكن وكذلك دفع رسوم الحضور.

2. الآن حدد الأمور بمزيد من الدقة: ما نسبة وقتك ومالك الذي تريد استثماره في كل شبكة؟

تحت عنوان (استعمال) وضح تمامًا لماذا سوف تستعمل كلًّا منها. عند هذه النقطة عليك أن تأخذ في الحسبان الأولويات التي دونتها في الخطة الأولى1. (سؤال 2): كلما زادت أهمية الشبكة يتعين عليك زيادة الموارد المستثمرة.

الشبكات الخاصة	الشبكات المهنية
شبكة:	شبكة: ....
استعمال:	استعمال: ....
وقت:	وقت: ....
نقود:	نقود: ....

الشبكات الخاصة	الشبكات المهنية
شبكة:	شبكة: ....
استعمال:	استعمال: ....
وقت:	وقت: ....
نقود:	نقود: ....
شبكة:	شبكة: ....
استعمال:	استعمال: ....
وقت:	وقت: ....
نقود:	نقود: ....
شبكة:	شبكة: ....
استعمال:	استعمال: ....
وقت:	وقت: ....
نقود:	نقود: ....

اتخاذ قرار بشأن استعمال الموارد

ثمة نقاط قوية مثل التحليل، الجوهر، التركيز سوف تمكنك من تحقيق الخطتين في البداية في أنشطة الشبكات بنجاح من دون الحاجة إلى بذل جهد مفرط: اتخذ قرارًا بشأن مواردك وكذلك كيف تفضل طرحها. عندما تطبق خططك من المحتمل أن تغير مواضع أولوياتك، أو قد تستعملها استعمالًا مختلفًا عما خُطط له. كل منها لا بأس به؛ الشيء الأهم هو أن يكون لديك خطة رئيسة تكون منطقية بالنسبة إليك، وقبل كل شيء سوف تمنحك بعض الأفكارحول خطوات محددة يمكنك اتباعها في ترتيب اتصالاتك.

لننتقل إلى إستراتيجيتين تأخذان في الحسبان كيف تحب أن تتواصل بوصفك شخصًا هادئًا.

الخطة الثالثة: تقديم الأشخاص الذين تعرفهم بعضهم إلى بعض مَكِّن الآخرين من الاستفادة من بعضهم.

اسمحوا لي أن أكرر القول: إن أغلب الأشخاص الهادئين يفضلون التحدث إلى شخص أو اثنين بدلًا من التحدث إلى مجموعة. خططهم تتضمن الحذر (القوة الأولى).

إن الخوف أو القلق (العقبة الأولى) وهو في شكله المقيد قد يجعل إنشاء اتصالات مع أشخاص مجهولين تمامًا تبدو خبرة غير مريحة؛ وعليه فإن الخطة الثالثة تأخذ في الحسبان هذا الميل، وهي بسيطة كما هي مجدية: قدم أشخاصًا من دائرة معارفك بعضهم إلى بعض إذا كنت تعتقد أن لديهم أمورًا يتبادلونها، ويمكنهم الاستفادة بعضهم من بعض.

حقق لنفسك صيتًا طيبًا من خلال الوساطة.

تواصل من خلال وسائط التواصل الاجتماعي (انظر فيما بعد في هذا الفصل) وفي المحادثات عندما يحقق أو ينشر أحد المتواصلين معك أمرًا مهمًّا: قد يكون كتابًا، مقابلة، أو تكريمًا مثل الحصول على جائزة؛ فهذا يجعلك تتعرف إليهم بصورة أفضل. أما إعداد مرجع إيجابي للآخرين والتأسيس بفاعلية للتواصل، فيعني أنك تقدم انطباعًا إيجابيًّا أيضًا؛ إذ إنك تحقق فوائد للأشخاص ذوي العلاقة، وتصبح مرئيًّا بوصفك إنسانًا يثير الاهتمام بالآخرين، ويحقق مصالحهم؛ هذه شبكات متقدمة بارعة.

التخطيط لمحاولاتك الست الأولى على صعيد الوساطة.

سؤال آخر لك ؟

أي الأشخاص يمكنك أن تجعلهم يتواصلون مع بعضهم؟

الشبكات الخاصة	الشبكات المهنية
من:	من: ....
مع من:	مع من: ....
لماذا:	لماذا: ....
من:	من: ....
مع من:	مع من: ....
لماذا:	لماذا: ....
من:	من: ....
مع من:	مع من: ....
لماذا:	لماذا: ....
من:	من: ....
مع من:	مع من: ....
لماذا:	لماذا: ....

الخطة الرابعة: اطلب إلى معارفك أن يعرفوك إلى شخص معين.

هذه الخطة تكمل الخطة السابقة ومبنية على المبدأ نفسه؛ إنها ببساطة أن تطلب إلى أشخاص تعرفهم تقديمك إلى شخص ترغب في لقائه، وهذه الخطة تجدي نفعًا مع أشخاص رفيعي المستوى من الذين يتقرب إليهم كثير من الناس. إن معرفة مشتركة يمكنها فعل العجائب هنا. ويمكنك الإسهام في الأمور الناجحة عن طريق التفكير بطرح موضوع جيد للانضمام إلى محادثة. سوف تجد اقتراحات حول ذلك في قسم الاتصالات: انتبه للاحتياجات فيما بعد في هذا الفصل.

سؤال آخر لك ؟

أي الأشخاص يجب أن تتعرف إليهم؟ ومن يمكنك أن تطلب منه تقديمك إليهم؟

الشبكات الخاصة	الشبكات العامة
من:	من: ....
الشخص الذي يقوم بالتقديم:	الشخص الذي يقوم بالتقديم:
....	....
لماذا:	لماذا: ....
من:	من: ....
الشخص الذي يقوم بالتقديم:	الشخص الذي يقوم بالتقديم:
....	....
لماذا:	لماذا: ....
من:	من: ....
الشخص الذي يقوم بالتقديم:	الشخص الذي يقوم بالتقديم:
....	....
لماذا:	لماذا: ....

الخطة الخامسة: كن ثابتًا.

الشبكات الجيدة تنمو بميزة واحدة: الثبات أو (الإصرار)، وهذا يعني أمرين على النحو الآتي:

المثابرة على ممارسة النشاط

أولًا عليك أن تكون نشطًا في الشبكة لمدة طويلة؛ عندها فقط تصبح مطلعًا على الميزات الحقيقية، وسوف تثمر جهودك في العلاقات، وقد يستغرق ذلك منك عامًا أو عامين (يعتمد ذلك على مدى تكرار اللقاءات) في الشبكات التي تعتمد على اللقاءات الشخصية بدلًا من اللقاءات بوساطة وسائل التواصل الاجتماعي لترسخ نفسك بوصفك عنصرًا فاعلًا، وتبني اتصالات دائمة وموثوقة، بشرط أن تكون عضوًا نشطًا، فالأعضاء غير النشطين لا ينشئون اتصالات؛ لذلك استمر: إصرارك (القوة الثامنة) سوف تساعدك هنا.

تدوين الشبكات

ثانيًا، الثبات يعني بناء شبكة تواصلك بصبر ثم تنمية هذه الشبكة، وهذا يتضمن التواصل مع أشخاص تجدهم مهمين في شبكة محددة، وهذا بدوره يتطلب منك الاحتفاظ بسجل للمناسبات التي حضرتها: بمن التقيت؟ ما الذي وجدته مثيرًا للانتباه؟ ما المعلومات عن الشخص الذي تكلمت إليه والتي تريد الاستفادة منها؟

كثير من الشبكات المجربة تستعمل الحاسوب لجمع هذه المعلومات: يمكن القيام بذلك عن طريق الإنترنت؛ مثل: (Linkedin)، مع إنه يمكنك أن تدرج في قائمة أسماء الأشخاص النشطين هناك مع معلومات التواصل. ويوجد كثير من برامج إدارة التواصل والتطبيقات التي يمكنك الاستفادة منها، وبعض برامج البريد الإلكتروني تقدم خيارات لإدارة الاتصالات.

باختصار: يمكنك أن تجرب ما يعجبك

من هنا يمكنك أن ترى أن الجهود الإدارية المطلوبة ليست بلا حدود؛ إن اهتمامك الرئيس بالإستراتيجية الخامسة هو التفكير التحليلي المنظم (القوة السادسة) والإصرار (الثبات) الذي ذُكر سابقًا.

مزيد من الأسئلة ؟

1. وضح مدى دقة تسجيلك للاتصلات التي تريد إنشاءها وتنميتها حتى الآن.
2. ما الذي تحتاجه لتنمية اتصالاتك بصورة أفضل؟
3. كيف يمكنك الحصول على المساعدات اللازمة؟
4. ما المدة اللازمة لك للتعامل مع التغيرات الضرورية؟

الآن وصلنا إلى نهاية هذا الجزء؛ لديك أول خطة لك وسوف تساعدك على التواصل بإيجابية وهدوء من الآن فصاعدًا. ابدأ بتجربتها قريبًا!

الاتصالات: الجانب القوي للأشخاص الهادئين

إستراتيجيات اتصال هادئة

لدى الأشخاص الهادئين قوى محدودة تجعل تعاملهم مع الآخرين سهلًا وممتعًا؛ هذه القوى تُعد أساسية في التعامل الاجتماعي- في الوقت نفسه أفضل نقطة انطلاق لشرح إستراتيجية التواصل التي تناسب الأشخاص الهادئين بصورة خاصة، والأمر هنا أننا جميعًا جيدون في الأمور التي نجدها سهلة. لنلقِ نظرة سريعة على الأمور التي يتقنها الأشخاص الهادئون عندما يتعاملون مع الآخرين.

القوة الرابعة: الاستماع

يساعد على إبقاء أذنيك مفتوحتين

أن تكون قادرًا على الاستماع: هذه إحدى أهم نقاط قوة الأشخاص الهادئين في النقاشات. يعتمد الأشخاص الهادئون أقل من نظرائهم الانبساطيين على

ردة الفعل، والتأكيد من الأشخاص الذين يتحدثون إليهم، ولكن الانطوائيين يحبون جمع الانطباعات والمعلومات، أما أفضل طريقة للقيام بذلك فهي في إبقاء آذانهم مفتوحة (الاستماع الجيد).

إذا كان هناك من يستمع فهذا رائع للشخص الذي يتحدثون إليه؛ فالاهتمام قد حصل، ولهذا فإن هناك فضاءً يمكن أن يعبروا من خلاله عن أنفسهم من دون الإحساس بالضغط (التوتر). لقد جرى استيعاب كل ما يقولون.

يحب الانبساطيون ترتيب أفكارهم في أثناء حديثهم (في حين أن الانطوائيين يفضلون استعمال الأفكار التي تم التفكير فيها بعناية وصياغتها بدقة)، هذه اليقظة (الانتباه) تقدم قدرًا جيدًا لهم كما تقدم لانطوائي آخر قد يكون هو من يتحدثون إليه، والذي يمكنه أن يعبر لمرة واحدة عن نفسه من دون الإحساس بالضغط.

الاستماع الحقيقي يعزز الحضور

الاستماع متعدد الأنماط. الأفضل بينها عندما يكون المستمع كله آذانًا صاغية بطريقتين: أولًا، في أحسن الحالات عندما يكون الشخص غير متحيز، ولديه الفضول حول ما يقوله المتحدث. بكلام آخر، لا يسمح لنفسه أن يكون مقيدًا لافتراضات مُعدة سلفًا أو لصورة نمطية علاوة على أنه لا يضجر. ثانيًا، المستمع لا يحاول وضع ما يريد قوله لاحقًا في أثناء حديث الشخص المتكلم، وهذا النوع من اليقظة (الانتباه) يظهر واضحًا عند الاستماع وتعمد التواصل البصري الجيد، ولكن لا يمكنك اصطناع هذا النوع من الانتباه في أثناء الاستماع على المدى الطويل: الاستماع الحقيقي يعطيك حضورًا ويكسبك ثناءً كبيرًا، وهذا أكثر بكثير من خطة لغة الجسد. تعلَّم أن تقرَّ بحقيقة أن لديك هذه القوة: كثير من الانبساطيين يبذلون جهدًا كبيرًا للحصول عليها.

ليلى التي التقيتها في بداية هذا الفصل، ليست مطلعة حقيقة على قوة الاستماع لديها حتى الآن، وقد أصبحت في هذه الأثناء ماهرة في تعمد إدخال ما سمعته في ما تقوله هي نفسها؛ إنها تفعل ذلك باتباعها نقاط الاهتمام، أو بأخذ الأمور في حسبانها بصورة فاعلة. اكتشفت ليلى أن هذا يجعلها تعقد محادثات واتصالات أكثر تركيزًا أيضًا!

إليك بعض الأمثلة لتساعدك على توظيف الأمور التي تسمعها لإنشاء اتصالات.

من الاستماع إلى تبادل حقيقي لوجهات النظر:
عينة من الجمل البسيطة لمستمعين فاعلين

1. لقد ذكرت للتو (أنك نظمت مؤتمرًا في الرياض مع هذه الشركة). ما مدى سعادتك بذلك؟
2. سأعيد التفكير برمته حول (مؤتمرنا في الرياض) ـ الآن بعد أن قدمت مثل هذه القضية المقنعة للشركة.
3. استمر بالعودة إلى ما قلته: (في الواقع إنه مهم جدًا أن تبدأ بالتخطيط لسنة كاملة سلفًا)؟

القوة الخامسة: الهدوء

يقال إن الهدوء ينبوع للقوة، وهذا ينطبق على الحديث القصير أيضًا؛ من السهل على الأشخاص الهادئين أن يعانوا أو على الأقل أن يشعروا بعدم الراحة في محيط مزعج وكثير الحركة (قلق)، أو عند التعامل مع أشخاص عصبيين.

الوجه الآخر لهذه العملية هو أنهم هم الأشخاص الذين يبثون الهدوء في اللقاء، ويوجدون المناخ المثالي لتبادل وجهات النظر بارتياح. الانطوائيون

الهادئون يمكنهم إتاحة فضاء للاستماع والتعليق والتحدث عن طريق تهدئة سرعة عملية التواصل.

النظر إلى الهدوء بوصفه أمرًا إيجابيًا

إذا كان عليك فعل ذلك، فمن الضروري أن ترى الهدوء بوصفه جانب قوة: إذا كنت تعتقد بوصفك شخصًا هادئًا أن الحديث السريع نهج مُجْدٍ لإثارة القضايا أو أن الكثير من الإشارات هي ما يمكن أن تسعى إليه (وهذه بالمناسبة عادةً أنماط السلوك الانبساطي كلها)، فمن الصعب أن ترى سلوك الهدوء لديك على أنه أمر إيجابي على وجه الخصوص.

سوف أزودك ببعض البراهين لجعلك تعتقد أن نهج الهدوء للحديث القصير شيء إيجابي.

البقاء هادئًا دليل الثقة والاتزان

من خلال تكريسك وقتًا لتبادل الحديث والإقناع، أنت تظهر أنك تعطي نفسك المكان الضروري للمناورة، ولا تضع نفسك تحت الضغط، إذ يتفق خبراء إشارة الحالة على أن الأشخاص الهادئين يُبْدُون الثقة والاتزان وقبل كل ذلك المكانة المرموقة.

عليك أن تبدو موطد العزم

للحصول على هذا التأثير الكبير، من الضروري أن يكون كل ما تفعله وتقوله عندما تناقش الأمور مع الآخرين قاطعًا مؤكدًا. هذه طريقة طبيعية للسلوك عندما يكون لديك الهدوء الداخلي الحقيقي، وهذا يعني أن حركاتك كلها ـ سواء أحركات عينيك كانت أم يديك أم قدميك لها بداية ونهاية وتبدو موجهة. أنت تتحدث بجمل كاملة، وتعطي الانطباع بأنك تعرف تمامًا ماذا تريد أن تقول. أن تكون هادئًا يريح الشخص الذي تتحدث إليه.

يجد الانبساطيون أن جذب الانتباه عندما يتحدثون عن الأمور عمل سهل، ولكن في معظم الحالات هم ليسوا كذلك على الأغلب؛ (إذا أردت أن تختبر الأغلبية الساحقة من الناس الانبساطيين، أنا أوصي بأحداث التلفاز). بوصفها قاعدة سوف تجد نحو 30%- 50% من الناس تقريبًا يميلون نحو الانطواء في المناسبات الاجتماعية؛ إنهم يجدون أن الحديث مع انطوائيين آخرين مريح جدًّا: تتحدث إلى أشخاص لا يشعرون بالضغط عندما يتبادلون الآراء، حتى إنهم مستعدون للانتظار عندما يتوقفون للتفكير أو للبحث عن كلمة. ألا تجد ذاتك في المضمار نفسه؟ في الثقافات الغربية، التوقف القصير عن الكلام على الأرجح هو أكثر مصادر الحديث التي لا تحظى بتقييم منصف.

تخليص الموقف من عوامل الضغط

كثير من الناس يجدون أن الأحاديث القصيرة مجهدة، ويشعرون بشيء من عدم الارتياح مع أشخاص لا يعرفونهم في المناسبات الاجتماعية. انطوائيون آخرون -بصورة خاصة- وكذلك كثير من الانبساطيين يشعرون بالسعادة عندما يكون شخص مثلك قادرًا على إدارة محادثة بهدوء وثبات. ومع شيء من التوقف؛ فإن الهدوء هو الأسلوب الممتع لشخص انطوائي، ويمكنه أن يولد إحساسًا بالراحة والهدوء عند تبادل الآراء، ويرفع الضغط عن الموقف للمعنيين بالأمر جميعهم.

بهذا يستفيد الانبساطيون من الأحاديث الهادئة، فهي توفر أرضية للشرح، والحديث والأداء، ومن المهم لك عندما تتعامل مع الانبساطيين أن توضح -بصورة خاصة- أنك تستمع: بالحركة حول عينيك أو فمك، بالإيماء، بقليل من الضوضاء وبأسئلة هادفة ولها معنى، كذلك كن حذرًا في الإبقاء على التواصل البصري.

البقاء هادئًا يوفر الطاقة

ميزة (الهدوء) الثالثة هذه تجلب لك فائدة شخصية؛ إذا كنت تجد صعوبة في التواصل مع الآخرين في المناسبات الاجتماعية بوصفك شخصًا انطوائيًّا، فإنها ميزة ملموسة لتوفير الطاقة ذات القيمة بالنسبة إليك.

تركيز الطاقة

الهدوء الداخلي يساعدك على القيام بذلك؛ يمكنك تقليل السرعة والضغط عندما تتحدث للآخرين، ويمكنك الإبقاء على الأمور على حالها لمدة أطول، وذلك خير لك من أن تتصرف من دون هدف، أو تحت الضغط أو على نحو شديد الاهتياج. وتكون أيضًا في وضع أفضل لتركيز طاقتك على (القوة الثالثة)؛ التركيز على الأشخاص وعلى الموقف الذي حدّدته على أنه مهم أو ذو قيمة.

سؤال من أجلك !

كيف تستفيد من هدوئك الداخلي في المناسبات الاجتماعية؟

تأكد أنك هادئ قبل الانخراط في المناسبة الاجتماعية: ما يصادفنا هو بسبب ما نشعر به، وليس بسبب الانطباع الذي نريد أن نُخَلِّفَهُ.

خطة ملموسة:

1. خذ نفسًا عميقًا استعدادًا وكذلك في أثناء الحدث. أتِح لنفسك ولمن تتحدث إليه توقفًا لأخذ نفس عميق عندما تتحدث عن أمر مهم.

2. استعمل نغمة الهدوء في تنفسك لجعل صوتك يبدو هادئًا أيضًا؛ هذا سوف يظهر في ناحيتين بصورة خاصة؛ أولًا: في

معدل سرعة حديث مناسبة؛ ليست سريعة لكنها مجدية بما فيه الكفاية. ثانيًا: بنغم عميق في المجال الصوتي الخاص بك؛ التحدث بصوت عميق يولد تأثيرًا بالراحة والثقة.

3. اجلس أو انهض بحيث تشعر بشد مريح في عمودك الفقري.

4. تعمد إرخاء كتفيك، ومرفقيك وركبتيك.

5. وظف هدوءك الداخلي في الإبقاء على تواصل بصري مريح؛ انظر إلى الشخص الآخر بطريقة لطيفة وهادئة. هنا سيكون مريحًا لكلا الطرفين ألَّا تثبت عينيك في نقطة محددة على وجه من تحدثه. أتِح في المجال لعينيك لكي تتحركا بين الحاجبين والطرف العلوي من الأنف.

الإستراتيجية العقلية الأولى: إنه اختيارك!

تذكر أنك تأخذ قرارًا واعيًا، وخيارًا: أنت تقرر أن تكون في هذا الحدث، وتقرر مع من سوف تتحدث وإلى متى، وأنت من يقرر متى ستغادر لن يتوافر من يعد عدد مرات التواصل أو يراقب ما تفعله ضمن مجرى الأمسية؛ فالتفكير بهذه الطريقة سوف يجعلك تتصرف بثقة وليس كمن دُفع إلى ذلك، وهذا السلوك العقلي سوف يعطيك الإحساس بالهدوء الحر حتى قبل الحدث. أنت مسؤول عن القرارات وتعلم أين تأخذك، وبقيامك بذلك فإنك ترسل إشارات للآخرين تفيد بأنك تعلم تمامًا ما تقوم به، وهذا سيكون له تبعات إيجابية على الآخرين وعلى تقديرك لنفسك.

الإستراتيجية العقلية الثانية: أنت فقط من يحدد الأهداف.

حدد أهدافًا نهائية لنفسك، ثم تابعها خلال الحدث. هذا سوف يحدد ما ما تقوم به، ويؤكد أن هدوءك يبدو واثقًا ومقدرًا تقديرًا

عاليًا. ولكن، يوجد شرط واحد؛ يجب أن تكون الأهداف جذابة وقابلة للتطبيق؛ لذلك لا تثقل على نفسك بأي شيء متعب جدًّا لك و/ أو لا يبدو أنه يستحق هذا العناء.

للتوضيح، إليك الأهداف التي وضعتها ليلى لنفسها لاتباعها في المناسبات في حياتها المهنية:

1. أتكلم مع ثلاثة غرباء يتركون عندي انطباعًا مفرحًا.
2. أبحث عن خبير بما أقوم بالعمل عليه حاليًّا، وأسأل عن أمرين يثيران قلقي حياله.
3. ألتزم بذلك لمدة ساعتين والناس تراقب بقدر ما أريد في هذه الأثناء.
4. أنهي المحادثة بطريقة لبقة عندما تسبب لي إجهادًا كبيرًا.

لذلك يمكنك أن ترى أن الهدوء يجلب كثيرًا من القوة، ولكن لديك ميزات أخرى بوصفك شخصًا هادئًا يجري أحاديث قصيرة، وفي وسط اجتماعي عام. إليك نقطة القوة الآتية التي قد تكون مشتركة مع أشخاص هادئين آخرين.

القوة السادسة: التفكير التحليلي

تنعقد الأحاديث بعمق

الأشخاص الهادئون يمضون وقتًا طويلًا في فحص الملاحظات مقابل ما يحدث في عقولهم، وهذا يؤدي بهم في مرحلة باكرة إلى التعود على تنقية ما يرونه ويسمعونه ثم تقويمه ـ مع التأثير الجانبي المفرح المفضي إلى أن كثيرًا من الأشخاص الهادئين لديهم قوى تحليلية قوية، أو لنكن أكثر دقة،

هؤلاء الأكثر شهرةً منهم (يساريو الدماغ) كما ذكرنا في الفصل الثاني، وهذا مهم ليس في المجال الأكاديمي والرقابي فحسب ولكن في الأحاديث القصيرة أيضًا. إذا تمكنت من تعريف النقاط الأساسية وأنماط الأحاديث بسهولة، فستجد أيضًا سهولة في تطوير المحادثة من حيث النقطة التي وصلت إليها، ومن حيث الشخص الذي تتحدث إليه، وفي تقويم المعلومات تقويمًا هادفًا في عدد من مجالات الموضوع.

من حيث المبدأ، كل محادثة غير رسمية تشارك فيها في المناسبات الاجتماعية تقع ضمن ثلاثة مستويات تشكل نوعًا من البناء عندما تؤخذ معًا، لذلك فإن معرفة كل مستوى منها سوف يمكن نهجك التحليلي من التعامل معها تعاملًا مناسبًا.

تحليل الأحاديث القصيرة (1): المستويات ووظيفتها

الأحاديث القصيرة لا تلزمك بأي شيء؛ سوف يكون واضحًا من البداية سواء لك أو لمن تتحدث إليه الاهتمام بمتابعة الحديث، وهذا يعتمد في المقام الأول على الانسجام، وإن لم يكن هناك انسجام فليس الأمر مهمًّا: يوجد كثير من الأشخاص الذين يمكنك التحدث إليهم في المناسبات الاجتماعية. ثانيًا، متابعة الحديث أو عدم متابعته، يعتمد أمرهما على وجود شيء ليقوله كل منكما للآخر. هنا يمكنك إطلاق بداية جيدة مع الانتباه إلى الأساسيات. الأسئلة اللاحقة تساعدك على إطلاق بداية جيدة.

أسئلة افتتاحية

1. ما المشترك بيننا في هذه الحالة؟ كلانا نشرب العصير، ما رأي الشخص الآخر في هذا العصير؟

2. ما المهم في المناسبة؟ هذه أول حفلة سمر لي: زميلي سوف يتزوج، كيف يعرفه الشخص الذي أتحدث إليه؟

3. ما الذي أحب أن أعرفه؟ رحلة العمل إلى سنغافورة مثيرة؛ ولكن، ما أفضل طريقة للذهاب إلى المطار بعد المؤتمر غدًا صباحًا؟

حالما تنجح في التفكير بفكرة جيدة باستعمال هذه الخطة، خذ زمام المبادرة وابدأ بالحديث. الميزة في هذا أنه ليس عليك أن تتصرف بسرعة تجاه ملاحظات الآخرين، ولكن تولَّ الأمور بنفسك، وبموضوع يناسبك أنت.

لا تبدأ بصيغة مبتذلة

«حسنًا كيف حالك؟» على الأغلب هي أكثر نقطة بداية للأشخاص الذين يعرفون بعضهم. إذا بدأ شخص ما بهذا السؤال، فتجنب السخافات (جيد!)، (ليس على ما يرام)، وأجب بطريقة إيجابية ومحددة بدلًا من ذلك؛ ففي أحسن الحالات ما تقوله سوف يؤدي إلى تغيير حقيقي وسعيد؛ لذلك قل شيئًا مثل «أفضل لأنني رأيتك»، أو ببساطة «نحن لم نتقابل لسنوات».

الجزء الأوسط

في الجزء الأوسط تحتاج إلى إبقاء الحديث مستمرًّا؛ بحيث يصبح ممتعًا ومجديًا لكل منكما؛ المتحدث والمستمع، وهذا لا يعني أن تستأثر بالحديث كله؛ استمع (هذه نقطة قوتك القادمة: انظر المادة اللاحقة)، أو اطرح أسئلة مفتوحة مع إظهار الاهتمام. بعبارة أخرى: أسئلة إجابتها ليست (نعم) أو (لا).

نماذج لأسئلة مفتوحة: ما أفضل طريقة لـ....؟ ماذا حدث فيما بعد...؟ أين يمكنني أن أجد...؟ أين يمكنني أن أبدأ...؟ الاختيار الموفق للأسئلة سوف يجلب المحادثة، وإذا استعملت نمطًا بسيطًا لتنقية ما يقوله الشخص المقابل

لك، فستجد سهولة في إبقاء المحادثة مستمرة إذا أردت ذلك. اسأل نفسك ماذا يمكنك أن تتبنى من ملاحظات الشخص المقابل لك لتحريك الأمور إلى الأمام أو لتغيير الموضوع.

يمكنك تغيير الموضوع عن طريق تقديم جمل مثل: «كما ذكرت قبل قليل...» «على نحو ملائم...»

عليك أن تتأكد في الجزء الأوسط من أنك تسهم بتعليقاتك وتولد انطباعات: أنت تجري حديثًا، لا مقابلة عمل.

إنهاء المحادثة

المحادثة غير الرسمية يمكنها أن تكون قصيرة أو طويلة، والأهم في هذه الأمور أنه يمكنك إنهاؤها متى تشاء، وهذا يعطي راحة كبيرة لكثير من الأشخاص الهادئين إنه يعطي مساحة للمناورة إذا وجدت أن الوضع أو الأشخاص المقابلين لك يتحدثون كثيرًا.

من السهل إنهاء محادثة في حالة الأحاديث العابرة: «شكرًا للحديث الجميل، أراك لاحقًا» أو: «أتمنى أن نتمكن من متابعة الحديث قريبًا». الأحاديث القصيرة العادية السهلة ميزة جيدة لصالحك في هذه الحالة: يمكنك قطع المحادثة متى أردت من دون الاعتذار أو إبداء الأسباب، وقد يكون التصرف مثل «عذرًا، لقد رأيت صديقًا قديمًا، وأريد أن أُلقي عليه السلام» مقبولًا تمامًا؛ فكلنا يعرف أن المناسبات الاجتماعية تعدُّ فرصة لإعادة التواصل مع المعارف.

إذا أردت المتابعة مع شخص تعرفت إليه، فيمكنك اقتراح تبادل بطاقات العمل في هذه المرحلة، أنا أحب استعمال البطاقات لأن ذلك يعني أن في وسعي تدوين كثير من الملاحظات لاحقًا (في غرفتي مثلًا)؛ هذا يزيل العبء عن ذاكرتي، ويؤدي إلى مرحلة حيث يمكن للانطوائي أن يكون في وضع قوي: المتابعة.

كثير من الأشخاص الهادئين متميزون لا سيما في التواصل الكتابي (القوة التاسعة)، وهذا يمنحهم بالتأكيد ميزات كتابة المتابعة بعد التواصل من خلال الشبكات؛ مثلًا يمكنني أن أجري مع الشخص المقابل اتصالًا من خلال شبكة (LinkedIn)، أو أرسل له مقالًا من الجريدة حول الموضوع المطروح، ويمكنني استغلال الفرصة لشكره على الحديث الممتع الذي دار بيننا، والعودة إلى تفاصيل الحديث إن كان ذلك ممكنًا: «تذكر ما قلته في مؤتمر سنغافورة؛ لقد تمكنت من تحقيق شيء ما... وكما وعدتك أرفقه في هذا البريد الإلكتروني...». سوف تجد فيما يأتي ملاحظات أخرى للمتابعات الخاصة بك.

ثلاث ملاحظات من أجل متابعاتك

1. اكتب باستعمال الأوراق بدلًا من البريد الإلكتروني؛ البريد الإلكتروني مقبول، ولكن استعمال الأوراق أصبح نادرًا، ويترك الانطباع المطلوب: الناس يلاحظونه.
2. اكتب شيئًا يقدم فائدة؛ الشخص صاحب العلاقة يجب أن يشعر أن بانتظاره مفاجأة سعيدة لم تكن متوقعة، ولكن يمكن الاستفادة منها؛ رابط إلكتروني يتضمن ملاحظة حول مكان يمكنه أن يجد فيه شيئًا هو بحاجته ...

   إذا قررت إرسال رسالة إلكترونية، أرجو ألَّا ترسل مرفقات فيها كثير من المعلومات؛ فغالبًا ما تنتهي في ملفات البريد المزعج، وبدلًا من ذلك أرسل رابطًا، أو إن لم تكن رسالتك طويلة انسخها على بريدك الإلكتروني.
3. اكتب حالما يمكنك ذلك؛ الشخص صاحب العلاقة على الأغلب سوف يتذكرك بوضوح لمدة أربعة أيام قادمة.

تحليل الأحاديث القصيرة (2): أفضل طريقة لإيجاد مواضيع مناسبة لك أيضًا

الانطوائيون يحتاجون إلى الجوهر

لقد رأيت كيف تجد موضوعات في البداية أو في منتصف الأحاديث القصيرة، كذلك كيف يمكنك التحكم في الحديث، وهذا أمر بسيط غالبًا لأشخاص هادئين مثل ليلى: إنهم يحبون الحصول على كثير من المضمون (الجوهر) في محادثاتهم مع الآخرين، حتى وإن لم تكن مناسبة رسمية وعلى الأغلب حول إنشاء علاقات؛ إنهم يحبون أن يمنحهم التواصل الاجتماعي بعض الفرص للتفكير في الأمور مليًّا إذا كانوا مهتمين بالأشخاص، أو إن كان لذلك الشخص أهمية خاصة بالنسبة إليهم، أو لأن هناك فرصة مثيرة لتبادل الآراء حول موضوع خاص.

من الحديث القصير إلى النقاش الكبير

ولكن التحدي الحقيقي يكمن في مكان آخر يفضله الأشخاص الهادئون؛ إنه العمق، فكثير من الانطوائيين -على وجه الخصوص- يحبون الحديث القصير عندما يتمكنون من تحويله إلى نقاش كبير. بتعبير آخر عندما يحولونه إلى أمر ملموس يهمهم، ويفتح أمامهم أنواعًا مختلفة من النقاش. هذا أمر أمر مثالي إذا أضفنا الهدوء إليه، وبذلك يتوافر لنا الوقت والفراغ للنقاش- مع التوقف بين المراحل المختلفة من النقاش وبأجواء هادئة، ثم إن التحدث حول الموضوع مع نظير لطيف يمكن أن يعني أن الانطوائي المشارك في الحقيقة يستمد طاقة من المحادثة، بدلًا من استثمارها- مع تأثيرات جانبية ممتعة مثل السعادة والشعور بالرضا العميق.

النقاش الكبير عادة ما يكون متصلًا مع فكرة محادثة حقيقية جرت العادة على النظر إليها بوصفها مهارة اجتماعية مهمة. اليوم في عصر

الرسائل القصيرة، والفيسبوك والتغريدات، كثير من الناس لديهم مشكلات في الانهماك في المواضيع الكبيرة ـ ناهيك عن الشروع في واحد منها، ولكن من الممكن أن تتعلم كيف تدير محادثة حقيقية. الأشخاص دائمو الانتباه إلى ما هو أساسي (القوة الثانية) عادةً لا يجدون صعوبة في ذلك، وإذا بذلت جهدًا لإجراء تبادل حقيقي للآراء، فسوف ترى سريعًا التأثير الإيجابي في علاقتك مع الشخص الذي تتحدث إليه.

الاختيار الذكي للمواضيع

كما رأينا، من الأسهل في المراحل الأولى عندما تتحدث إلى شخص أن تختار موضوعًا تعلم أنه كفيل بجعل كل منكما أقرب إلى أمر خبرتماه معًا: لقائكما الأخير، تواصلكما الأخير، أو ببساطة مدى سعادتك في رؤيته أو رؤيتها ثانية. وهناك أمر في آخر في المناسبة يجعلكما أقرب: معرفة المضيف، الطريق من المطار أو إليه ، اختيار الطعام في البوفيه أو برنامج السهرة.

ملاحظات لاختيار موضوع

ليس من الضروري أن تكون فيلسوفًا لتجد طريقة للانتقال إلى أمر أكثر جوهرية اجمع أفكارك وأعِدَّ قائمة بموضوعات تحقق شرطًا واحدًا: أن تكون مهتمًّا بها حقًّا. إليك قائمة مقترحات يمكنك توسيعها بقدر ما ترغب.

موضوعات جوهرية 1

1. مواقف مررت بها (قد يكون معًا) بحيث أثار شخص ما أو شيء معين إعجابك: الكلمة الافتتاحية (في مؤتمر) ـ المتحدث الشهير ذو الـ 87 عامًا أسر الحضور تمامًا.

2. الأمور التي تهمك وتعتقد أنها تهم الطرف الآخر أيضًا؛ مثلًا: المبنى الذي أقيم فيه مؤتمر تكنولوجيا المعلومات كان مصنع شوكولا. أنت تتساءل: ما الميزات المشتركة التي تجمع بينهما؟
3. أمور ترغب في مزيد من البحث فيها واكتشافها خصوصًا إذا كان الشخص المقابل لك على معرفة بها. مثال اجتماع شبكة التواصل: اسأل الشخص المقابل لك إن كانت لدى شركته حصة محددة لتوظيف النساء، ما رأيه في ذلك؟
4. أسئلة في عقلك نتيجة لانطباعات معينة حصلت عليها من المحيط حولك: ما الأثر الذي تتركه الموسيقى في الخلفية؟

الاتصالات: خذ الحاجات في الحسبان

لقد خطوت الخطوة الأولى بعد الجزء الأخير: أنت تعلم ما نوع تبادل الآراء الذي يناسبك. يمكنك الآن البحث بتصميم عن أشخاص ومواقف كفيلة بأن تثري حياتك.

سؤال لك ؟

ما نقاط القوة التي تساعدك على بدء الحديث مع أشخاص لا تعرفهم؟

1. أجد أن من السهل نسبيًّا تحويل الحديث القصير إلى نقاش كبير (القوة الثانية) .... ☐
2. أنا مستمع جيد، ويمكنني توظيف ما أسمعه للإبقاء على المحادثة مستمرة (القوة الرابعة). .... ☐
3. من السهل علي إيجاد الهدوء الداخلي (القوة الخامسة) .... ☐

4. لدي مخزن من الموضوعات تأكدت فائدتها في جعل الأمور تجري على قدم وساق (القوة السادس) .... □
5. أستطيع التقاط ما هو مهم للآخرين بسرعة (القوة العاشرة) .... □
6. أنا جيد في الاستجابة للآخرين (القوة العاشرة) .... □
7. لدي نقاط قوة أخرى لأحاديث قصيرة، منها .... □

ليس من الممكن دائمًا تجنب المواقف الصاخبة

ولكن عليك أن تقبل أنه في بعض الأوقات عليك التحدث إلى الأشخاص بظروف ليست مثالية؛ حفلة بصوت موسيقى مرتفع، أو حفلات الأعياد السنوية المجهدة. أو الرعب الخالص لكثير من الانطوائيين بمن فيهم المؤلفة: حفلات التعارف بمظاهرها كلها التي في الحقيقة ترمي إلى كسب أكبر قدر ممكن من المعارف مهما كان المعنى الذي تعنيه كلمة (كسب) هنا.

في مناسبات من هذا القبيل يمكنك أن تحد من كمية الطاقة التي تبذلها إلى كمية معقولة، وأن تتأكد من أنك تشعر بالراحة قدر الإمكان؛ لذلك من المهم أن تعرف تمامًا ما العقبات التي لديك. لنلقِ نظرة على ذلك.

العقبة الثانية: الانتباه المفرط إلى التفاصيل

كثير من الأشخاص الهادئين يجدون الأحاديث القصيرة صعبة؛ لأنها تزيد ميلهم إلى الانتباه إلى التفاصيل، والانطوائي الذي يميل إلى رؤية كل شجرة بدلًا من الغابة كاملة وطرقها يمكن أن يضيع بسهولة في موقف اجتماعي مضطرب، وكذلك يمكن أن يكون عرضة للمعاناة الناجمة عن الإثارة المفرطة (العقبة الثالثة).

لذلك من المهم جدًّا أن تُنظِّم أي حالة خاصة بعناية، الإستراتيجيات البسيطة الآتية سوف تسهل عليك الحركة ضمن مجموعة من الأشخاص بثقة، وتجعلك واثقًا من نفسك.

الأحاديث القصيرة: إستراتيجيات تزيد الوضوح

1. فكر في الجودة، لا في الكم.

للأشخاص الهادئين طريقتهم الخاصة في تكوين علاقات وثيقة بينهم وبين أشخاص آخرين من اختيارهم، التوكيد هنا هو على (من اختيارهم)، فبدلاً من تكوين كثير من العلاقات مع كثير من الأشخاص، يفضل الانطوائيون اتصالات منتظمة ومكثفة مع عدد صغير من الأشخاص، ثم يستثمرون في هذه العلاقات. وثمة كثير من الانطوائيين يجدون أن المحادثات واحدًا لواحد أكثر إمتاعًا من تبادل الآراء مع مجموعة من الأشخاص. إنهم يشعرون بمزيد من الراحة في الحديث مع شخص آخر بمفرده، ويظل عدد الأفكار المطروحة ضمن حدود معقولة؛ ويسهل التحكم في الموضوع ضمن هذه الحدود، كما يسهل التجاوب مع وجهة نظر الشخص الآخر، لأن المشارك في الحديث شخص واحد فقط؛ لذلك تحدث مع الآخرين فرادى إن أمكن ذلك، وإذا تحدثت إلى ثلاثة أشخاص أو أربعة واحدًا فواحدًا في مناسبة ما، فهذه نتيجة جيدة إذا كانت الأحاديث ممتعة (عميقة بدلًا من واسعة، التحول من حديث قصير إلى محادثة حقيقية)، وعلى الأغلب تؤدي إلى علاقات تواصل تدوم طويلًا بدلًا من إستراتيجيات الأحاديث الفضفاضة التي يعقدها الانبساطيون.

2. اتخذ لنفسك موضعًا يمنحك أفضلية.

في بداية المناسبة، انظر إلى مخارج متنوعة للانسحاب إذا كان ذلك ضروريًّا؛ فهذا يعطي للمكان بنية يمكن التحكم فيها، ويحميك من العائق 3: الإثارة المفرطة. اختر مقعدًا يمكنك من رؤية الغرفة أو القاعة كاملة، فإذا كنت تبحث عن شخص للتحدث إليه، فيبدو منطقيًّا أن تضع نفسك بجانب الباب.

3. ابحث عن أشخاص تعتقد أنهم أهل لتبادل الأحاديث:

ابحث عن أشخاص لطيفين (فرادى، في مجموعة صغيرة، مفتوحة). يمكنك أن تقوم بترتيبات مع أشخاص قبل الحدث؛ مثلًا إذا شعرت أنك ترغب في اللقاء معهم شخصيًّا بعد تبادل البريد الإلكتروني، أو إذا أردت التحدث حول موضوع محدد.

4. ضع لنفسك أهدافًا شخصية.

ليكن لديك شيء محدد في نفسك بالنسبة إلى المناسبة يفيدك أنت وموقعك في العمل في ذلك الوقت: خطط للتحدث إلى شخص محدد (أي أن يتم تقديمك - اطلب ذلك من شخص يعرف كلًّا منكما)، أو قرر أنك سوف تبقى طالما أنك تشعر بالراحة، ثم غادر عندما ترغب في ذلك، أو خذ استراحة.

العقبة الثالثة: الإثارة المفرطة

كثير من كل شيء مؤذٍ، وهذا ينطبق على الأمور الجيدة في الحياة أيضًا: للشوكولا والشراب والناس. بالنسبة إلى الانطوائيين الكثير يعني تجاوزًا لقدرة المرء على الاستيعاب، وهذا بالضبط هو الإثارة المفرطة: موقف يستهلك طاقتك لأنه يفوق قدرتك على الاستيعاب. هذا منهك ويقضي على المتعة في مقابلة الناس، ويجعلها مجهدة؛ ولذلك ليس غريبًا لكثير من الانطوائيين أن يقسموا المناسبات الاجتماعية بعناية، وأن يختاروها بحيث لا يرهقون أنفسهم. هذا مشروعٌ تمامًا - لا أحد مجبر على أن يبقى مع الآخرين طوال الوقت، ولكنني أتحدث هنا عن الموقف نفسه: كيف تتجنب استهلاك كثير من الطاقة بسرعة؟

أحاديث قصيرة: خطط مضادة للإثارة المفرطة

1. تأكد من أنك تشعر بالراحة في المناسبات الاجتماعية كلها، ولا تضع نفسك تحت الضغط. خذ استراحة من التحدث إلى الآخرين، وهنا

يوجد أمران مهمان: يجب أن تكون منفردًا وأن تستريح. هناك كثير من الإمكانات: اذهب إلى الحمام، وانظر إلى الصورة على الجدار، أو اجلس وتناول شرابًا بهدوء، وألقِ نظرة مسترخية على من حولك من الأشخاص. تنفس بعمق وبطء مرات عديدة بين المحادثات:

هذا يمنحك شيئًا من الهدوء، ويزودك بالأكسجين، وله تأثير استراحة قصيرة جدًّا، وسوف يُظهر مَن تتواصل معه اهتمامًا أكبر ومباشرًا إذا تمكنت من تجديد طاقتك - هذه بداية جيدة!

2. تجنب القيام بأمور عديدة في الوقت نفسه، هذا يقلل من عدد المثيرات التي على دماغك التعامل معها، ويمكنك من التركيز بصورة أفضل على الأمور التي تقوم بها، وهذا سوف يوجه تأثيرك أيضًا؛ ركِّز على الشخص أو الناس الذين تتحدث إليهم وتعمل معهم، وحالما تنتهي من هذا الجزء الخاص من تبادل الآراء فكر بالهدف اللاحق.

3. كثير من الضوضاء في الواقع يستهلك طاقة الأشخاص الهادئين، وهي سبب رئيس في الإثارة المفرطة. لقد لاحظت أنني وأشخاصًا هادئين آخرين نميل إلى النظر إلى الضجيج بوصفه نوعًا من القوة الطبيعية حيث لا يمكننا عمل شيء إزاءه، والانبساطيون حولنا ليس لديهم مشكلة في درجات ارتفاع وتيرة الصوت؛ لذلك تبدو وكأنها مشكلتنا نحن فقط، ولكن لا تقلق؛ غالبًا ما يكون هناك ما يمكن فعله إذا لاحظت أن ما يحيط بك شديد الصخب في مناسبة اجتماعية. إذا لم يكن ممكنًا عمل شيء بالنسبة إلى مستوى الضجة (أي مثل طائرة تهبط في المطار في أثناء الحديث) لا يمكنك وضع سدادات الأذن، ولكن يمكنك تقليل المثير: ركز بشدة مع الشخص الذي

تتحدث إليه، هذا سوف يبعد الضجة في الخلفية، ويسهل عليك فهم ما قيل. وهناك كثير من الحالات الأخرى يمكننا فيها تقليل الإزعاج؛ ففتاة الاستقبال الانبساطية في النادي الرياضي ستكون سعيدة في تخفيض صوت الموسيقى التي ترهقك، وتجعل من المستحيل التحدث إلى شخص آخر، ولكن عليك أن تطلب ذلك منها أولًا. اتبع هذه التوجيهات عندما تقوم بذلك: أولًا تحدث بموضوعية حول المشكلة، ثانيًا: ما الذي يسببها؟ وثالثًا: ماذا تحب أن يحدث؟ لذلك قل لفتاة الاستقبال في النادي الرياضي: الموسيقى في غرفة تدريبات القوة في الحقيقة مرتفعة الصوت، يمكننا التحدث بصورة أفضل إذا كان الصوت عاديًّا. هل ثمة مانع من تخفيض الصوت؟

العقبة الرابعة: السلبية

إذا نظرت إلى المناسبات الاجتماعية، فسوف ترى انطوائيين في كل مكان مِن الذين يبدو عليهم النشاط: يحضرون شيئًا لشربه، أو ينظرون إلى الرسائل على شاشة الهاتف الذكي، أو يراقبون ساعاتهم؛ إنها مجرد أشياء لا تبدو جيدة في بداية التواصل...

خذ زمام المبادرة

فرص محاولة إجراء اتصالات عادة تبدو غير منظمة؛ فالأشخاص الهادئون غالبًا ما يكونون غير واثقين مما يمكنهم وما يجب عليهم فعله للتواصل مع الأشخاص الآخرين في المكان، وهذا يؤدي إلى نقص في الثقة وعدم التأكد؛ لذلك هؤلاء الأشخاص لا يشعرون بالراحة مع أنفسهم. في البداية يشعرون بعدم رغبة كبيرة في القيام بأي شيء، وبرغبة في الانكفاء بدلًا من المحاولة الهادفة لإجراء التواصل، وبهذه الطريقة يجعلون أنفسهم معتمدين

على الآخرين. إذا لم يبادروا سوف يبقى الأشخاص الهادئون وحيدين، ولكن إذا بادر الآخرون، فإن على السلبيين أن يستجيبوا لما يأتي به الحديث، ولا يمكنهم أن يقرروا مع من يريدون التحدث وحول ماذا، وفي أسوأ الحالات لا يمكنهم التحكم في بداية الحديث مطلقًا، أو قد يكونون غير سريعين بما فيه الكفاية؛ لذلك يفقدون الفرصة لإجراء حديث ممتع.

نصائح لبناء علاقات

النتيجة الواضحة هنا هي: من الأفضل المبادرة بالتواصل. ستجد ذلك أكثر سهولة إذا قللت من التعقيدات ومن ثم من درجة عدم اليقين من بناء علاقة. يمكنك القيام بذلك باتباع هذه المبادئ البسيطة: افعل شيئًا محددًا كفيلًا بتنظيم شبكة التواصل ووقتك. هنا بعض الطرق الممتعة التي استخلصت من خبرات لأشخاص هادئين.

كيف تتعامل مع المناسبات الاجتماعية بفاعلية !

1. ساعد في الأعمال: هذه النصيحة موجهة بخاصة إلى الأشخاص في بداية حياتهم المهنية. ساعد في استقبال الضيوف أو تسجيلهم. نظِّم ترتيبات الخدمة. قدم محاضرات أو نظم عمل المجموعات. في المجال المهني هذا سيظهر كذلك أنك جاهز لتحمل المسؤولية، ويجعلك مرئيًّا بصورة إيجابية.

مثال: أنا أنصح الأكاديميين الصغار الذين يعملون معي في الندوة بأن ينسِّقوا عمل المجموعات في المؤتمرات أو اللقاءات الاختصاصية في مرحلة باكرة من عملهم ما أمكن؛ فبهذه الطريقة سوف يتعلمون القوانين من الخبرة المباشرة، ويظهرون بوصفهم أشخاصًا إيجابيين في وسطهم الجامعي، وبذلك يسهل عليهم التواصل مع أصحاب القرار.

2. احضر باكرًا وحاول معرفة من سيأتي إلى الفعالية أيضًا؛ وتوجد طرق مختلفة للقيام بذلك؛ اقرأ برنامج المؤتمر. تأكد من الأسماء المدونة على بطاقات الاشتراك- إذا وصلت باكرًا، سيكون معظمها ما يزال موجودًا. أو تحدث حديثًا لطيفًا مع المنظمين أو الأشخاص العاملين في الاستقبال: من هم المتوقع حضورهم؟

3. انضم للطابور، هذا يبدو غريبًا، ولكن له ميزة: مكان في الطابور يفرض تنظيمًا. في الاستقبال، في البوفية، لديك أشخاص محتملون للتحدث إليهم يقفون أمامك أو خلفك. يوجد هدف من وراء ذلك ووقت للانتظار؛ كل ذلك يجعل الموقف محتملًا ويمكن التحكم فيه.

4. استفد من الطاولات التي تقف عندها.

الطاولات التي تقف خلفها مثالية للتعارف، فالأشخاص موزعون، ولهذا ميزة واضحة؛ إنها هناك لكي توضع الأشياء التي يحتاجها الزوار عليها. خذ صحنًا أو كوبًا، وابحث عن طاولة لا يجلس عليها أحد أو فقط شخص واحد. هناك احتمال جيد أنك قريبًا ستجد رفيقًا، وقد يكون ثمة شخص هادئ ولطيف في انتظارك يجد الأمان والراحة على تلك الطاولة أيضًا. فقط اطلب المشاركة بلباقة.

تعلم الآن كيف توظف نقاط قوتك لتشجيع التواصل، كذلك ستتمكن من الاطلاع على بعض العثرات والإغراءات التي غالبًا ما يواجهها الأشخاص الهادئون. أخيرًا، سوف نناقش المواقف الاجتماعية حيث الأشخاص الذين يتواصلون معك غير موجودين حقيقةً ولكن في فضاء رحب في شبكات التواصل الاجتماعي.

بناء علاقات في منطقة الراحة: وسائل التواصل الاجتماعي

الشبكات الرقمية ومنتديات التواصل- تدعى أيضًا وسائط التواصل الاجتماعي- تُعد مثالية لأنشطة الشبكات: فيسبوك، تويتر، لنكدإن، غوغل، وهي تقدم خدمة الشراكة، ومنتديات النقاش، وغرف الدردشة- المجال واسع وكبير.

هذه الوسائط كلها تتشارك في شيئين: تمكنك من إنشاء اتصالات غير مباشرة بصيغ كتابية، وبذلك تتوافق مع القوة التاسعة لدى الأشخاص الهادئين: الكتابة بدلًا من الحديث.

شبكات التواصل توفر فرصة للانطوائيين المتحفظين لإجراء اتصالات، ولكن ليست حقيقية؛ لأنك دائمًا على مسافة آمنة في العالم الرقمي، والآراء يتم تبادلها مع بعض التأخير، وليس مثل الاتصال المباشر. وأنت معزول مكانيًّا، وهذا أيضًا يعطي إحساسًا بالأمان والمتعة والتحكم. يوجد كثير من الوقت للتصرف، وهو ما يناسب الانطوائيين الذين يحبون أن يفكروا جيدًا بالأمور قبل قول أي شيء.

قرأت مرة هذا الاقتباس على تويتر: «140 حرفًا هي الجرعة التي يمكن أن يتحمَّل الناس بعضهم في إطارها». أنا متأكدة من أن من كتب هذا ليس شخصًا انبساطيًّا! ولكن هناك انطوائيون آخرون يرون في الوسائط الرقمية شرًّا لا بد منه أكثر منها فرصة للتواصل: يوجد نشاط واحد يحتاج إلى اهتمام اعتيادي وانتباه، جملة مثالية سمعت من هذا المعسكر عادة ما ترتبط برفع العينين إلى السماء) هي: متى من المفترض أن أجد الوقت لذلك؟ في أي معسكر أنت؟

سؤال لك ؟

ماذا تعني لك شبكات التواصل الاجتماعي؟

1. تتمة جيدة للقاء حقيقي. ☐

2. شبكات مقبولة. ☐

3. شر لا بد منه. ☐

4. لا رأي/ عدم توافر معلومات. ☐

معظم الأشخاص الهادئين -كما تعلم- يفضلون عددًا أقل من الأشخاص في العلاقات من نوعية عالية، ولكن معظم ما هو مكتوب على الإنترنت إما أنه سطحي أو تحايل صارخ، أو مجرد غباء وابتذال؛ أعني كثيرًا منه، لا كله! يوجد كم هائل من المادة المتاحة على الإنترنت تتميز بالعمق وجودة المضمون.

نصائح لاستعمال الشبكات الرقمية

أمر واحد مؤكد: الوسائل الرقمية جزء من التواصل الذي لا يمكن تجنبه في أيامنا هذه -ويبدو أنها ستكون أكثر أهمية في المستقبل- لذلك استفد ما وسعك الأمر منها بوصفك شخصًا هادئًا، في هذه الحالة الأفضل هو ما يناسبك. إليك بعض الملاحظات بشأن استعمالها:

1. تأكد من أنك اخترت عددًا قليلًا من الوسائط التي تناسب طريقتك في التواصل، وما الذي تهدف إليه.

أمثلة: الفيسبوك خليط غزير يعج بالاتصالات الشخصية والمهنية. لنكدإن: منصة مهنية بحتة حيث يمكنك أن تقدم نفسك بصورة ملائمة. تويتر: مدونة صغيرة جدًّا فيها نتواصل مع الأشخاص مباشرةً عن طريق القراءة أو كتابة الرسائل بحد أقصى 140 حرفًا. غوغل يتنافس مع كل ما ذكر من الشبكات منذ منتصف (2011م).

في الحقيقة يوجد عدد كبير من المنصات والمنابر الرقمية. اختر اثنين في البداية. تواصل مع مواقع رقمية مختارة، وقم بذلك بانتظام!

2. أنشئ ملفك الشخصي في كل منهما بحيث يتناسب مع أهدافك والرسائل المطلوبة. التواصل مفيد فقط إذا نميت اتصالاتك وملفك: كن واضحًا، في الرسائل والحوارات التي ترسلها أو تديرها مع الآخرين، فهذا سوف يكسبك الهوية التي تبحث عنها على الإنترنت.

3. في البداية لا تنظر إلى اتصالاتك في وسائط التواصل الاجتماعي بوصفها مجالًا لتكوين صداقات أو علاقات مهنية، ولكن الصداقات والعلاقات المهنية يمكن أن تتطور بسرعة مذهلة إذا كان تبادل الآراء يجدي نفعًا. أنا قررت أن أتخذ من XING (موقع مهني مشهور في ألمانيا) ومن تويتر منصة تكمل كل منهما الأخرى. لقد رأيت أن الاتصالات على هذه المنصة أدت إلى مزيد من المشاهدات على موقعي ومدونتي، وإلى مزيد من الاتصالات بشأن عملي، هذا لا يعني أن يُعجب الناس كلهم بك أو بملفك، فكما في الحياة الحقيقية، ليس ما نريده كله يسير كما يجب مع الناس جميعًا في العالم الرقمي؛ فكل من الكمية والنوعية من اتصالاتك تنمو بصورة أفضل كما يجب على أرض الواقع: ببطء وعلى نحو متواصل.

4. تأكد من أنك تكرِّس بعض الوقت للتواصل عن طريق الإنترنت وبانتظام، هذا يعني أنه من ناحية عليك التواصل في أوقات منتظمة، ويفضل أكثر من مرة في الأسبوع. أرسل إسهامك، وأكد طلبات التواصل التي تراها مناسبة لك، واقرأ الرسائل المرسلة لك ورُدَّ عليها عندما يكون ذلك مناسبًا. على الجانب الآخر، هذه الملاحظة تعني أنه لا يتعين عليك أن تتشتت باستمرار؛ فقط إلقاء النظر على حسابك على تويتر أو فيسبوك في أثناء القيام بالأمور الأخرى يكفي.

5. تواصل بانتظام وضمن النظام العام الذي اخترته. في أحسن الحالات، ما تكتبه من خلال الوسائط الرقمية سوف يؤسس للثقة:

قراؤك والمتواصلون معك سوف يتولد عندهم انطباع بأنهم يعرفونك إلى حد ما.

لذلك تواصل على قاعدة ما الذي تريد أن تنقله: لأنه مهم لك، ويفيد الآخرين، ويضيء على خصيصة معينة أو قدرة خاصة؛ غالبًا ما يفاجئني أنني لا أندهش عندما أقابل أشخاصًا من عالم (XING) أو تويتر في الحياة الحقيقية: سوف تكتشف أمورًا كثيرة متعلقة بالناس، وكما أنك معتاد على التفكير مليًّا بالأمور قبل التعامل معها، فأنت متأكد من أخذها في الحسبان في اتصالاتك.

6. قدِّر أنشطتك الرقمية مثل أي أنشطة لعلاقات تواصل أخرى. يمر الناس على أمور جوهرية يوميًّا على الإنترنت: وظائف جديدة، حلول لمشكلاتهم، مقدِّمي خدمات للعمل، نصائح جيدة أو طلبات لمناقصات: الأمور كلها التي تجدها في العلاقات الشخصية.

ولكن رجاءً تذكر هذه أيضًا: تبدأ العلاقات عندما تلتقي بالشخص الحقيقي خارج نطاق الإنترنت؛ هذا اللقاء لا يمكن أن يحل محله الحديث أو التغريد أو رسائل على فيسبوك أو رسائل إلكترونية؛ لذلك استعمل الإنترنت لبناء الاتصال الذي تريد والذي تود تنميته بعد لقاء شخصي (وجهًا لوجه)، ولكن اخطُ الخطوة اللاحقة بعد التعرُّف إلى شخص: إذا كان الاتصال مثيرًا للاهتمام ويقدم نوعية، عليك الترتيب لاتصال في الحياة الحقيقية (هذا ليس ضروريًّا إن كان المتصل يقيم في بلد آخر).

نقاط رئيسة بإيجاز ✱

لدى الأشخاص الهادئين كل ما يحتاجونه للتقدم نحو الآخرين في المناسبات الاجتماعية، وهذا يعمل على نحو أفضل وبنجاح إذا كنت

تعرف خياراتك وخصائصك وتستخدمها في بناء علاقات تناسبك.

الاتصالات الفاعلة هذه يمكن متابعتها بصورة أفضل باستعمال الإستراتيجية الخامسة: نظم أهدافًا محددة، وعرف الموارد، وقدم المعارف بعضهم إلى بعض، وابحث عن أشخاص ليعرفوك إلى آخرين، وأبقِ الاتصالات فاعلة على المدى الطويل ومع المثابرة؛ فإن الاتصالات المقدرة عاليًا لدى الأشخاص الهادئين هي التي تدوم طويلًا وتُعد مهمة، وتتطلع إلى النوعية بدلًا من الكمية.

في معظم الحالات لدى الأشخاص الانطوائيين ثلاث نقاط قوة محددة عندما يتعاملون مع الآخرين: مستمعون ممتازون، هادئون، ويمكنهم استعمال قواهم التحليلية لإيجاد مواضيع مناسبة بسهولة وسبل لتقديم أنفسهم إلى الأشخاص الذين يتحدثون إليهم.

على الأشخاص الهادئين ألَّا ينسوا احتياجاتهم الخاصة في المناسبات الاجتماعية:

من السهل إرباكهم إذا ما تعرضوا إلى إثارة مفرطة بحيث يغدون عرضة لخطر البقاء سلبيين، بدلًا من البحث عن معارف والتحكم في مجرى الحديث، ولكن توجد طرق لتجنب هذه الأخطار: عن طريق التأكد من إلقاء نظرة شاملة، وعن طريق أخذ وقت مستقطع والاستراحة بين حين وآخر، وعن طريق التخطيط الجيد للأنشطة والمناسبات.

الشبكات الرقمية التي يستفاد منها عن طريق الإنترنت، يمكن أن تكمل الاتصالات الأخرى أيضًا، بخاصة للأشخاص الهادئين الذين يحبون التعبير عن أنفسهم كتابةً.

ولكنها تخضع لشروطهم، وليست بديلًا عن اللقاءات الحقيقية؛ إنها ببساطة تكملة لها.

الفصل السابع

الصراع بين الشخص والأوضاع القائمة

كيف تفاوض؟

عائشة تدرس من أجل الحصول على درجة الدكتوراه من جامعة معروفة في المملكة مع مستشفى جامعي ملحق بها؛ إنها تجري بحوثًا عن اضطرابات الاستقلاب لدى المرضى الذين يعانون زيادة في أوزانهم، وبوصفها اختصاصية في الكيمياء الحيوية، فإنها تركز على قيم محددة للدم، وللقيام بذلك عليها التعامل مع الفئران؛ فتحقنها بالأمصال، ثم تأخذ عينات دم من أجل تحليلها. هذا عمل شاق؛ لأنه ذو مجال واسع، ويتطلب تفاصيل دقيقة في مجالات كثيرة. استطاعت عائشة حتى الآن مجاراة متطلبات العمل، فهي تستمتع بالعمل، وتمضي وقتًا طويلًا في المختبر في المساء أيضًا، وألقت محاضرة عن أول نتيجة حققتها بنجاح (وكثير من الخفقان) في مؤتمر قومي، وهي تأمل أن تنتهي أطروحة الدكتوراه خلال الأشهر العشر القادمة، ثم تنهي إجراءات الدكتوراه إلى أن ينتهي عملها الحاضر، وهي تشرف على طالبين في الماجستير، حيث تجد أن ذلك يأخذ كثيرًا من وقتها، ولكن جدولها الزمني أصبح فجأة ضيقًا أكثر؛ فالبروفيسور المعروف المشرف على رسالتها حصل على تمويل كبير، ويتوقع مساعدة فاعلة منها في البحوث. لا تستطيع عائشة أن

تقوم بالعمل الجديد إلا بمزيد من الدعم؛ لذلك قررت أن تطلب من صاحب العمل مساعد باحث يمكنه أن يقوم بالعمل الروتيني في المختبر.

وضح موقفك

هذا يعني أن على عائشة أن تجري مفاوضات؛ عليها أن تتحقق من شيء ما، وللقيام بذلك تحتاج إلى شخص آخر للمساعدة (رئيسها).

عملية تقديم تنازلات متبادلة

المفاوضات تتضمن أن تأخذ وتعطي: المشاركون كلهم عليهم الوصول إلى اتفاق؛ يشعرون بأنهم قادرون على دعمه وتنفيذه، حتى عندما يكون لديهم مصالح مختلفة، وهذا يعني أن المشرف عليها سوف يوافق فقط إذا وجد أن الحل مفيد وقابل للتنفيذ. في أفضل الحالات يريد أن يستفيد منه هو شخصيًّا، وهذا ما يجعل القرار أكثر سهولة.

الأشخاص المفاوضون يمكنهم الاتفاق على حل فقط إذا كان يخدم أهدافهم؛ رئيس عائشة يريدها أن تجري مزيدًا من البحوث، وتشرف على طلبة الماجستير، من جانبها تريد عائشة الانتهاء من الأطروحة في إطار الوقت المتفق عليه، وفي أحسن الحالات الاتفاق الذي يتم بعد انتهاء المفاوضات سوف يؤدي إلى قرار اتخذه المعنيون كلهم معًا وكذلك تنفيذه في نهاية النقاش، وفي حالة عائشة هذا يعني أنه يجب الترتيب لمُساعِد باحث آخر، أو طريقة أخرى لتخفيف العبء.

حدّد نقطة انطلاقك

يمكنك بوصفك شخصًا هادئًا أن تبلي بلاءً حسنًا في المفاوضات؛ فالمفاوضات واحدة من تقنيات التواصل التي تكون نقاط قوة الشخص

الانطوائي بصورة خاصة مفيدة فيها، ولكن قبل الخوض في نقاط القوة هذه، يوجد أمران يجب أن تكون مطلعًا عليهما؛ أولًا: سوف تعرف شيئًا عن قواعد المفاوضات- إن موقفك التفاوضي سوف يحدد نقطة بدايتك التي منها سيتطور مزيد من الإستراتيجيات. ثانيًا: أن تعرف المراحل المختلفة من المفاوضات، وماذا تشمل كل مرحلة، بحيث يمكنك بناء خطة مناسبة حيال ما يجب أن تفعله أنت شخصيًّا.

أول خطوة في التفاوض هي تحديد موقفك، ثم ترتيب أي شيء آخر بناءً على هذه القاعدة.

ثلاث نقاط تساعدك على تحديد موقفك

النقطة الأولى: حدد موقفك الحالي، وما الذي تهدف إليه.

1. ماذا عليك أن تعرض؟
2. ما الذي تريد أن تصل إليه المفاوضات؟
3. كيف يبدو هذا الهدف للأشخاص الذين تتفاوض معهم؟
4. ما المعلومات التي تحتاجها عن الأشخاص الذين تتفاوض معهم وعن الهدف من المفاوضات؟

النقطة الثانية: ميِّز بين ما هو مهم وما هو مرن.

1. حدد مجال التفاوض الأكثر أهمية بالنسبة إليك، والترتيب الذي ترغب في مناقشة النقاط بموجبه.
2. ما الذي تريد الوصول إليه في أحسن الحالات في كل مجال؟
3. ماذا يمكن أن تكون النتيجة التي يمكنك قبولها؟

الإجابة عن السؤالين الأخيرين سوف تكسبك فرصة ثمينة للمناورة.

النقطة الثالثة: تأكد من أن كل شيء واضح ومتسق (متناغم).

إذا كنت تفاوض في فريق (لقسمك مثلًا) فعليكم الاتفاق على النقطتين الأولى والثانية بين الأعضاء قبل المفاوضات الحقيقية، تصبحون أقوى عندما يكون لكم جميعًا المطلب نفسه. النقطة الثانية سوف تكون ذات فائدة عالية على وجه الخصوص: المرونة.

كثير من المفاوضات تفشل بسبب المواقف المتصلبة من دون مبرر، ولكن عادةً ما توجد طرق تقربك أكثر إلى ما تريد وإلى الأطراف الأخرى أيضًا.

تفهَّم الجانب الآخر

سوف تكتشف ما يريده الطرف الآخر خلال المفاوضات. تأكد من فهمك إلى أين يحاول أن يأخذك الطرف الآخر: يمكنك إيجاد أفضل طريق للوصول إلى قرار مشترك فقط عندما تتضح المصالح المعنية كلها.

خذ في حسبانك النتائج طويلة الأمد قبل المفاوضات وفي أثنائها: كيف سينظر الطرف الآخر إليك أو إلى شركتك في المستقبل؟ ما تأثير ذلك؟ ماذا تريد أن يكون شعورك عندما تغادر طاولة المفاوضات؟

عائشة تمكنت من تحديد موقفها الخاص باستعمال النقاط الثلاث المذكورة سابقًا. إليك ملخص ذلك.

مفاوضات من أجل تخفيف أعباء العمل ١

هذه النقاط الثلاث لتوضيح موقف عائشة.

النقطة الأولى: حدد موقفك الحالي، وما الذي تطمح إليه.

1. ماذا على عائشة أن تقدم: أداء البحث، الالتزام، المصداقية.

2. الهدف: التقليل من أعباء العمل في المختبر (العمل الروتيني الذي يستهلك الوقت) بتوظيف مساعد باحث.

3. الهدف من وجهة نظر المشرف: نفقات إضافية، لكنه من جانب آخر يعني المزيد من الضغط بسبب مشروع البحث الجديد ومزيد من طلاب الماجستير؛ يجب مشاركة العمل بطريقة ذكية.

4. معلومات عن الأشخاص المشاركين في المفاوضات وما تم التفاوض عليه: من حيث المبدأ، هل توجد موارد كافية متاحة لتدفع لمساعد الطالب؟ هل سبق أن حدث هذا في الماضي؟ ما عدد الساعات الحقيقية المطلوبة لتخفيف العبء في العمل؟

النقطة الثانية: الفرق بين ما هو مهم وما هو مرن.

1. موضوعات للنقاش: موضوع واحد فقط؛ تخفيف عبء العمل!

2. أفضل نتيجة ممكنة: مساعد طالب. يوجد مرشح مؤهل جيدًا ولطيف ...

3. النتيجة التي قد تكون مقبولة: توقف الإشراف على طلبة الماجستير إلى حين الحصول على الدكتوراه. هذا البحث الجديد فرصة جيدة لاتخاذ موقف. يجب أن يكون على جدول الأعمال بالتأكيد.

النقطة الثالثة: التأكد من أن كل شيء واضح ومتسق.

1. لا يوجد أحد آخر مشترك بالمعنى الحقيقي للكلمة.

2. من أجل التوضيح: ماذا يعني للعمل إذا عُيِّن مرشح للدكتوراه مساعد طالب؟ هل سيتم تقديم الدعم أم المقاومة؟

عائشة حضرت للنقاش على هذه الأسس؛ قبل كل شيء وضحت المسائل التي تتطلب حلولًا:

1. من باب الدقة، هي تحتاج إلى خفض ساعات عبء العمل الحالي من 8–10 ساعات أسبوعيًّا.
2. اكتشفت من خلال السكرتيرة أن من غير الواضح إن كان تمويل المشروع الجديد متوافرًا، ولكن لا أحد يتذكر أن مرشح دكتوراه كان لديه مساعد طلاب.
3. مجموعة العمل لديها اطلاع على العبء الثقيل على عائشة، وهي سعيدة أن عليها الحصول على شيء من الراحة في المرحلة الحالية، ولكن ثمة زميل حصل على درجة الدكتوراه منذ عهد قريب ليس سعيدًا بذلك؛ حيث أوضح أنه يرى أن حلًّا يتضمن تعيين مساعد طالب يُعدُّ تكلفة زائدة.

لقد حُدِّد موعد الآن. عائشة تدرس مراحل المفاوضات المختلفة لمساعدتها على التخطيط.

مراحل المفاوضات

ملخص مراحل المفاوضات

مجموعة من المفاوضات تمر خلال مراحل مختلفة. هنا ملخص يتضمن أيضًا استعدادًا قبل المناقشات وعمل المتابعة.

المفاوضات: تسلسل الأحداث 1

قبل المفاوضات: استعداد

المهمة: التوضيح

تحديد المواقف باستعمال النقاط الثلاث الموضحة سابقًا، التأكد كذلك من التاريخ، والغرفة والأشخاص المفترض حضورهم، وواسطة التواصل المطلوبة وتوزيع العمل.

في أثناء المفاوضات: المراحل

المرحلة الأولى: البدء.

المهمة: تكوين مناخ إيجابي.

كيف: أحاديث قصيرة، طرح الأسئلة والاستماع، لغة جسد إيجابية.

المرحلة الثانية: جوهر المفاوضات.

المهمة: إيجاد موقف مشترك.

كيف: تقديم الحجج، والأسئلة، والاستماع المجدي، المواقف المنسقة، إيجاد تفاهمات، واتخاذ قرارات.

المرحلة الثالثة: الانتهاء.

المهمة: الاتفاق على التطبيقات، ضمان علاقات إيجابية.

كيف: التلخيص، مشاركة الوظائف، تلطيف الأجواء إن لم يتم الاتفاق، وداع لطيف.

بعد المفاوضات: المتابعة

المهمة: تنفيذ النتائج، تحليل المفاوضات: ما الذي سار على نحو جيد؟ ما الذي يمكن تطويره؟ وكيف؟

كيف: من دون إضافة أشخاص آخرين: نقد ذاتي، ملاحظات، إضافة أشخاص آخرين: اجتماعات قصيرة وتبادل آراء، هنا أيضًا اكتب ملاحظات عن النقاط المهمة.

المرحلة الأولى من المفاوضات، بمعنى أن التحضيرات بدت لعائشة على النحو الآتي:

1. النقاط الثلاث تم توضيحها، انظر فيما سبق.

2. الموعد: حُدِّد. المكان: مكتب الرئيس.

3. لا يوجد أُناس آخرون مشاركون.
4. الوسيلة: صفحتان من أوراق الـ A4 القياسية، واحدة تحتوي ملخصًا للأعمال والمشاريع التي تعمل عليها عائشة جميعها، وأخرى تحتوي السيرة الذاتية للمرشح الذي تم اختياره لمهمة المساعد.
5. تحضيرات أخرى: لا يوجد.

لدى عائشة أفكار بشأن المرحلة الثانية ـ المفاوضات بحد ذاتها؛ البداية:

1. لن تأخذ وقتًا طويلًا؛ عائشة تعرف الرئيس، وتعلم أنه لطيف، وأنه بوصفه انبساطيًّا يحب الناس ولكنه غالبًا غير صبور بسبب أعباء عمله؛ لذلك هي تعلم أن عليها الوصول إلى لب الموضوع بسرعة.
2. بما أن رئيسها لا يحب أن يحشر في خيار واحد، فقد قررت أن تقول -وقبل أي شيء- أن الوقت المتاح لها ضيق جدًّا لمشروع جديد (لديها ملخص جاهز للتشديد على النقطة المهمة بصريًّا خلال المفاوضات) وأنها قلقة حيال ذلك. سوف تنتظر الإجابة وتلتقط ما تسمعه، وتأمل أن تقنع المشرف بأن الحل الأمثل في هذه المرحلة هو (المساعد)؛ على الأقل لجهة تخفيف عبء العمل في الإشراف على طلاب الماجستير. خلال المفاوضات (من 1–3) من الضروري وضع إطار وحدود للعمل.

وضع إطار وحدود للعمل ١

1. أصرَّ على أن كل إنسان قادر على أن يحقق النقاط التي يريدها، وأنت منهم، وهذا ينطبق إذا قام أحد من موقع أعلى منك بالمقاطعة؛ فلتقل بلباقة: «هل من الممكن أن أكمل نقطتي باختصار...».

2. أرجع المتحدثين إلى النقطة الأصلية إذا ابتعدوا عنها.
3. استعمل تعبيرات مناسبة للأشخاص الذين تتحدث معهم.
4. تواصل بصريًّا، ثم استدر نحو الشخص الذي تتحدث إليه؛ حاول ألّا تطوي ذراعيك أو تصالب ساقيك.
5. ابقَ هادئًا داخليًّا وخارجيًّا حتى إن جرى استفزازك، أو كان الوقت ينفد؛ تنفس بعمق وهدوء إذا شعرت بالإجهاد أو الغضب.

عائشة حصلت على ما تريد: أقر المشرف أن مشروع البحث الإضافي (القريب إلى قلبه) يجعل تخفيف عبء العمل ضروريًّا، ووافق على تعيين مساعد، على أن يكون الشخص موجودًا لتنفيذ بعض الأعمال الخاصة في المشروع الجديد. وافق على اقتراح عائشة للمرشح الجيد باهتمام ـ كذلك الورقة التي تحتوي السيرة الذاتية له. النتيجة هي أنه طلب من عائشة التحضير للمقابلة والتواصل مع الإدارة وكانت في غاية السعادة، وأعربت لرئيسها عند خروجها عن مدى سعادتها بالفرص الجديدة.

نقاط قوى التفاوض لدى الانطوائيين

بعض نقاط قواهم تعني أن لدى الأشخاص الهادئين كثيرًا من الأوراق الرابحة في حالات المفاوضات. بعد أن أصبحت معتادًا على التحضير للمفاوضات وسلسلة الأحداث، سوف تطلع قريبًا على معظم أهم الميزات الموجودة لدى الأشخاص الهادئين في حالات من هذا القبيل ـ وإشارات إلى كيفية الاستفادة منها.

القوة الرابعة: الاستماع

الاستماع يجعل المفاوضات أكثر إمتاعًا: أي شخص لديه المجال المناسب ليعبر عن موقعه بوضوح يبدو أكثر استعدادًا لتقبل وجهة نظر الآخرين؛ هذا

يساعد على جاهزية السؤال الصحيح في الوقت الصحيح في المفاوضات (المرحلة الثانية)، ولكن قدرتك على الاستماع وإعطاء الشخص المقابل لك الفضاء الضروري، مهمان أيضًا.

حقيقة إصغائك تجعل من يقابلك يشعر بجدية تعاملك معه (كما ستفعل طريقة تعاملك مع ما يجب عليك قوله)، هذا يعني أنه سيحاول أن يكون متعاونًا، ولا يبذل جهدًا كبيرًا في محاولة أن يجعل نفسه مسموعًا مرة أخرى، هذا يزيل التوتر من الموقف ويجعله أقل إجهادًا لك. بتعبير أوضح، الاستماع أيضًا يزودك بشيء مهم في المفاوضات: معلومات أساسية عن وجهة نظر الشخص المقابل لك ومصالحه. يمكنك بناء كل ذلك في تفكيرك وبحثك عن النتيجة؛ وهذا لمصلحتك عندما تكافح من أجل تحقيق نتيجة مقبولة لكل منكما.

عائشة تلاحظ شيئًا مهمًا عند الحديث عن مساعد إضافي، ظل رئيسها يعود إلى مشروع البحث والموارد الضرورية والعاجلة له، هذا يعني أنه يمكن أن تتبين في أثناء المفاوضات إن كان يمكن للمساعد أن يشارك في مشروع البحث الجديد، وهذا يوسع فضاء المناورات. فجأة وجد الرئيس أن المساعد مفيد أيضًا. الأسئلة الثلاثة البسيطة المدرجة أدناه تجعل موضوع الاستماع لديك منظمًا في أثناء المفاوضات.

ثلاثة أسئلة للمستمعين الأذكياء ؟

1. ما الحاجة التي يمكن اكتشافها؟
2. ما الشعور الذي يمكنني اكتشافه؟
3. ما الاحتمالات التي يمكنني رؤيتها لبقية المحادثة؟

لا تخف من التقاط ما تسمعه؛ هذا يعني أنك تفكر فيما سمعته وما قيل من الطرف المقابل لك، وتأخذه على محمل الجد بدلًا من الإصرار على موقفك ببساطة. لا تكرر الأشياء حرفيًّا، ولكن عبِّر عما فهمت؛ مثلاً، يقول المشرف على عائشة في المرحلة الأخيرة من المفاوضات (المرحلة الثالثة): «حسنًا أرجو ألَّا يكون هناك مشكلات في المواقف!» شعرت عائشة بالإحباط، وأجابت عن طريق إعادة تشكيل ما سمعته: «هذا يبدو كأنك مررت بوقت عصيب؟» وضح رئيسها في ما بعد المشكلة مع الإدارة، ثم ناقش كل منهما هذه الصعوبات وكيفية تجنبها في الوضع الحالي.

القوة السادسة: التفكير التحليلي

بوصفك شخصًا هادئًا، فإن مهارة التفكير التحليلي تسهل عليك تحديد موقعك في المفاوضات. يمكنك مطابقته مع ما يتمناه الشخص المقابل لك، فضلًا عن هذا سيجد وبسرعة ما المعلومات التي ما زلت بحاجة إليها لتأمين مساحة إيجابية للمناورة. مهاراتك في التحليل سوف تساعدك على إعادة تشكيل السؤال الآتي بدقة. السؤال التحليلي الأساسي عند المفاوضات:

كيف يمكن لهذه المعلومات أن تساعد على إدارة ما تبقى من المفاوضات؟

الاستماع يؤدي إلى حلول

لم يكن في وسع عائشة معرفة إن كانت الموارد الضرورية للمساعد متوافرة قبل المفاوضات؛ لذلك استمعت بانتباه شديد عندما تحول النقاش إلى تمويل البحث إضافة إلى عمل المعهد الروتيني، وهنا أحست أنه من غير المناسب السؤال عن التمويل مباشرةً.

لذلك لمَّحت إلى هذا الموضوع بطريقة غير مباشرة عن طريق ذكر أن أي تأخير في عملها يمكن أن يسبب تكلفة، وفوق كل شيء يمكن أن يتمخض عن

صعوبة في تمويل عملها الخاص حتى حصولها على الدكتوراه، هذا يعني أن فكرة قضية توافر الموارد قد تمت إثارتها على الأقل ـ المال من أجل المساعد أصبح مطروحًا ـ والحل المفضل نسبيًّا يتم مقارنتة مع البدائل الأخرى!

القوة الثامنة: الإصرار

قيادة المحادثات إلى المكان الذي تريده

الانطوائي المثابر لديه ميزة واضحة في المفاوضات؛ يبقى صبورًا ومحترمًا في أثناء شرح قضيته، ولكنه يبقى متشبثًا بها. الصبر يعني النجاح بعد كثير من المناقشات، والإصرار على الموقف هو ما يسمى بالمثابرة.

أفضل ما يمكنك أن تعمله هو أن تستغل قدرتك على التحمل، وأن تستعمل اللغة المناسبة لقيادة المحادثات باتجاه ما تريد؛ سوف تتمكن من ذلك عن طريق الاحتفاظ ببعض الجمل المهمة في ذاكرتك.

كيف تصر على موقفك في قضيتك؟

هنا بعض الجمل المصممة لإدارة مفاوضاتك.

1. «لنعد إلى القضية... ثانيةً».
2. «ما تقوله ذكرني بأمر تحدثت عنه في البداية، وهو...».
3. «كيف باعتقادك يمكن أن يكون ذلك متوافقًا مع...»؟

هذه الإستراتيجيات اللغوية سوف تبقيك على المسار، وتساعدك على جعل نظيرك يتبنى موقفك؛ هذا أداء قيادي حقيقي!

القوة العاشرة: التعاطف

جعل نظيرك يتبنى موقفك أمر مهم -على وجه الخصوص- عند المفاوضات، وبذلك يكون التعاطف ميزة لك، ولكن نقطة القوة هذه تشتمل

على مزيد من المزايا؛ إنها لا تعني إبقاء عينك مفتوحة على ما تريد أن تقود المفاوضات إليه فحسب، بل أن تبقيها مركزة على علاقتك مع نظيرك متجاوزًا بذلك موضوع المفاوضات.

الأشخاص الهادئون المتعاطفون يريدون الوصول إلى قرار بروح اتفاق حقيقي، لا بالإفراط في المتابعة أو التلاعب بالنظير، وهذا النوع من النهج مثالي للمفاوضات؛ فعائشة لم ترد أن تفسد علاقتها مع رئيسها حتى إن لم يكن في وسعها الحصول على ما تريد.

التعاطف لا يعتمد على المنصب: الرؤساء الهادئون الذين يمتلكون نقطة القوة هذه يقدرونها عندما يتوصل موظفوهم إلى قرارات في المفاوضات اعتمادًا على مبادرتهم، وليس تحت الضغط.

إن لم تصل المفاوضات إلى النتيجة الصحيحة، فالتعاطف يساعد على جعلها نتيجة سلمية. عن طريق القول: «للأسف، قد أتمكن من إقناعك في المرة القادمة!»، فالذين لم يحالفهم النجاح هذه المرة لا يبعدون أنفسهم عن الحالة فقط، ولكن يظهرون روحًا رياضية وثقة هادئة رائعة؛ لا يوجد خطر مواجهة ونقد ذاتي مفرط، وهذه ليست واقع حال كثير من الانبساطيين.

عقبات الانطوائيين في أثناء المفاوضات

مثلما يمكنك استغلال نقاط قوتك في أثناء المفاوضات، قد تكون هناك عقبات بانتظارك؛ يمكنها أن تحمل معها تحديات واحتياجات معها. هذا الجزء سوف يركز على هذه الصعوبات المتوقعة، وعلى السؤال كيف يمكن التعامل معها بصورة أفضل.

سؤال من أجلك ؟

أي من نقاط قوتك الشخصية يمكنك استعماله لتكون ناجحًا في المفاوضات القادمة؟

هذه هي نقاط قوّتي	وهذه هي الطريقة التي أنوي استعمالها بها
....	....
....	....
....	....
....	....
....	....

العقبة السادسة: عقلاني على نحو مفرط

الانطوائيون التحليليون بقوة عرضة للذهاب إلى المفاوضات باعتقاد غير صحيح؛ هذا الاعتقاد يفيد أن من يفوز هو من يمتلك أفضل الحجج.

سيكون جميلًا لو حصل ذلك! لو كان الأمر دائمًا حول ما هو الأفضل، سيكون عالمنا على خير ما يرام، ولكننا بشر والبشر لديهم مشاعر. إن عدم الاعتراف بالمشاعر -أو ببساطة يجادلون كأن من يقابلهم ليس لديه مشاعر- تصرف غير صحيح.

مواقف عاطفية في المفاوضات

تأخذ المشاعر صورًا وأنماطًا شتى. لنعد إلى مفاوضات عائشة ثانيةً؛ في حالتها توجد ثلاثة عوامل أثرت -على نحو خاص- في سلوك رئيسها العاطفي والمفاوضات بينهما؛ أولًا: تعمل عائشة مع المشرف عليها يوميًّا، وهذا أدى إلى نوع من التقارب بينهما. لحسن الطالع، في هذه الحالة يعملان معًا على

قاعدة الثقة المتبادلة واحترام كل منهما الآخر. بمعنى آخر حالتان إيجابيتان عاطفيًّا. ثانيًا: يوجد فرق في المكانة بينهما. هذا يولد عواطف: كيف يتعامل المشرف على عائشة مع حقيقة أنها تطلب شيئًا ولديها هدف؟ كيف يكون الأمر إذا لم يرَ الأمور بطريقة تتناسب مع حقيقة هذه المرشحة للدكتوراه؟ تحت أي شروط عليه أن يقبل اقتراحات الموظفين؟ وكيف سيبدو ذلك للأشخاص المشاركين الآخرين زملاء الدكتورة، الزميل الذي قدم تعليقات حاسمة مثلًا؟

يوجد عامل ثالث بسيط ولكنه مهم في المحيط العاطفي: كيف هو مزاج المشرف عليها في ذلك اليوم؟ هل كان يُعاني صداعًا، أم تشاجر مع زوجته، أم إنه في مزاج رائع بعد ممارسة الركض هذا الصباح؟ لذلك يمكنك أن ترى أن المشاعر تضيف خططًا إضافية بخاصة في عمق المفاوضات؛ لذلك عليك:

التعامل مع الإستراتيجيات العاطفية بوصفها جزءًا من إجراءات التواصل في المفاوضات كلها.

لمواجهة العقبة الآتية عليك التغلب على بعض المشاعر التي تمثل رغبة في إبقاء الموقف على ما هو عليه.

العقبة الثامنة: الانغلاق على موقفك الخاص

أي شخص يذهب إلى المفاوضات عليه أن يكون مستعدًّا لأن يكون مرنًا؛ السبب في ذلك يكمن في طبيعة المفاوضات: إنها تتمحور حول المواءمة بين اهتمامك واهتمام الشخص المقابل لك. للقيام بذلك عليكما بالتقدم أحدكما نحو الآخر في عمليات المفاوضة، وهذا التقدم يأتي إذا قوّمت معايير اتخاذ القرار، والبدائل والسبل للحل، أو طورتها أكثر.

غالبًا ما تطرح مفاهيم جديدة محددة تحتاج إلى فضاء رحب ومُجْدٍ في المفاوضات؛ الانغلاق على موقفك يمكن أن يعيقك هنا، فكثير من الانطوائيين

يقدرون المواقف المدروسة والهدوء والسكينة اللازمة للتفكير، ومن السهل أن تفقد الرؤية لهذه العوامل كلها وسط تكرار الذهاب والإياب في المفاوضات؛ يمكن لهذا أن يضعف الثقة والتناغم؛ ويمكن اتخاذ إجراءات مضادة، ويمكنك توظيف قدراتك التحليلية (وولعك بالكتابة) لضمان أن يكون لديك الفضاء للمناورة في مفاوضاتك.

الخطوة الأساسية هي تقديم تكوين بنية تنظيمية لأجزاء جديدة و معقدة من المعلومات.

ابقَ مرنًا من خلال التحليل

ساعد في إجراء مفاوضاتك

دَوِّنْ ملاحظات في أثناء المفاوضات بحيث تكون صورة واضحة تمامًا -يمكنك استعمال الملاحظات لتحويل التركيز، أو يمكنك تأجيل التعامل مع بعض النقاط في الاتفاق مع نظيرك، ثم تعيد تجميعها في النهاية وذلك بكتابتها. الملاحظات غالبًا لا تبطئ المناقشات، بل على العكس: فعندما تكتب شيئًا، فهذا يشعر الشخص الآخر أنك تأخذ كلامه على محمل الجد.

العقبة العاشرة: تجنب المواجهة

سيكون هناك دائمًا مفاوضون يمارسون الضغط عن قصد أو من دون قصد لتقوية موقفهم التفاوضي، ويصرون على قرارات سريعة، ويتحدثون بسرعة وبصوت مرتفع، أو يعطون إشارات نفاد صبر من خلال لغات الجسد مثل طقطقة الأصابع أو الانحناء إلى الأمام. الانبساطيون الذين يشعرون بسهولة أن مشاعرهم تأذت في أثناء المفاوضات بسبب مزاجهم هم عرضة للتصرف هكذا بصورة خاصة.

ولكن يمكن الاستفادة من الاستعجال على نحو متعمد بوصفه وسيلة قوّة؛ بحيث يستثمر الشخص المقابل وضعك وأنت تحت الضغط لدفعك إلى اتخاذ قرارات.

كثير من الأشخاص الهادئين يشعرون في ظروف من هذا القبيل أن الشخص المقابل يتعمد إنتاج وضع مواجهة محتملة في المفاوضات؛ بتعبير آخر غير مريح إطلاقًا.

العواقب: لقد سمحت للضغط الممارس عليك بجعلك تشعر بالتوتر، وهذا يضعف موقفك التفاوضي بكل سهولة.

إذا كنت تفاوض مع شخص يضعك تحت الضغط، ينبغي أن تعمل أول خطوة على جعلك تنأى بنفسك داخليًّا؛ انتبه جيدًا لما يحدث، راقب الوضع والشخص المقابل لك، كما لو كنت تشاهد فيلمًا؛ هذا سوف يجعل من الصعب عليك التصرف بصورة غريزية مثل الدفاع عن نفسك بصورة عدائية أو التراجع.

الخطوة الأولى: كن على علم أن الشخص المقابل لك يريد أن يضعفك تحت الضغط.

تذكر أنك من يقرر كيف تستمر المفاوضات و ما النتائج. لا أحد يجبرك على قبول مزاج سيئ أو ضغط من الطرف الآخر؛ لذلك بدلًا من ذلك اهدأ: خذ نفسًا عميقًا، وحافظ على وتيرة السرعة عينها وخططك نفسها.

الخطوة الثانية: خذ نفسًا عميقًا وحافظ على وتيرة سرعتك.

هنا يمكنك توظيف اللغة ولغة الجسد: قدم بإيجاز ما يهم الشخص المقابل، من دون ذكر ما الذي يطلبه (أستطيع أن أفهم أن الأمر الأكثر أهمية هو البقاء ضمن الميزانية). هذا يوضح أنك منتبه لما يهم الشخص الآخر، من دون إعطائه الفرصة. عندما تتحدث افعل ذلك بالسرعة نفسها والاندفاع نفسه في نبرة الصوت كما تفعل دائمًا. احرص على التواصل بصريًّا بثبات

بالعين: كن ثابتًا من دون تحديق. حرِّك عينيك ضمن (المثلث الاحترافي لنظيرك) بين الحاجبين و أعلى الأنف.

عدم قول أي شيء (الصمت) يُعدُّ إستراتيجية مفاوضات قوية. من لايقول شيئًا بدلًا من الاستعجال للإبقاء على الحديث بعد تقديم العرض يعبِّر عن ثقة. يمكنك البقاء صامتًا عندما يقدم الشخص المقابل لك عرضه: لا أحد يجبرك على تغيير موقفك مباشرة؛ لذلك فكر في العرض بهدوء؛ قد يؤدي ذلك إلى أن يصحح نظيرك نفسه عفويًّا.

إذا أصبح الضغط الذي يمارسه الشخص المقابل كبيرًا، و إذا كنت تعتقد أنه يمكنك اقتراح استراحة؛ أجِّل كل شيء إلى ما بعد ذلك.

الخطوة الثالثة: اقترح استراحة

أحيانًا لا يمكن تأجيل المفاوضات؛ مثلًا إذا كان الشخص المقابل لك لا يملك وقتًا كافيًا، أو غير متاح في تلك اللحظة، فهذا هو الوقت للمثابرة والاستمرار!

أَفِدْ من مهارتك في الاستماع والتحليل والثبات، ثم التزم بالخطوتين الأولى والثانية اللتين تعلمانك كيف تعيش مع خوفك من المواجهات. نتمنى لك حظًا وفيرًا في هذا كله!

سؤال لك ؟

كيف ستتعامل مع حاجاتك وعقباتك في المستقبل؟

عقباتي	كيف أميل للتعامل معها
....	....
....	....

عقباتي	كيف أميل للتعامل معها
....	....
....	....
....	....
....	....
....	....

نقاط أساسية مختصرة *

1. عند التفاوض، الأمر الأساسي هو العمل معًا من أجل موقف تتعايش معه الأطراف كلها.
2. أهم النقاط عند الاستعداد للمفاوضات توضيح موقفك والتخطيط لمراحل النقاش نفسها؛ الأطراف كلها تشعر بالأمان عندما لا تبقى المناقشات تدور حول الأمور نفسها.
3. نقاط القوة الآتية مفيدة، وبخاصة للمفاوضين الهادئين: الاستماع، والتفكير التحليلي، والتعاطف والثبات (الإصرار).
4. ثم ثانيةً، العقبات في المفاوضات هي: كثرة التفاصيل، العناد وتجنب المواجهة، ولكن أي شخص مطلع على نقاط ضعفه يمكنه أن يبقيها تحت السيطرة؛ بحيث لا تُسبب له أضرارًا أو توترًا مفرطًا. هذا يطبق بصورة خاصة لتجنب المواجهات.

الفصل الثامن

في دائرة الضوء

كيف تتحدث أمام جمهور؟

عُيِّن سلطان رئيس قسم في مؤسسة متوسطة الحجم في صناعة الحديد، لقد سبق له أن عمل في الإدارة سنوات عديدة، أما الآن فعليه أن يمارس الإدارة.

إنه على معرفة بالوضع المالي، ويعرف جيدًا كثيرًا من الموظفين، وهو واثق من أنه متميز في مهنته، ولكن إلى الآن عليه التواصل ضمن نطاق يمكن التحكم فيه: في موقعه الإداري حتى الآن عليه التعامل مع عشرة (وقلَّ ما يصل العدد إلى 15) أشخاص. وكونه هادئ الطباع فإنه يفضل المجموعات الصغيرة على الكبيرة. شرح الميزانية والحسابات السنوية لم يكن من الأعمال المفضلة عنده، ولكنه يعرف زملاءه ومعتاد عليهم في هذه الحالات.

ولكن ترقيته جعلته يواجه تحدِّيًا جديدًا. اليوم فقط علِم أن محمدًا أحد زملائه في القسم، سوف يتقاعد الشهر القادم، وإحدى مهمات رئيس القسم هي إلقاء خطبة الوداع، كان مجرد التفكير في تلك الخطبة يجعله يتصبب عرقًا؛ صحيح أنه يعرف الشخص المتقاعد ويحبه أيضًا، ولكن الحديث أمام 120 شخصًا وعن هذا الموضوع الذي هو خارج نطاق عمله الروتيني، عمل يرغب كثيرًا في تجنبه.

الظهور في العلن ـ مشروع تطوير

سلطان شأنه شأن كثير من الأشخاص الهادئين لا يحب الظهور في العلن؛ ثمة كثير من الأمور في هذه المواقف لا يحبونها، ومنها: التواصل مع عدد كبير نسبيًّا من الأشخاص، الموقع البارز في دائرة الضوء، التحدث لوقت طويل من دون إمكانية الانسحاب ـ كل ذلك يصبح عبئًا.

يمكن تعلم التحدث إلى العموم

والآن إلى الأخبار الجيدة: معظم الانطوائيين قادرون على النجاح في تذليل هذه الصعوبة؛ الظهور العلني الناجح لا يعتمد على أمور مثل موهبة التحدث والحضور الفطري اللذين قد يكونان مفيدين، ولكن الظهور الناجح يمكن تدبير أمره بطرق أخرى.

إلقاء المحاضرات والعروض التقديمية يمكن تعلمها بكل سهولة، حتى باراك أوباما التحق بالتدريب المنظم على كيفية إلقاء الخطاب، قبل أن يعمل بثبات كي يصبح مثالاً للحضور الشخصي والخطيب اللامع البليغ كان قد وُصف بأنه محاضر جامد ثقيل الظل (مجلة التايم 2008/5/8م)، أو بأنه «جامد وممل» (مجلة شيكاغو، حزيران/ يونيو 2007م) بقلم تيد ماكليلاند.

ولكن في تموز/ يوليو (2004م) أثار أوباما صخبًا في أمريكا كلها، عندما ألقى خطابًا في مؤتمر للحزب الديموقراطي في بوسطن ـ ألقى 2297 كلمة خلال 17 دقيقة، ولكنه لم يصبح خطيبًا مفوَّهًا بين ليلة وضحاها: لقد عمل على تطوير نمط خطابه على مدى عدد من السنوات، بخاصة على تقديم نفسه بوصفه أملًا سياسيًّا كبيرًا يُرتجى. وعمليات تطوير ثابتة وتدريجية جعلت له حضورًا ناجحًا ـ وهذا المثال المعاصر لقائد انطوائي الشخصية يظهر أن هذا النوع من عمليات التطوير يمكن أن ينقل المرء نقلة عظيمة...

التكرار يعزز الثقة

حتى إن لم تُرِد أن تصبح رئيسًا أو رئيسًا للوزراء أو مستشارًا يمكنك أن تتقدم شخصيًّا وتكسب مهنيًّا بتعلم الخطاب أمام الجمهور. المرحلة الابتدائية هي الأكثر تحدِّيًا، عندما تكون من دون خبرة نسبيًّا، ولكن كلما خاطرت في مواجهة الجمهور وكلما تكرر ذلك، وكلما تبينت الإستراتيجيات التي ننصحك بها، تُصبح أكثر ثقة وأمنًا عندما تتحدث إلى جمهور.

متى تُعدُّ المحاضرة ناجحة؟

تخيل أنك تفكر بعد انتهاء المحاضرة: أجل إن الأمر يستحق هذا العناء، لقد كنت جيدًا. تحت أي ظرف يمكن أن تقول ذلك؟ لنقل ذلك بطريقة ثانية: ما هو بالضبط الذي يجعل الظهور ناجحًا؟

لكي تكون لديك فكرة واضحة عما يمكنك أن تنجزه في أفضل الحالات، سوف تجد هنا ملخصًا يحتوي على ثلاثة معايير ضرورية للنجاح، أرجو أن تتذكر أن هذا الملخص ليس من أجل زيادة التوتر، بل على العكس من ذلك، إذ من المفترض أن يُقدم لك إرشادًا لتحويل المفهوم الغامض للخطاب الجيد إلى صفة أصيلة وقوية، وهذا وعد: يمكنك تحقيق كل ما تقرؤه في القائمة الآتية باستعمال عدد من الإستراتيجيات الصغيرة. كما اكتشف ذلك باراك أوباما، الأمر الضروري هو التمرين!

المعايير الثلاثة الكبيرة للنجاح

محاضرتك تُعَدُّ ناجحة عندما تقدم نفسك إلى الجمهور بطريقة تناسبك شخصيًّا.

المعيار الأول يعتمد على دورك بوصفك متحدثًا؛ كل جمهور يرغب في الاستماع إلى أشخاص موثوقين يتحدثون، ولكن إذا كان شخص ما يؤثر بطريقة

ما ويتظاهر بأنه شخص آخر ليس هو، فإنه يضع نفسه والآخرين في حالة من التوتر - ناهيك عن أن التأثير من هذا القبيل يتطلب سنوات من التدريب على التمثيل، ولكن ليس عليك أن تجرب التمثيل ولست بحاجة إلى ذلك؛ كن واثقًا من نفسك بدلًا من ذلك! هذا سوف يوفر كثيرًا من الطاقة، وهو أكثر فاعلية؛ لذلك إذا كنت تميل إلى أن تكون موضوعيًّا ومُحَدَّدًا بحركاتك، افعل ذلك من أجل الجمهور أيضًا؛ ليس مطلوبًا منك أن تقدم عرضًا لتثير انتباه الجمهور إلى موضوعك وتقنعهم باهتمامك، وبدلًا من ذلك ليكن هدفك أمرًا آخر إيجابيًّا ومؤثرًا؛ كأن تجعل الآخرين يثقون بما تقوله، وتنقله، وأن القضية في أيدٍ أمينة مع الاستفادة من تجربتك، أو اترك لديهم انطباعًا بأن القضية تعني أشياء كثيرة لك؛ يمكنك توليد تأثير من هذا القبيل بالظهور هادئًا وعميقًا ومطَّلعًا. اتبع نهجًا هادئًا إذا لم تكن الفكاهة من طبعك. التزم بالافتراضات المقيدة بدلًا من الجزيئية إذا كنت تشعر براحة أكبر في ذلك، باختصار: ابحث عن أسلوبك الخاص، ضحكة بسيطة في الوقت والمكان المناسبين تعطي تأثيرًا أكبر من ضجة الضحك المصطنع الذي لا يعكس شخصيتك.

سؤال لك (لخطابك القادم) ؟

ما الخصائص الرئيسة التي عليك أن تتحلى بها بوصفك خطيبًا؟

إليك بعض الاقتراحات:

مسترخٍ	موضوعي	متحدث بارع
مرح	طيب القلب	بسيط (حتى عند التعامل مع مسائل صعبة)
متفائل	مفكِّر	تتعامل مع المسائل الصعبة

مسترخٍ	موضوعي	متحدث بارع
محفز	شفاف	صوت قوي
مشجع	صادق	قوي الحركات
جدِّي	مصمم	نغمات الصوت مفعمة بالحيوية
جوهري	واضح	هادئ الإيماءات

صفات إضافية: ....

....

....

....

إذا لم تكن متأكدًا أين تكمن قوتك، فاستشر الأشخاص القريبين منك، كيف يرونك؟

هناك أمر مهم: إذا أردت أن تقدم انطباع الثقة للجمهور، فيمكنك إنجاز ذلك ببساطة باستغلال نقاط قوتك، وبناء أدائك بالاعتماد عليها. كما أوضحنا في هذا الكتاب أيضًا، عندما تبدي للجمهور أن عقباتك تكمن في ظل نقاط قوتك، وأن عليك أن تكون مطلعًا على هذه العقبات، عليك عندئذ أن تكون متآلفًا مع نقاط الضغط التي تُعانيها، ومطلعًا على احتياجاتك الشخصية، وألّا تسمح لنفسك أن تتفاجأ بها.

سلطان رئيس قسم، وقوته تكمن في حقيقة أنه يتحدث بهدوء وبطبقة صوت صحيحة، ويمكنه أن يخاطب جمهوره كأنه في محادثة شخصية، ويمكنه أن يرى قدرته على استغلال الملاحظات الشخصية جيدًا بصورة خاصة في هذه

المناسبة. خطاب الوداع الذي هو الظهور الأول له أمام طريق العمل كله يريد أن يشكل به خط تواصل جيدًا مع أعضاء فريق العمل جميعًا بوصفه رئيسًا لهم.

تكون محاضرتك ناجحة إذا تمكنت من نقل رسائل واضحة.

المعيار الثاني يتعلق بمحتوى المحاضرة. ما هي بالضبط النقطة الأساسية التي تقدمها في محاضرتك؟ إذا أخذ المستمعون جملة واحدة فقط من النقاط التي تطرح على أنها رسائل أساسية، فماذا يجب أن تكون تلك الجملة؟ يجب ألَّا يظهر المتحدث على المسرح من دون رسالة أساسية - لا يهم إن كانت حول الإشادة بشخص يصمم إعلانات البيع، أو بواضع لنظرية علمية.

صاغ سلطان رسالته الأساسية، وهي نحن نقدرك يا محمد ونحبك، نحن متحمسون بشأن هذه المرحلة الجديدة في حياتك. جعل هذه البداية أساسًا لجمع معلومات محددة عن محمد يمكنه استخدامها لتوضيح تلك النقطة: ما الذي فعلاه معًا؟ كيف يراه القسم؟ ما الذي يجعله مميزًا بوصفه زميلًا؟ يريد سلطان أن تستعمل هذه المعلومات كلها لبناء نقطته الأساسية، وأن يركز الخطاب عليها.

بوصفها قاعدة، يجد الأشخاص الهادئون أن معيار النجاح الثاني الخاص بالمحتوى هو الأسهل، وهذا لا ينطبق على من هم جيدون في التفكير التحليلي - القوة السادسة بصورة خاصة: الأشخاص الهادئون يميلون إلى التفكير بعناية حول ما يريدون قوله.

الانضباط في المحاضرة مطلوب، لاختصار ما قيل في جملة واحدة، وهذا يستحق العناء: حالما تؤسس لنقطة أساسية في محاضرتك سوف تجد أن من السهل البناء والبحث بمنهجية في النقاط كلها التي تثيرها، هذا أيضًا يساعدك على إيجاد طريقك فيما يتعلق بالمادة، ويساعد الجمهور كذلك!

أسئلة لك (لخطابك القادم) ؟

ما النقطة الأساسية، في جملة واحدة؟

....

....

ما المواد اللازمة لبناء الرسالة الأساسية وما يؤدي إليها؟

....

....

ما المواد التي تحتاجها لتقديم رسالتك الأساسية لتكون مفعمة بالحيوية وممتعة؟

....

....

محاضرتك تكون ناجحة إذا كانت متناغمة مع الجمهور وحاجاته.

المعيار الثالث للنجاح هو التواصل الإيجابي مع الجمهور. ستكون محاضرتك ناجحة تمامًا إذا تمكنت من توصيل ما تريد إلى الجمهور. بكلمات أوضح، هذا يعني أن يتمكن الحضور من متابعتك (لأنك تزودهم بإشارات كافية)، وأن تكون لديهم الرغبة في المتابعة (لأن ما تقوله مثير للاهتمام). هذا المعيار يجعل مهمتك أسهل: إنها تخفف من عبء أن عليك شخصيًّا أن تقدم معظم الانطباعات الإيجابية وأنت تقف تحت الضوء حيث تكون على مرأى ومسمع من جمهور لا يرحم.

بدلًا من ذلك يلصب التركيز على ما يحتاجه الجمهور، ومن ثمَّ على ما تشير إليه ـ و مع كل ذلك يبقى السؤال حول حاجات الجمهور؛ وبدقة أكبر: كيف تكمل؟ وما أفضل طريقة لجعل الجمهور الذي يجلس ويستمع مهتمًّا بالمحتوى؟

إجابة ذات معنى يمكن إيجادها عندما تطرح مزيدًا من الأسئلة التي تساعدك على الاستعداد للمحاضرة: ما المعلومات التي يحتاجها الجمهور؟ ما الذي يعرفونه حقيقةً عن الموضوع؟ ما أفضل لغة يمكن استعمالها؟ ما نوع مزاج الجمهور الذي تتحدث إليه؟ وما توقعاتك منه؟ هل تريد مفاجأة الجمهور، أم محاولة تلبية ما تفترض أنها توقعاتهم؟

هذا المعيار يبين لسلطان أن الجمهور سيكون غالبًا مهتمًّا به، كيف سيتصرف رئيس القسم في مهمته الجديدة؟ كيف سيعامل موظفيه؟ لقد قرر أنه سيودع محمدًا بطريقة تجعل موظفيه يشعرون أن الشخص الذي يقف أمامهم إنسان يحترمهم، وبالإضافة إلى ذلك سوف يرون أنه يفكر بوضوح.

بعض الأسئلة لك (من أجل الخطاب القادم) ؟

ما نوع الأشخاص الذين يحتمل أن يتشكل منهم الجمهور؟

....

....

ما الخصائص الأهم التي تحتاجها في خطابك؟

....

....

....

كيف يقيّمك الجمهور؟ وكيف يقيِّم مهمتك؟

....

....

هل يتكون الجمهور من مجموعات باتجاهات مختلفة؟ ما هذه الاتجاهات؟

....

....

ما مدى اطلاع الجمهور على الموضوع؟

....

....

كيف سيكون رأي الجمهور عن الموضوع؟

....

....

ما الصفة المشتركه التي يمكن أن تجمع جمهورك؟ (يمكن استعمالها بوصفها بداية؛ مثل الخلفية، التدريب، الاهتمام، وجهات النظر ...)

....

....

كيف تنوي أن تبني مادة موضوعك بناءً على هذه الاسئلة؟

....

....

مثلث معايير النجاح

إذا اتبعت معايير النجاح الثلاثة تكون قد وضعت قدمك على الطريق المؤدية إلى خطاب ناجح. الرسم البياني الآتي يبين لك الروابط بينها

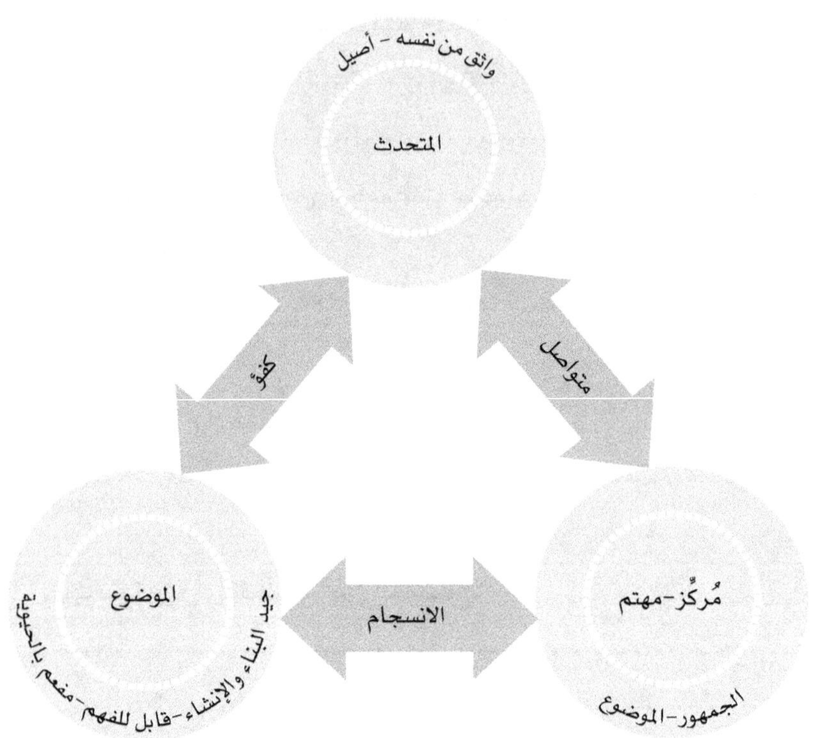

الخطوة اللاحقة تأخذنا إلى مراحل التحفيز؛ استثمر الوقت هنا وسوف تحصل على الثقة والتأسيس لسلوك استجابة. هذا -على وجه الخصوص- يمثل مرحلة ممتعة للأشخاص الهادئين: خطاب يمكن إعداده بسلام وهدوء، وعلى انفراد، من دون أي جمهور نهائيًّا...

الفرصة والحماية: مرحلة التحضير

ميزات التخطيط

فكر قبل التحدث: قد تكون هذه النصيحة من شخص هادئ. في الوضع المثالي يمكنك إيجاد الوقت الكافي للقيام بذلك، ولكن عادةً يكون الوقت ضيقًا،

عندها ما يهم هو بالعمل الهادف والتركيز (القوة الثالثة) عندما تحضِّر ما تريد قوله. هذا النهج التحضيري يقدم لك ميزتين؛ أولًا: ما تقوله في العلن تم التفكير به وصياغته جيدًا. ثانيًا: تشعر بأمان أكثر عندما تقف على أرضية صلبة فيما يتعلق بما تنوي قوله.

حضر دائمًا على أساس الإستراتيجيات التي شُرِحت في القسم السابق: أجب عن الأسئلة المتعلقة بمعايير النجاح الثلاثة؛ أي بالعلاقة معك بوصفك شخصًا، ومع الموضوع ثم مع الجمهور، هذه المجموعة الأولى من التوجيهات، وهذا الجزء سوف يبين لك كيف تنظم مادة الموضوع.

أي خطاب ـ لا يهم إذا كان تقرير شركة أو خطاب وداع يلقيه سلطان عن محمد ـ يقع في ثلاثة أجزاء؛ مقدمة، والجزء المركزي، والخاتمة. هذه ليست مسألة تسميات: كل جزء من هذه الأجزاء يقوم بمهمة محددة، ومن المهم أن تبقي ذلك في صلب تفكيرك عندما ترتب المادة. سوف تجد ملخصًا موجزًا في ما يأتي:

١ أقسام الخطاب وأهدافه

المقدمة

1. إثارة الاهتمام.
2. تأسيس موقف.

القسم المركزي:

1. قدم الموضوع بأسلوب مثير للاهتمام وواضح.
2. حدد النقاط الأساسية وإلى أين تؤدي.

الخاتمة:

1. وضح ما الذي على الجمهور أن يفكر فيه، ويفعله ويعززه.
2. توصل إلى استنتاج إيجابي.

المخطط المدرج أدناه يشير إلى تلك الشروط المختلفة التي كثيرًا ما أستعملها في ندواتي؛ سوف تساعدك على هيكلة أي خطاب تُعِدُّه في وقت قصير. طبعًا يجب أن تعرف ما الذي تريد الحديث عنه ـ وهذا لا يُعدُّ مشكلة للأشخاص الهادئين عادةً. استعمل المخطط عندما تحضر لخطاب بحيث تضع مادة الموضوع المناسبة في المكان المناسب.

إن كان خطابًا عامًّا، لا محادثة، من المستبعد أن تواجه مشكلات في السرعة التي تتواصل بها إذا حضرت جيدًا، هذا لأنك تتصرف بأسلوب متأمل، وليس عليك الارتجال عفويًّا.

العب على نقاط قوتك عندما تحاضر

معظم الأشخاص الهادئين يرون أن الحديث إلى جمهور هو مجال للانبساطيين، وبوصفه أرضية يحبها الأشخاص الانبساطيون وتبدو كأنها محجوزة لنجاحاتهم، قد يكون هذا غير مشجع، إلا أن الأشخاص الهادئين لديهم نقاط إضافية تحت تصرفهم، ويمكنهم استعمالها للمساعدة على إعداد خطابات ممتازة و محاضرات متميزة.

قوة الانطوائيين المثالية

كما في الفصلين الأخيرين، سوف تجد قوى مثالية هنا أيضًا رصدتها غالبًا في الانطوائيين ـ في هذه الحالة، في محاضرة يقدمها انطوائي. أريد

أن أستعمل هذه الأمثلة لإيضاح شيء غالبًا ما يغفل عنه الانطوائيون: حقيقة أنه في وسعهم أن يستغلوا ميزاتهم الخاصة لكسب نقاط جيدة مع الجمهور.

القوة الثانية: المضمون

الأشخاص أصحاب المضمون يدركون ما الذي يتحدثون عنه، وهذا بالطبع يصبح أكثر وضوحًا في خطاب يقدَّم أمام جمهور: سلطان لم يحلم أبدًا بالظهور في موقف عام ليقول أشياء بسيطة ليوضح أراء لم يفكر فيها مليًّا.

١

مخطط: تحضير خطاب
العنوان: النقطة الأساسية:
المقدمة مخطط. ادخل في الموضوع من خلال شيء مألوف، أو أي شيء مفاجئ. ملخص للمحتوى
الجزء المركزي: مقسم إلى ثلاثة أجزاء/ جوانب الجانب الأول: تضمين/ ميزة
الجانب الثاني: تضمين/ ميزة
الجانب الثالث: تضمين/ ميزة

مخطط: تحضير خطاب
استنتاج ملخص/ إعادة للنقاط الأساسية نظرة عامة: وضع ما قيل في سياق أوسع.

إليكم ملخصًا يظهر أهم النتائج وأفضلها من استعمال مادة غنية بالمضمون في المحاضرات:

ميزات المحاضرات ذات المضمون ١

1. لا تحتوي على أقوال مبتذلة مملة أو عناوين فارغة «أنا سعيد لأن عددًا كبيرًا منكم أصبح...»، «قبل أن أنهي، أحب أن...».
2. مادة الموضوع تم التفكير فيها مليًّا وتجربتها بعناية.
3. ليس فيها ترويج ذاتي واضح أو نكات ضعيفة.
4. المعلومات عن المحاضر أو المحاضرة مختارة بعناية تتناسب مع مادة الموضوع.
5. أهمية مادة الموضوع تم توضيحها.

تلخيصًا أقول: هذه المميزات تعني أن المحاضر (من دون وضع نفسه في دائرة الضوء) يركز على الموضوع، ويدخل في لب الموضوع، ويحسب حساب وقت الجمهور ووقت الانتباه. الجوهر لا يؤثر فقط من حيث الموضوع؛ إنه يعطي الجمهور أيضًا الانطباع بأن المتحدث أمامهم يخبرهم أمورًا عن نفسه أو نفسها مرتبطة بالموضوع؛ لذلك اسأل نفسك: ما المهم والذي له صلة بك أو

مثير للاهتمام بالنسبة إليك شخصيًّا حول الموضوع؟ كم يمكنك أن تضع من ذلك في المحاضرة؟

ما الروابط الشخصية لك مع مادة الموضوع؟ ما مقدار ما يمكن أن تضعه المحاضرة؟

عندما سأل سلطان هذا السؤال، تذكر رحلة إلى معهد للتعليم رافقه فيها محمد. هذا أعطاه فرصة لرؤية جانب مختلف ومفاجئ من زميله: حكى له محمد (بتحفظ في البداية، ثم بعد ذلك بحماس كبير) عن العرض الأول الذي تلقاه بوصفه نحاتًا هاويًا؛ لا أحد يعلم بذلك، ولكن سلطان الآن لديه موافقة المتقاعد الجديد للحديث عن ذلك. يا لها من مادة رائعة: يمكن الآن لسلطان أن يركز على أمر مهم ذي قيمة خاصة له، ويمكن أن يخبر الجمهور عن مدى تأثره عندما رأى المنحوتات ...

القوة الثالثة: التركيز

مع أن سلطان استطاع الإشارة بالكامل إلى مادة الموضوع بقدر ما يمكن، إلا أنه كان يشعر بالقلق قبل اعتلائه المنصة من حيث كون النهج الهادئ والأسلوب الخطابي قد لا يكونان مناسبين.

بالنسبة إلى كثير من المستمعين قد يبدو كأنه لا ينتمي إلى المكان و مملًّا في هذا المضمار، ولكن لأن التركيز من جوانب القوة عنده فإنه لا يتعين عليه القلق كثيرًا حيال ذلك. يستطيع سلطان أن ينجح باستعمال قوة مركزة؛ حيث يتحدث الشخص الانبساطي بقوة وتوقعات واسعة وإلقاء نابض بالحياة؛ أي يمكن القول إنه ينتبه تمامًا إلى وضع المحتوى والحضور، ويضع طاقته كلها في المحاضرة؛ الأمر الحاسم هنا أن سلطان يركز طاقته كلها حيث تساعد في المحاضرة: من خلال استغلال هذه الفرصة ليقدم هذه المادة إلى هذا الجمهور.

بالطبع التركيز الشخصي على النفس يمكن أن يعطي نتائج عكسية عند إلقاء المحاضرة، ويُزعزِع كيان المحاضر، والتركيز بشدة على نفسك ليس ضروريًّا: لغات الجسد والصوت تميل كثيرًا إلى التكيف مع مزاج المتحدث ومع ما يحدث في نفسه؛ لذلك لها تأثير كبير: غالبًا ما تعطي إشارات أكثر مما يريد الشخص المقصود.

التزم بقليل من التوقعات الواضحة

التوقعات الكبيرة ليست مهمة؛ الأكثر أهمية أن تكون التحركات معرفة بوضوح، أو بكلام آخر أن يكون لها بدايات ونهايات، والشيء نفسه ينطبق على نغمات الصوت: لا نحتاج إلى الإفراط في استعمال النغمات، ولكن انتبه لتوضيح كل جملة حتى النهاية (بتعبير آخر، أفصحْ في كلامك)، وأتحْ مجالًا لتوقفات قصيرة متعمدة لدى التعريج على النقاط المهمة، كذلك تأكد أن الجملة تبدو جملة، وليست سؤالًا؛ اعمل على ألَّا تبدو الجملة كما لو كانت سؤالًا (هذا ما أردت قوله). شيء أسمعه دائمًا من الأشخاص الهادئين، هذا يعني أنهم -عن غير قصد وإنما فعليًّا- يجعلون نبرة صوتهم (تتساءل) عن أفكارهم وإصرارهم، وبناءً عليه تسرقهم من نشاطهم الذي جعلته قوة التركيز لدى المتحدث ممكنًا.

تلخيصًا يمكن القول إن التركيز يمكنك من القيام بما تريده بهدوء، وبقوة ومع التزام. استعمل قوة التأثير عندما تصعد المنصة!

القوة العاشرة: التعاطف

خذ في الحسبان وجهات نظر المستمعين

يجب أن تشعر أن أي شخص يقف أمام الجمهور لا يمكنه أن يضع نفسه/نفسها مكان كل فرد في ذلك الجمهور.

مع ذلك، فإن التعاطف بوصفه نقطة هو ميزة، بخاصة للأشخاص الهادئين؛ المتحدث المتعاطف يفكر في وجهات نظر المستمعين، ليجد ما يحتاجه المستمعون، ويشير إليه أولًا. ومن غير المفاجئ، أن الانبساطي التقليدي، المهيمن على الأضواء، غالبًا ما يضع حاجات الجمهور جانبًا - ويفشل في مراعاة معيار النجاح الثالث؛ الانتباه الشديد لحاجات الجمهور.

ولكن، ماذا يعني التعاطف في حالة المحاضرة؟ لنعد إلى سلطان وخطاب الوداع. نظرًا إلى أن سلطان قادر على التفكير بتعاطف، سوف يفعل الآتي في خطابه:

1. يأخذ في الحسبان ما يفكر فيه الموظفون عن محمد: سوف يفتقدونه، وسلطان سوف يركز على ذلك تركيزًا راسخًا.
2. يكون قادرًا على تقويم ما سوف يجده الجمهور مهمًّا بصورة خاصة: في هذه الحالة هو شخصيًّا ومهمته الجديدة.
3. يتأكد من أن الجمهور سيجد طريقة للتناغم معه بوصفه متحدثًا: هذا سوف يتضمن خبرته الشخصية مع محمد بوصفه نحاتًا هاويًا.
4. يشرك الجمهور في الحدث: في نهاية الخطاب سوف يطلب إلى ثلاثة من زملاء محمد المقربين أن يقدموا له هدية القسم، وإضافة بعض الكلمات منهم شخصيًّا.

التحدث من دون ملاحظات

سلطان سوف يتبع النصائح التي زوَّده بها مدربه بكل تأكيد: سوف يتحدث من دون ملاحظات ويكون أمامه قليل من العناوين، بحيث تُغريه القراءة من مسودته، وبذلك يتجنب التواصل (العقبة التاسعة). سوف يتأكد من القيام

بالتواصل بصريًا، بحيث يقيِّم ردة فعل الجمهور، ويأخذ ذلك في الحسبان قدر المستطاع: بالنسبة إلى المتحدث الجيد، تعدُّ كل لحظة من الحديث للجمهور حوارًا.

سؤال لك ؟

أي من نقاط قوتك الشخصية يمكنك استعمالها، بخاصة عند إلقاء محاضرة؟

اكتب ملاحظات في مدوَّنتك لتُبين كيف يمكنك استعمال نقاط القوة الآتية بفاعلية:

القوة الأولى: الحذر

القوة الثانية: المضمون

القوة الثالثة: التركيز

القوة الرابعة: الاستماع (الإصغاء)

القوة الخامسة: الهدوء

القوة السادسة: التفكير التحليلي

القوة السابعة: الاستقلال

القوة الثامنة: الإصرار

القوة التاسعة: الكتابة

القوة العاشرة: التعاطف

قوة إضافية: ....

قوة إضافية: ....

قوة إضافية: ....

مفيدة في الطرق الآتية:

....

....

....

التغلب على العقبات في أثناء إلقاء المحاضرة

العقبات النمطية للانطوائيين في أثناء إلقاء المحاضرة

حتى الآن تبدو الأمور جيدة: لدى الأشخاص الهادئين جوانب قوة تساعدهم عند مخاطبة الجمهور؛ إذًا، لماذا كثير من الانطوائيين -بصورة خاصة- لا يحبون الحديث أمام جمهور؟ ولماذا كثير منهم ليسوا خطباء فاعلين؟ حقيقة أن الانطوائيين يفضلون التحدث إلى عدد قليل من الأشخاص أو الأفراد ليست سببًا مناسبًا، كما يظهر العكس:

المحاضر الذي يحفز، ويمكنه أن يملأ القاعة حيويةً لا توجد لديه حتمًا مشكلات عندما يتحدث مع أفراد.

الإجابة عن هذه الأسئلة تجدها في العقبات التي تواجه الأشخاص الهادئين على وجه الخصوص، لنلقِ نظرة على بعض العقبات.

العقبة الأولى: الخوف

يمكن أن يأخذ الخوف صورًا متعددة في مجال التحدث لجمهور؛ إحداها رهبة المسرح، الشعور بعدم الراحة الذي يسيطر على الجسم قبل الظهور وفي أثنائه. أغلب الناس يخافون قبل الظهور أمام الجمهور، وتبيّن الأرقام أن رهبة المسرح لا يمكن أن تكون حكرًا على الأشخاص الهادئين فقط؛ إنها تظهر بصرف النظر عن مدى خبرة الشخص الذي يعاني رهبة المسرح

وكفاءته: وحتى الممثلون أصحاب الخبرة، والأساتذة الأذكياء، والموسيقيون الموهوبون جدًّا لديهم رهبة من المسرح قبل ظهورهم؛ إنه تصرف نفسي قبل كل شيء. لنلقِ نظرة عن كثب؛ كلما عرفت عن رهبة المسرح أكثر تتراجع حدة الرهبة، وتغدو قادرًا على التعامل معها بصورة أفضل؛ رهبة المسرح ضرب من ضروب القلق قبل الظهور العلني، لها كثير من المزايا: حتى كمية إفراز قليلة من هرمون الأدرينالين يجعل الأشخاص متنبهين وحذرين أمام الجمهور. من المستحيل حيويًّا أن تصبح متعبًا وتشعر بالملل إذا كان الجسد يعمل كما تم وصفه سابقًا.

رهبة المسرح: ما سببها؟ و كيف تؤثر في الجسد؟

1. رهبة المسرح هي ردة فعل التوتر؛ يميل الجسد إلى أن يكون قادرًا على الفعل السريع؛ لكي يتمكن من السيطرة على موقف يبدو خطيرًا، هذا لا يهم إن كان الخطر متأتيًا من الظهور العلني أو من كلب شرير: الشيء نفسه يحدث نفسيًّا.

2. رد الفعل هذا هو نتاج الجهاز العصبي الودي، جزء من الجهاز العصبي النمائي المسؤول عن تعزيز أداء الأعضاء، مثل أن يكون هناك إحساس مفاجئ بالتوتر، أو عندما يُهاجم شخص أو عندما يتعين عليه الفرار.

3. الجهاز العصبي الودي يعمل على إفراز كثيف وسريع لهرمون الأدرينالين، ويتم إفراز هرمون الكورتيزول بوصفه هرمون توتر ثانيًا. هناك هرمونان اذًا يقيدان الجسد في إطار عدد محدود من ردات الفعل لمساعدته على التعامل مع الخطر؛ ردات الفعل هذه هي الهجوم، أو الهروب أو الجمود.

4. هرمونات التوتر لها تأثيرات مختلفة من شخص إلى آخر، منها تسارع نبضات القلب، والتنفس السريع، والتغير في تدفق الدم (يصبح لون الدم أحمر أو داكنًا)، تشنج لا إرادي في جزء من الجسد، مشكلات في جهاز الهضم (الحاجة إلى التبول، والإسهال، وامتلاء البطن بالغازات والغثيان)، أو مشكلات في الجهاز العصبي (زيادة التعرق، رفرفة العين، الصداع أو الدوار).

التغلب على الخوف من الظهور أمام الجمهور

ولكن كما هي الحال في عدد من المواد، ليست كميات الأدرينالين هي المهمة؛ يتفاقم الوضع سوءًا عندما تتحول رهبة المسرح إلى خوف حقيقي من الأداء أمام الجمهور - النمط الثاني من الخوف بعد رهبة المسرح ما يجعل التحدث إلى الجمهور صعبًا للغاية، والحقيقة هي أن الخوف من الظهور أمام جمهور يولد حاجزًا فعليًّا؛ تشعر أنك ضحية ضعيفة للوضع، لا يمكنك قول ما تريد، ولا تقدر على الأداء بأقصى طاقتك، وتنفسك ضعيف (بسبب التوتر) وتركيز دمك في الأطراف، وليس في الدماغ، وارتفاع مستوى التوتر الذهني قد يؤدي إلى مشكلات في التركيز، وفي أسوأ الحالات يؤدي إلى فقدان الوعي، ويصبح التواصل مع الجمهور أكثر صعوبة. ويصبح الظهور بمظهر الواثق والمتسم بالكفاءة تحدِّيًا حقيقيًّا مصحوبًا بخوف حقيقي من الظهور أمام الجمهور.

السؤال الواضح هو: كيف يمكن التغلب على الخوف -من رهبة المسرح والرعب الحقيقي من الظهور مقابل جمهور - وأعراضه السلبية؟ إن قوة الإرادة والانضباط الشخصي ليسا الطريق الأفضل، ومن ضمن العواقب الجسدية الناتجة من هرمونات التوتر سوف تظهر أعراض مثل: الصداع، واحمرار البشرة والغثيان، وهي أعراض لا يمكن التخلص منها بسهولة.

خطة مقاومة الخوف 1: تحدث إلى الجمهور بانتظام

هناك شيء يمكنك القيام به على ثلاث مراحل: أولاً، العادة؛ تأكد من التدرب بانتظام، وإذا كانت المحاضرة مهمة، فيمكنك التدرب مع أصدقاء أو زملاء موثوقين. إذا تعمدت أن تدرب نفسك على حالة محاضرة على أساس منتظم، سوف يسجل مركز الخوف في دماغك باستمرار أنك قادر على التحدث إلى جمهور من دون عواقب حقيقية.

هذا يجعل الخوف أقل شدة، و مظاهر الخوف تخف كذلك - الشيء الذي كان ينظر إليه على أنه خطر مجهول أصبح تدريجيًّا عادة - ظاهرة تعرف بإزالة التحسس. الخبرة تجعلك أكثر شعورًا بالارتياح وإحساسًا بالأمان، والمقاومة الداخلية التي تشعر بها عندما تتحدث إلى جمهور لا تختفي تمامًا ولكنها تضعف مع الوقت، ويفقد الخوف قوته.

ثمة طريقة منتظمة وجيدة للتحدث إلى الجمهور، وهي غير قابلة للمنافسة تتمثل في الانضمام إلى نادي الخطابة. هذه النوادي وضعت لنفسها هدفًا يتمثل في جعل أعضائها يصبحون متحدثين أفضل حالاً، والطريقة المتبعة هي تدريب النظير، كل عضو يساعد عضوًا آخر في إلقاء الخطاب، وسوف تتعلم أن تكون مساعدًا أنت نفسك. باختصار أن تتحدث أمام جمهور في حالات متنوعة. تحفُّظ واحد علينا ذكره: إذا كنت تعاني ضربًا حادًّا من ضروب الخوف فيما يتعلق بالتحدث أمام جمهور، فمن الأفضل أن تتم مساعدتك من خلال عمليات إزالة التحسس عن طريق شخص متخصص بالتدريب النفسي.

خطة مقاومة الخوف 2: استعمال خطط عقلية

ثانيًا، يمكنك الحد من حدة خوفك من التحدث أمام الجمهور بتطبيق مهارات التفكير الواعي لديك؛ سوف تتذكر أن الإدراك يمكن أن يؤثر في العمليات الجسدية.

التفكير الصحيح في التعامل مع الخوف: أنا مستعد استعدادًا جيدًا!

أولًا، تأكد من استعدادك التام: عندما تخبر نفسك بثقة في المراحل الابتدائية أنك مستعد تمامًا، هذا التفكير سيساعدك على التخلص من كثير من الخوف الخارجي، ولكن بالطبع يجب أن تكون مستعدًّا تمامًا؛ هذا يخفف العبء ـ على المدى القصير ـ عن ذاكرتك التي تعمل بمحدودية أكبر عندما يكون الأشخاص الهادئون متوترين، وستكون لديك مساحة أكبر للارتجال إذا حدث أمر غير متوقع.

تفكير صحيح آخر في التعامل مع الخوف: الموضوع يستحق المخاطرة.

هذا التفكير يخاطب (الذات العليا) لديك التي تساعد على الخروج من حدود النفس إلى أهداف أعلى، فمادة الموضوع مهمة جدًّا وتستحق هذا المجهود كله، والعمل عليها يخفف من حدة عدم الراحة الشخصية المصاحبة للظهور العلني.

من اللافت أن هذه الإستراتيجية تقدم راحة للانطوائيين: قشرة الدماغ تسكِّن مركز الخوف في دماغك. جربها؛ إنها ناجحة.

خطة مقاومة الخوف رقم 3: اعتنِ بجسدك.

أخيرًا، يجب أن نذكر شيئًا أشار كثير من عملائي الهادئين إليه على أنه قمة الكارثة: عقلك يصبح خاليًا تمامًا من القدرة على التفكير، هنا حيث تفقد الخيط تمامًا ـ أي عدم القدرة على الوصول إلى ما أردت قوله ـ ولكنك لم تفقد ما قلته فعلاً، وبذلك تصبح هذه نقطة مرجعية جيدة: كررها، ولخص مادة الموضوع الأساسية.

ولكن قبل القيام بذلك شارك في نشاط آخر، وفي الوقت نفسه تنفس أو بدقة أكبر تنفس بعمق وببطء؛ إذ يوجد أمر حاسم وراء هذه النصيحة؛ عقلك

يصبح فارغًا بسبب نقص الأكسجين وتدفق الدم إلى الدماغ، وهذا النقص سببه الأدرينالين - تنفسك يصبح سريعًا وسطحيًا، هذا يعني أن الهواء يصل فقط إلى الجزء الأعلى من الصدر فقط ما لم تفعل شيئًا حيال ذلك، وهرمونات التوتر التي تم ضخها تؤدي إلى تأثير حقيقي؛ لا أكسجين - فقدان الخيط؛ لذلك أهم شيء تعمله إذا دخل دماغك في الفراغ هو ممارسة التنفس العميق؛ فإذا تنفست عن قصد وببطء عميقًا (أكثر دقة، إلى المنطقة أسفل الأضلاع)، فهذا له تأثيران مميزان؛ أولًا: يجعل صوتك أقوى. ثانيًا: ستكون أكثر هدوءًا وأكثر شعورًا بالراحة - وهذا الهدوء فعليًا يزيل الشِدَّةَ، وتتدفق أفكارك تدفقًا أكثر انتظامًا؛ تقنيات التأمل كلها في العالم تستعمل التنفس بوصفه أداة تمركز.

من الأفضل أن تتنفس ببطء وبعمق قبل الظهور لإلقاء محاضرة. ابحث عن زاوية هادئة، حتى وإن كانت الحمام، وتنفس بعمق وهدوء، وبهذه الطريقة سوف تولد طاقة، وسوف تظهر أمام الحضور مع مزيد من الهدوء الداخلي (القوة الخامسة)، مانحًا الانطباع بالثقة.

يؤثر كل من الجسد والدماغ أحدهما في الآخر، ويمكنك استعمال رسائل عقلية للقيام بتغير جسدي (الاستراحة مثلًا بوصفها مضادًّا للخوف؛ القوة الثانية) والعكس صحيح؛ التنفس يهدئ الدماغ بالطريقة نفسها؛ إذ يمكنك استعمال جسدك لتعديل خوفك عن طريق الظهور وكأنك غير خائف. اتخذ وقفة توحي بثقة المتحدث، قف على الأرضية موزعًا ثقلك بالتساوي، وقف منتصبًا، مدِّد عمودك الفقري، وارفع رأسك عاليًا؛ هذا سلوك يفعل العجائب في دماغك؛ إنه يصدِّق هذه الثقة لأن الجسد يقوم بتوليدها. جربها حتى وإن بدت غريبة.

تذكر أن هناك عارضًا جانبيًّا؛ سوف يراك الحضور شخصًا واثقًا أيضًا؛ لأنك تبدو كذلك.

لا يهم إن أصبح لونك محمرًّا لمدة، الأشخاص الذين يحمرون خجلًا، ويكشفون عن بعض الإحراج بهذه الطريقة يبدون جذّابين، كما قال عالم النفس ديكر كالتنر (Dacher Keltner)؛ هذا لأن الشخص الذي يحمر خجلًا، يكشف عن أنه يهتم بالأشخاص الآخرين؛ فالتواصل مهم له.

العقبة الثانية: كثير من التفاصيل

التفاصيل الكثيرة في المحاضرة غالبًا ما تنسب إلى الخوف (العقبة الأولى)؛ المحاضر يحاول البحث عن الأمان في نقاط صغيرة يعرفها جيدًا، ويُعدُّها جديرة بالثقة؛ لذلك عندما يقول سلطان الوداع لزميله فإنه ينوي ببساطة البقاء في تفاصيل عمله والتعامل معها بعمق قدر الإمكان؛ هذا سيكون صحيحًا من حيث الموضوعية سوف تشعر الحضور بالملل، وسوف تُنسى سريعًا بالتأكيد.

تأثير إعطاء تفاصيل كثيرة يحدث، بخاصة في المحاضرات العلمية أو المتخصصة جدًّا؛ بعض عملائي وأعضاء الندوات يحبون بناء نتائج تجريبية وتفاصيل قدر الإمكان في محاضراتهم (في الشرائح)، هذا بالتأكيد يعزز نتائجهم، ولكنهم يخسرون الحضور بسهولة عند القيام بذلك، عن طريق جعلهم غير قادرين على متابعة الخيط، ولكن ما فائدة أفضل خيط إذا كان في دماغ المتكلم ولكنه لا يساعد الحضور على المتابعة؟ الملاحظات الثلاث الآتية سوف تمكنك من اتخاذ موقف متوازن بين أهمية أن تكون دقيقًا والانتباه لما هو مهم في الواقع:

الدقة والموضوع الكامل: إليك كيفية الانتقال بينهما

1. ابقَ ملتزمًا بالنص عندما تحاضر.

هذه نقطة بسيطة: لا تستطرد.

2. احفظ النقاط الأساسية في عقلك.

اسأل نفسك عندما تراجع مادة الموضوع كلها؛ مثلًا، تفاصيل وقصص: هل هذه التفاصيل تساعد على وضع النقاط الأساسية؟ الطريق الآتي مسموح بها: للوصول إلى النقطة الأساسية، توضيح النقطة الأساسية والنتائج المستمدة من النقطة الأساسية. (انظر إلى معيار النجاح الثاني الذي ذكر سابقًا في هذا الفصل).

3. ليكن معك من عناصر المادة التي تتحدث عنها أكثر مما تحتاج.

العلماء والإداريون المحترفون -على وجه الخصوص- غالبًا ما يتساءلون عن تضمين محاضراتهم أرقامًا كافية وبيانات وحقائق عن الموضوع، لا تخف من أخذ مزيد من هذه المعلومات معك، في شرائح إضافية أو ملخصات متخصصة؛ فإذا أراد أحد الحضور مزيدًا من التفاصيل بعد المحاضرة. فستكون مستعدًّا سلفًا من دون الحمل الزائد على المحاضرة نفسها.

العقبة الخامسة: الهروب

عدم الوفاء بمقتضيات المواعيد النهائية

عندما يتوتر الأشخاص الهادئون، فإن كثيرًا منهم يهربون من كل شيء؛ يحاولون تجاهل الموعد النهائي قبل الظهور أمام الجمهور؛ ولذلك يؤجلون أعمال التحضير إلى أن يصبح من غير الممكن تجاهله، وهذا يعني إضافة ضغط الوقت إلى توتر إعطاء المحاضرة: وضع غير جيد.

قسِّم عمل التحضيرات إلى مراحل

العمل المضاد سهل، حالما يُحدَّد موعد المحاضرة خطط للتحضيرات بتقسيمها إلى مراحل صغيرة وتحديد موعد كل منها. المراحل الصغيرة تبدو

أقل رهبة وأسهل للإدارة، وتؤدي إلى نتائج ناجحة، وتساعدك على الشعور بالأمان أكثر؛ ببساطة استعمل المساعدات المقترحة في قسم (الفرص والحماية: مرحلة التحضير) سابقًا لمساعدتك على تحضير خطابك خطوة فخطوة، وفي حالة المحاضرة في الواقع فإن الرغبة في الهروب يمكن التعبير عنها بانسحاب الشخص الهادئ تمامًا عن الناس، وبذلك يتجاهل التواصل مع الحضور وحاجاته.

هذا الإغراء يصبح غير قبل للمقاومة إذا كان أمامك صياغة كاملة للنص؛ التواصل البصري الحقيقي جيد كلما أمكن ذلك، وكذلك التواصل النشط والتعبيرات التي تتبع البناء البسيط للغة المنطوقة (وليس اللغة المكتوبة التي يمكنها بسهولة تولي الأمر على الورق إذا لم تكن كاتب خطابات محترفًا).

لاحظ العناوين فقط

يمكنك منع هذا النوع من الهروب بخطة تجبرك على اختصار مادتك: فقط اكتب العناوين، وليس نصًّا كاملًا؛ فالهدف ليس الكمال هنا، واللغة المنطوقة دائمًا تحتوي على أخطاء في اختيار الكلمات؛ لفظها أو البناء عليها.

لكننا لا نبحث عن صياغة منسقة؛ نحن نبحث عن تواصل، والأخطاء الصغيرة التي تنزلق من لغتنا المنطوقة سوف تُصحَّح لا إراديًا غالبًا في دماغ المستمعين؛ ولكن إذا لم تنشئ أي اتصال، فلن يكون هناك كثير في هذه الأدمغة مما له علاقة بمحاضرتك؛ لن يكون هناك أي شيء غير قوائم التسوق أو مخططات للعطل ...

هل حددت العقبات الشخصية عندما تتحدث مع جمهور؟

هل كان لديك الوقت للقيام بعملية جرد شخصية؟ أين تقع المخاطر؟ وماذا يمكنك بشكل دقيق القيام به لمعالجتها؟

سؤال لك ؟

أي من عقبات الانطوائيين قد تسبب لك مشكلة في حالة المحاضرة؟ اكتب عناوين مقابلها لتحديد الأخطار التي تراها، وماذا يمكنك أن تفعل حيالها؟

العقبة الأولى: الخوف

المخاطرة: .... ما الذي يمكنني أن أفعل حيالها:

....

العقبة الثانية: كثير من التفاصيل

المخاطرة: .... ما الذي يمكنني أن أفعل حيالها:

....

العقبة الأولى: الخوف

المخاطرة: .... ما الذي يمكنني أن أفعل حيالها:

....

العقبة الثالثة: الإثارة المفرطة

المخاطرة: .... ما الذي يمكنني أن أفعل حيالها:

....

العقبة الرابعة: السلبية

المخاطرة: .... ما الذي يمكنني أن أفعل حيالها:

....

العقبة الخامسة: الهروب

المخاطرة: .... ما الذي يمكنني أن أفعل حيالها:

....

العقبة السادسة: العقلانية من دون مبرر

المخاطرة: .... ما الذي يمكنني أن أفعل حيالها:

....

العقبة السابعة: خداع النفس

المخاطرة: .... ما الذي يمكنني أن أفعل حيالها:

....

العقبة الثامنة: العناد

المخاطرة: .... ما الذي يمكنني أن أفعل حيالها:

....

العقبة التاسعة: تجنب التواصل

المخاطرة: .... ما الذي يمكنني أن أفعل حيالها:

....

العقبة العاشرة: تجنب المواجهة

المخاطرة: .... ما الذي يمكنني أن أفعل حيالها:

....

خطاب سلطان كان ناجحًا؛ زملاؤه وموظفوه تعرفوا عليه بوصفه شخصية إدارية تهتم وتفكر بالآخرين، أما محمد، الشخصية الأهم في الخطاب، فتحرَّك وأصبح فخورًا، عندما علا التصفيق له أيضًا.

بالحديث عن التصفيق لا تتهرب منه؛ التصفيق هو شكر الجمهور لك، ابقَ مكانك واقبله!

نقاط أساسية باختصار *

1. الأشخاص الهادئون يجدون أن الحديث إلى الجمهور بشكل خاص صعب، ولكن يمكنك أن تتعلم كيف تحاضر، وكلما أصبحت روتينيًّا كان ذلك أسهل.
2. المحاضرة تعد ناجحة إذا تمكن المحاضر من إظهار شخصيته خلالها، إذا أمكنه إيصال رسائله بوضوح وإذا كان في موقف يتناغم هو نفسه ومادة الموضوع وصولًا إلى الجمهور.
3. التحضير الجيد يكون مبنيًّا على معايير النجاح ومخطط واضح يخفف كثيرًا من التوتر من الظهور أمام الجمهور.
4. أسلوب المحاضرة هادىء وحقيقي مبني على القوى الشخصية وتجنب المخاطرة المصاحبة للعقبات الشخصية. المرحلة الأولى هي في تحديد هذه القوى والعقبات الشخصية.
5. القوة النموذجية التي يظهرها الأشخاص الهادئون عند الظهور أمام الجمهور هي الجوهر، التركيز والتعاطف.
6. العقبات التي واجهتها في كثير من الأحيان هي الخوف، كثير من التفاصيل والرغبة بالهروب.

الفصل التاسع

قواعد اللعبة

كيف تتحدث في الاجتماعات؟

حاسوب علاء هو المفضل لديه وهو الوسيلة الأهم في العمل يعمل مستشارًا إداريًّا في تكنولوجيا المعلومات، وتقدُّمه مرتبط بقدرتة على السيطرة على الأخطار الكامنة في تغييرات النظام وحزمة البرامج الجديدة. حتى هذه اللحظة كان معه دائمًا كبير مستشاريه في اجتماعات العملاء كلها، وكان على تواصل مع خبراء تكنولوجيا المعلومات في الشركه التي يتعامل معها، ولكن كبير المستشارين مريض هذا الأسبوع، وقد طلب من علاء أن يقود اجتماعًا مع عميل مهم وليس من الممكن تأجيله؛ فهو حول إعادة توزيع عاجلة لمهمات مشروع في الشركة، وقد كان من الصعوبة إحضار الأشخاص المشاركين جميعهم إلى الطاولة، ومنهم المدير العام والفريق المسؤول عن الميزانية وعدد من المديرين والموظفين من قسم تكنولوجيا المعلومات. يتوجس علاء خيفةً من هذا الاجتماع، فكيف يمكنه أن يجعل غرفه ممتلئة بالأشخاص لا يتوقفون عن الكلام ويتفقون على قرار؟ إنه يفضل أن يتوارى خلف جدران مكتبه في قسم تكنولوجيا المعلومات، وأن يعمل ما يتقنه: التخطيط وتمرير الترتيبات إلى الآخرين. أما شروق من قسم تكنولوجيا المعلومات في شركة العميل،

فتشعر بالرهبة أيضًا؛ ستحضر الاجتماع على أنها من الأشخاص المشاركين في المشروع، وهي تعلم أنها تحتاج في الجزء الخاص بمسؤوليتها إلى زيادة في الميزانية ولشخص واحد على الأقل للقيام بترتيبات العمل الجديد؛ ولكن، كيف يمكنها أن تذكر ذلك في اجتماع عام مخطط له سلفًا، والأهم من ذلك أن رئيسها سيكون هناك أيضًا؟

يمكن أن تكون الاجتماعات مثيرة على نحو غير ملائم.

الاجتماعات والمناقشات في المجموعات غالبًا ما تكون مجهدة للأشخاص الهادئين مثل علاء وشروق، بخاصة عندما يكون هناك كثير من الأشخاص الذين يحبون الكلام كثيرًا في مواقف من هذا القبيل. يميل الانطوائيون للتصرف على هذا النحو؛ يشعرون بالإثارة المفرطة (العقبة الثالثة)، وينكفئون على أنفسهم، ويقررون أن معظم ما قيل هو كلام فارغ، وكثير من الانطوائيين يشعرون أن إسهاماتهم صغيرة في الاجتماعات الواسعة. قالت لي عميلةٌ ذات مرة: «غالبًا ما أشعر بأنني غير مرئية في اجتماعات من هذا القبيل، ولكنني أعتقد أنني قد وصلت إلى الحدِّ، ففي الأسبوع الماضي عندما استجمعت شجاعتي وقدمت اقتراحًا يُعد مهمًّا بالنسبة إلي في واقع الحال، لم يهتم أحد بما قلت. لكن عندما قال زميل لي ما قلته نفسه تقريبًا فيما بعد، اعتقد من استمعوا إليه جميعًا أنه عرض فكرة رائعة، فشعرت أن لا مكان لي في ذلك الاجتماع!».

إنجازات غير مرئية

المناقشات التي لا تتمخض عن النتائج المرجوة، هي من بين المساوئ التي تحصل مع الانطوائيين؛ فالانطوائيون الذين يبقون هادئين في المجموعات لا يمكنهم طرح إنجازاتهم وأفكارهم طرحًا مناسبًا. أحيانًا يصبح الوضع أسوأ،

فتسرق الاقتراحات التي قدمت من قِبَل شخص آخر، كما حصل مع عميلتي التي ذكرتها سابقًا، وتستقبل باستجابة مرحِّبة. بالإضافة إلى ذلك الانطباع الذي يتكون لدى المديرين والمسؤولين بأن الشخص الهادئ وقليل الكلام في الاجتماعات ليس عضوًا فاعلًا قي الفريق، وهذا قد يشكل مخاطرة حقيقية في مفهوم العمل.

إذًا، كيف يمكنك أن تجذب الانتباه إليك، وتجعل حضورك ملموسًا في هذا الجو؟ وكيف يمكن تحقيق ذلك بقدر محدود من الطاقة المستعملة؟ هذا الفصل سوف يعالج هذه الأسئلة.

الجلسات العامة: ست قواعد وستة تطبيقات للانطوائيين

في هذا القسم سوف نلقي نظرة على القواعد التي تحكم المناقشات بأنواعها كلها، وكلما اطلعت على هذه القواعد تتمكن من التفاوض للوصول إلى ما يهم في الاجتماعات ـ أن تكون مرئيًّا، واثقًا ومقنعًا.

ما يقال عن كل قاعدة على الأغلب هو الأكثر أهمية: ستجد نقاط قوة مثالية للانطوائيين من أجل الاجتماعات (وكيفية توظيفها)، وكذلك وبالتساوي عقبات (وكيفية الحدِّ من عواقبها).

القاعدة الأولى للاجتماعات:
من يقولون شيئًا هم المرئيون فقط

إذا أردت أن تُولد انطباعًا بالكفاءة والنهج البناء في الاجتماعات، فعليك أن تقدم إسهامًا، وهذا لا يعني أن تتحدث الوقت كله، ولكن تأكد من قول شيء في كل اجتماع؛ أنا أعرف انطوائيين مِمن يتحدثون بصوت هادئ ولطيف بحيث يستمع لهم الحاضرون كافة؛ وذلك بسبب نوعية ما يقولونه.

هنا القوة الثانية (المضمون) سوف تساعدك (بالتوافق مع أمور أخرى سنتحدث عنها لاحقًا). في الواقع إن ما يقوله الانطوائيون غالبًا ما يحدث تأثيرًا في المتلقين، فهم يفكرون بعناية بكل ما يقولونه قبل الإقدام على قوله.

الانطوائيون لا يميلون عادةً للحديث الفارغ، ولا يبحثون عن المكانة؛ لأن اهتمامهم بالموضوع أعلى من اهتمامهم أنفسهم. تستفيد المجموعات من ذلك عندما تكون بحاجة إلى صياغة قرار أو تكوين رأي؛ المضمون المتناسق مع جوانب قوة أخرى يجعل إسهام الانطوائي في هذه المرحلة ـ بصورة خاصة ـ ذا قيمة. استفد من ذلك!

العقبة الأولى (الخوف)، يمكن أن تمنع إنجاز الرؤية المطلوبة. قول أي شيء في الاجتماع يُعدُّ ظهورًا علنيًّا. شُرِح ذلك في الفصل الثامن، وهذا صحيح هنا وهناك: الخوف عقبة وللتعامل مع الخوف أرجو أن تتبع الملاحظات التي قدمناها سابقًا.

الاجتماعات التي يتم فيها طرح أفكار تعد عقبة صعبة بصورة خاصة، وأكبر المخاوف هي الإثارة المفرطة والسلبية (العقبتان الثالثة والرابعة). إذا أردت المشاركة بفاعلية في جلسة عصف ذهني استعمل القوة التاسعة ـ الكتابة (مناسبة من مرحلة التحضير إلى النهاية). خذ ورقة ودَوِّن عليها الأفكار الخاصة بك؛ سترى بعد قليل أن ذلك سهل المنال، ثم قدم إسهامك في هذه الاجتماعات السريعة الحركة!

القاعدة الثانية للاجتماعات: مُدَدُ الانتباه تميل إلى أن تكون قصيرة

ركِّز اهمامك على النقطة الرئيسة ووضحها.

الكلام وسيلة لإيصال الفكرة ولكن أن يستمع إليك الحضور، فهذا هو النجاح، هنا تكمن النقطة الشائكة فيما يتعلق بمادة الموضوع بالنسبة إلى

الأشخاص الهادئين ـ الاهتمام المفرط بالتفاصيل (العقبه الثانية): يضيع الانطوائيون في عدد كبير من التفاصيل، ويحولون الفكرة الواضحة إلى كتلة متشابكة من التفاصيل لا يمكن فضها.

اجعل إسهامك مسموعًا

جلب الانتباه يحتاج إلى مستوًى جيد من الصوت: حتى أكثر المواضيع إثارةً يمكن أن تجعل الجمهور يغفو إذا قدَّمته بصوت خطيب جنازة؛ صوت ضعيف لايستعمل وقفات مناسبة، أو سريع لا يترك الأثر المطلوب بصرف النظر عن أهمية الموضوع. انتبه للتأكيد عند المخاطبة لكل جملة أساسية متعلقة بالموضوع، عليك تأكيدها بالأسلوب المناسب، كذلك خفِّض صوتك عند نهاية كل جملة؛ هذا يعرِّف الجمل بوصفها وحدات ذات معنى، ويعطيها أهمية خاصة. تحدث بصوت مرتفع بحيث يسمعك المتلقون كلهم. اطلب من زميل لك التعليق على إلقائك للخطاب عندما تقدم إسهامك: يتعين عليك ألَّا تتحدث بطريقة مرتبكة، أو بطيئة جدًّا بحيث تجعل المتلقين يشعرون بالنعاس.

تواصل بصريًا مع الجمهور

التواصل مع الجمهور بصريًّا مصدر آخر للغة الجسد لشد انتباه الجمهور؛ لذلك حاول التواصل البصري، لا سيما مع أصحاب القرار: هؤلاء هم الأشخاص الذين يجب أن تكسبهم وتقنعهم.

يشعر الانطوائيون بالأمان أكثر عندما يتحدثون لأشخاص بدلًا من مجموعات. استغل هذه الحقيقة؛ انظر إلى زملائك بوصفهم أفرادًا عندما تقدم إسهامك في الاجتماع، كما لو كنت تحادث ذلك الشخص فقط عن تلك النقطة. التواصل البصري مع الأفراد لا يشعرك بالأمان فحسب، بل يجعلك أكثر قوة وأكثر حضورًا، وبذلك تكون أكثر اقناعًا؛ ستكون مركز الانتباه، وسوف تتضاءل كثيرًا فرصة أن يطرح زميلك أفكارَك على أنها أفكاره!

القاعدة الثالثة للاجتماعات:

لا قرار من دون توضيح للمرتبة

وقت الحديث يعتمد على المرتبة

من المُحبِط بقدر ما هو صحيح أنه في وعي الأشخاص الأدنى رتبة (بمعنى آخر كثير من الانطوائيين؛ والنساء على وجه الخصوص) أنه من غير الممكن الحصول على نقاش ذي معنى ما لم يوضح المشاركون المكانة الوظيفية لأنفسهم. كتاب (ماريون ناث) (Marion Knath) **ألعاب القوة** (Power Games) يوضح كيف يظهر ذلك عندما يجتمع الفريق للمرة الأولى؛ فهو يوضح بهدوء شديد أن المكانة الوظيفية أكثر أهميةً من مادة الموضوع، وأن الوقت المتاح للحديث يعتمد على المكانة.

كلما كانت مكانتك أعلى يمكنك التحدث لوقت أطول، كذلك الانحراف عن الموضوع، وإذا كانت مكانتك أقل، فعليك الاختصار، وغالبًا ما تتم مقاطعتك، ولا يحظى إسهامك برد فعل جوهري.

تأكد من الحصول على وقت كافٍ للتحدث

الأشخاص الهادئون يميلون إلى تجنب التواصل (العقبه التاسعة) كذلك يتجنبون الأشخاص الذين يزعجونهم، ومن المحتمل أن كل زميل يميل إلى الجدال حول المكانة سوف تناسبه هذه الفئة تمامًا؛ يجب أن تقاومهم ولكن بشروطك أنت؛ لذلك تأكد من حصولك على الوقت الكافي للتحدث، على الأقل بقدر ما يحصل زملاؤك من أصحاب رتبتك الوظيفية نفسها، ولكن إذا كنت تحب الإيجاز بدلًا من الإسهاب، فتحدث على نحو متكرر لتعويض ذلك، وعليك ملاحظة الشخص الأعلى منك رتبةً؛ فهذا مهم لأنه هو من يجب عليك إقناعه. وللتعرف إليه سوف تلاحظ أن جميع المتحدثين الآخرين كلهم

يستمرون بالنظر إليه، للتأكد من كيفية الاستماع، وما ردة فعله على الإسهامات المختلفة، وقد لا تتم مقاطعتك إن كان الشخص الأعلى رتبةً يستمع إليك.

وضعية الثقه بالنفس

كن واثقًا من نفسك في طريقة جلستك أيضًا، ثم استدر نحو آخرين؛ هذا يعني ملء الفراغ بثقة ومن دون أن تصبح مسترخيًا تمامًا. استفد من المساحة كلها المتاحة من المقعد، ولكن لا تجلس بطريقة غير ملائمة. اجلس منتصبًا، وعزِّز حضورك بنظراتك، وتجنب وضعية الخضوع؛ مثل إبقاء رأسك باتجاه معين أو النظر بعيدًا في المواقف غير المريحة.

تأكد من أن حركاتك معرّفة (أي لها بداية ولها نهاية). لا تأرجح ولا إضاعة وقت، والشيء نفسه ينطبق على صوتك. يمكن لطبقة الصوت أن تكون هادئة (القوة الخامسة) طالما أنها حازمة. يجب توصيل الجمل مع الطاقة الكافية حتى النهاية. انتبه للتنفس بعمق (انظر الفصل الثامن). لا تدع صوتك أو حركاتك تصبح فظة؛ فالفظاظه تقلل من المكانة، وفي النهاية فإن الرسائل التي تبعث بها يجب أن تؤدي إلى أمر واحد: أنت تعرف ما تفعله تمامًا.

إن كنت لا ترغب في القتال من أجل فرصة للحديث في الجلسة العمومية، فيمكنك استعمال الملاحظات تحت القاعدة الخامسة الخاصة بالاجتماعات، والمساعدة في تحضير القرارات الإستراتيجية سلفًا، واعلم أن صانعي القرارات الذين يعملون في الكواليس لهم مكانتهم أيضًا ...

القاعدة الرابعة للاجتماعات: إنها عادلة - أحيانًا

عند التخلي عن الاهتمامات الموضوعية

في أفضل الحالات الممكنة كلها، يتصرف كل شخص تبعًا للقوانين، حتى في الاجتماعات! ولكن لأنني متأكدة من أنك تعرف ذلك، فإن الحياة الواقعية

تعمل بصورة مختلفة، بالطبع هناك أمور مثل العدالة وتبادل وجهات النظر بعقلية متفتحة، ولكن هذا ليس دائمًا.

كثير من الأشخاص الذين يحضرون الاجتماعات يجدون أن هناك ما يستدعي مخالفة القوانين والمقاطعة وحتى الهجوم إذا كان مثل هذا النهج لا يؤدي إلى تعرُّضك لعقوبات، أو إن كان يؤدي إلى زيادة فرص التقدم الشخصي (أن يكون مرئيًّا، المنافسة على المكانة). والسلوك غير العادل مجهد، بخاصة للأشخاص الهادئين، وقد يكون مكلفًا فيما يتعلق بالمكانة والفاعلية إذا لم يتعاملوا مع الموقف بمنتهى الثقة؛ عندما يتجنبون المواجهة (العقبة العاشرة)، وهذه إحدى نقاط الضغط الشخصي.

إليك خطة طوارئ، تساعدك على التصرف سريعًا عند الحاجة إلى ذلك.

ملاحظات لانتهاكات القوانين ١

انتهاكات القانون	ماذا تفعل
1. أحد المشاركين يقاطعك في أثناء الحديث.	1. إذا كان للأشخاص المقاطعين رتبتك الوظيفية أو أقل، فإن أفضل خطة هي التشبث بموقفك (القوة الثامنة)، الإصرار والصلابة ـ استمر بالحديث! قل الجملة الآتية بصوت عالٍ وبوضوح: «دعني أصل إلى النتيجة...». 2. إذا كان من يقاطعك أعلى رتبة، فمن الأفضل أن تدع المقاطعة تمُر، واستمر بالحديث أو النقاش من خلال التواصل البصري أو الإيماء. إن كان ممكنًا استجب للجملة مباشرةً.
2. زميل يعلق على جملة قلتها: «ما يحاول (خالد) قوله: ...»	1. هذه بوضوح محاولة صراع من أجل المكانة: زميل يحاول أن يجعل له أحقِّية في المقاطعة واضحة. 2. إن كنت خالد: لا تفشل في الرد على مقاطعات مثل هذه. جمل مقترحة: «شكرًا لك على الدعم، ما هو مهم هنا، على وجه الخصوص، وهو...»

انتهاكات القانون	ماذا تفعل
3.زميل يحاول تجميد فكرتك وعرقلتها: يجب أن يقوم فريق العمل بفحصها أكثر، يجب الانتظار لمزيد من المعلومات التي يجب جمعها أولًا.	1. المخاطرة الحقيقية تكمن في أن فكرتك قد تخسر كثيرًا من الزخم نتيجةً للتأخير في أثناء ما يصطنعه الزميل من الدعم. 2. وافق زميلك على أن هناك أمورًا كثيرة يتعين التفكير فيها فيما يتعلق بالابتكار، ثم أضف أنك وفريقك قمتم في الواقع بعمل هذه الأمور التحضيرية: هذا صحيح؛ نحن نحتاج إلى النظر بعناية إلى العوامل المتعددة قبل أن نستعين بمصادر خارجية لهذا الجزء من المشروع، ولقد قمنا بهذا الجزء، خاصة في الأسابيع القليلة الماضية، وكانت النتائج إيجابية تمامًا. اليوم علينا اتخاذ القرار؛ يمكننا فقط إكمال المشروع في الوقت المحدد إذا استعنا بالموارد الخارجية في اللحظة المناسبة، وخلافًا لذلك ستصبح مكلفةً جدًّا، هل هناك أسئلة حول البحث؟

انتهاكات القانون	ماذا تفعل
4. زميل يطعنك من الخلف، ويجادل ضد اتفاقات سابقة.	1. ليس لديك الفرصة للجدال ضده في الجلسة العمومية إن كانت اتفاقات غير رسمية، ولكن تحدث إلى الزميل مباشرةً بعد الاجتماع، وحاول معرفة ما الذي جعله يُغير موقفه. 2. ولكن إن كان أمرًا تم الاتفاق عليه رسميًّا، فعليك أن توضح ذلك: «أنا فوجئت بقولك؛ في الاجتماع الأخير اتفقنا على...». كيف يتفق هذا كله معًا؟
5. زميل يهاجمك من دون وجه حق في الجلسه العمومية: «هذه الأرقام غير منطقية».	1. خذ نفسًا عميقًا: هذه أيضًا لعبة قوية يأمل مهاجمك فيها أن يفوز. 2. الجواب المثالي بحاجة إلى حقائق: «ما الرقم الواقعي الذي تشير إليه»؟ 3. إذا لم تتمكن من التفكير في إجابة مناسبة، فوضح في الجلسة العمومية أنك لن تسمح لذلك أن يمر؛ يمكنك القول: «لدي أمر آخر أريد الخوض فيه حالًا ».

القاعدة الخامسة للاجتماعات: الحلفاء يساعدون على تأمين النتيجة

أمور مهمة تحدث قبل الاجتماعات

كثير من الأشخاص وأقسام العمل تشترك في الاجتماعات؛ إذا كان هناك شيء تعلمته من أعمال اللجان فهو هذا: إذا كان هناك قرار صعب يلوح في المستقبل القريب، ففي الواقع يتم اتخاذه قبل الاجتماع؛ بمعنى آخر الأشخاص الذين سيتأثرون من هذا القرار يكوِّنون تحالفات، بدايةً مع صانعي آراء آخرين، وكذلك مع مشاركين آخرين. عندما يفعلون ذلك، فإنهم يضمنون بدقة أن يحصل مرشحهم على الأغلبية في الانتخابات القادمة، أو الاتفاق المسبق على كيفية توزيع الموارد، أو حلول موجهة في اتجاه معين.

تحدث إلى صانعي القرار مسبقًا

لنأخذ علاء المثال الافتتاحي؛ أنا نصحته أن يتحدث للأشخاص المسؤولين عن قرار إعادة توزيع المهمات في المشروع إفراديًّا قبل الاجتماع، فالهدف هو تصفية الاهتمامات المتنوعة والتحضير لقرار يناسب المعنيين كلهم، وقد يكون هناك فوائد أخرى. علاء شخص هادئ، وهو يفضل الحديث شخصًا لشخص بدلًا من التحدث لمجموعات؛ لذلك لم يجد الأمر صعبًا؛ كان مهتمًّا وتقدَّم في الأمور بحذر (القوة الأولى)؛ لقد تمكن من الاستماع لكل شخص مشارك (القوة الرابعة)، ووضع نفسه مكانهم بحيث إنّه لم يكن مهتمًّا بنفسه فقط (القوة العاشرة). نجح علاء في التوصل إلى تسوية جيدة على هذا الأساس، وقد تمت الإشارة إلى ذلك للمدير العام قبل الاجتماع. شعر المدير العام أنه مطلع تمامًا على الأمور، ويعرف أين يقف؛ وهذا تفصيل مهم في لعبة المكانة!

الفائدة من تشكيل التحالفات واضحة تمامًا؛ يصبح الاجتماع قابلًا للتنبؤ عند النقاط الأكثر أهميةً، وأنت بهذه الطريقة على تواصل مع صانعي القرار

وإن كان لمدة وجيزة. وأخيرًا يمكنك أن تقلل من احتمال تلقي طعنة من الخلف من أحد المشاركين في الجلسة، وبذلك تكون قد حصلت على فائدتين من الاجتماع: اليقين والقدرة على التنبؤ.

القاعدة السادسة للاجتماعات: ما اتُّفِق عليه والتطبيق أمران مختلفان

عندما تكون هناك عقبات أمام التطبيق

رؤيتي الثانية مكتسبة من اجتماعات مجالس الإدارات والاجتماعات الإدارية التي حضرتها جميعًا، وهي أن ما يُناقش ويُمرَّر يوضع موضع التطبيق أحيانًا، ولكن ما يُقرَّر بعد الاجتماعات فورًا هو القيمة الحقيقية من هذا، ماذا يحدث لاحقًا؟

ليست الأمور متطابقة دومًا؛ فبعد الانتخابات هناك قليل مما يمكن عمله بالنسبة إلى الشخص المنتخب، لكن العروض التي تخرج عن الاجتماعات بوصفها قرارات أقل ثباتًا، وهناك كثير من الأسباب لذلك، منها اللامبالاة، والإهمال والتخريب الذكي، أو قد تكون مناقضَة قرارات من قِبل شخص ذي رتبة أعلى لم يكن حاضرًا في الاجتماع، فتتغير الأمور إن كانت النتائج لا تناسبه.

والأشخاص الهادئون يميلون لتجنب المواجهات والتواصل (العقبتان التاسعة، والعاشرة) في معظم الأحيان، ويستسلمون لإغراء اللجوء إلى الأمل بوصفه أمرًا واقعًا وأنه سيتم تنفيذ القرارات؛ لذلك يوجد سؤال مهم بصورة خاصة: ما الذي يمكنك فعله لتجعل إمكان تنفيذ القرارت التي تهمك حقيقة؟

دوِّن القرارات كتابةً

الأساس هنا هو القوة الثامنة (الإصرار والصلابة)؛ إذا كان أمر ما يهمك فعليك متابعته والحديث عنه لزملائك المسؤولين عن التنفيذ.

هل كل شيء يسير بحسب الخطة؟ هل توجد عثرات؟ ولجعل القرارات أكثر ثباتًا يمكنك كتابتها: كتابة المواضيع أكثر ثباتًا وأسهل للمتابعة، هذا يساعد عندما يبدأ الناس بقول أشياء مثل: «لم نضع القرارات بهذه الصورة»!

أنواع مختلفة من وسائط التواصل متوافرة: نسخ من سبورة تفاعلية، أو بريد إلكتروني للمشاركين، أو أوراق استبانة بالطريقة القديمة، والأهم هو المحتوى؛ يجب أن تحتوي على إجابات لسؤال مهم مكون من ثلاثة أجزاء: من الذي يقوم بماذا، وإلى متى؟

ليس من الممكن دائمًا منع تدخلات متأخرة، وتغيير قرارات من قبل صاحب مكانة أعلى، ولكن يمكن صدُّها إلى حدٍّ ما عن طريق سياسة معلومات موجهة بعناية. انظر القاعدة الخامسة للاجتماعات.

ثلاثة أسئلة لك ؟

ما الذي تجده صعبًا بصورة خاصة في الاجتماعات؟

....

....

ما التبعات المترتبة على ذلك؟

....

....

ما الذي تريد القيام به على نحو مختلف في المستقبل؟

....

....

قيادة نقاش: اجتماعات من أجل طلاب متقدمين

أوكلت مهمة قيادة أحد الاجتماعات إلى علاء، هذا الجزء سيتعامل مع إنجاح هذا النوع من المهمات؛ مع قوة الهدوء لشخصية إدارية هادئة.

وقت التخطيط

إذا كان من بين صلاحياتك أن تحدد اليوم والساعة، فتأكد أن تكون الأوقات ملائمة: ليست باكرة كثيرًا، ولا متأخرة كثيرًا، ولا تقرر عقد اجتماعات كثيرة في يوم واحد.

اترك وقتًا كافيًا بين الاجتماعات من أجل المشاورات المختلفة وللتنفيذ المبدئي للقرارات التي تم اتخاذها.

تخطيط المحتوى

كلما خططت للاجتماع بصورة أفضل، زادت احتمالات عقده بنجاح. هذه قائمة شطب يمكنك الاستعانة بها عند التخطيط لاجتماع.

قائمة شطب للتحضير لمناقشة ؟

1. الوقت: متى سيبدأ الاجتماع؟ و كم سيستغرق من الوقت؟
2. المكان: أين سيعقد الاجتماع؟
3. ما أهداف النقاش؟
4. ماذا سيكون على جدول الأعمال؟
5. ما ترتيب التعامل مع هذه النقاط؟
6. ما الوقت المتاح لكل نقطة؟

7. ما الموضوع الذي يمكن حذفه إذا كان الوقت ضيقًا؟
8. من سيشارك في الاجتماع؟ ومن المشارك لكل نقطة محددة في جدول الأعمال؟
9. من المسؤول عن القيادة / لكل نقطة على الجدول؟
10. من المتوقع منه أن يقدم المستندات حول هذا الاجتماع؟ ومتى عليك أن تطلبها؟ ومتى يجب تسليمها؟
11. كيف تدوِّن النتائج؟ ومن المسؤول عن ذلك؟
12. ما الوسيلة التي تحتاجها؟
13. من الذي سيدعو للاجتماع؟ وما المعلومات التي سوف يوفرها (جدول الاعمال)؟
14. من الذي سيجمع المستندات معًا، ويتحقق من أنها متوافرة؟ من الذي سينظم إرسالها سلفًا إن كان ذلك ضروريًّا؟
15. من سيقوم بالترتيبات العامة (حجز القاعة، خطة الجلوس، الوسائط، بطاقات المدعوين، الوجبات الخفيفة والمشروبات)؟

التطبيق

الصعوبة الحقيقية هي النقاش بحد ذاته، ولكن يمكنك التغلب على ذلك من خلال التحليل (القوة السادسة)، وبالعمل من خلال المراحل الآتية لكي تترأس الاجتماع.

مراحل النقاشات

1. مرحلة التقديم: رحب بالحضور المشاركين، قدم جدول الأعمال، تأكد من أن الحضور لديهم معلومات عن (مدة الاجتماع، المشاركين الخاصين، وموضوع الاجتماع...).

2. سلسلة المراحل الثلاث: هذه المراحل تنطبق على كل نقطة في جدول الأعمال على نحو منفصل.

- مرحلة المعلومات: الدخول في الموضوع من جانبك أو من جانب الآخرين.
- مرحلة العمل: التعامل مع الموضوع، تبادل الأسئلة والمعلومات والحجج.
- مرحلة النتائج: التلخيص والتنسيق والتخطيط لمزيد من العمل، وتوزيع المهمات والمسؤوليات (من يقوم بماذا وإلى متى؟). أو: تأجيل القرارات والخطط لمزيد من العمل.

3. المرحلة النهائية: قدم الشكر للحاضرين جميعًا، واذكر نتيجة إيجابية للاجتماع، ثم يمكن الحديث عن مواعيد جديدة للنقاشات اللاحقة وإجراء وداع قصير للمشاركين كلهم.

قد تكون أصعب مشكلة هي السيطرة على العملية نفسها، إن كان هناك جدل أو خلافات وتشتت يصبح من الصعب إيجاد طريق للعودة إلى المسار المقرر للاجتماع.

في مثل هذه الحالة قرر علاء أن يأخذ نفسًا عميقًا ويبقى هادئًا (القوة الخامسة)، ودفع الاجتماع إلى نقطة مناسبة على جدول الأعمال مع الإصرار والثبات؛ الإشارة إلى الوقت إن كان ذلك مناسبًا.

التوازن

انتبه في الاجتماع ـبصورة خاصةـ إلى الانطوائيين؛ فهم يحتاجون إلى وقت أطول قبل قول أي شيء، وغالبًا يتحدثون بصوت أضعف من المشاركين الانبساطيين؛ لذا تأكد من أن الأشخاص الهادئين لديهم الفرصة لقول ما

يريدون، و هذا ليس من أجل العدالة فقط: أنت تعلم الآن أنهم يهتمون ويفكرون، إنهم يميلون نحو الأمان، وهذا يعني أنهم قد يقدمون حقائق مهمة في المناقشات لا ينتبه لها زملاؤهم الانبساطيون. أنت قائد نقاش هادئ؛ لذا أنت في موقع مثالي للتأكد من أن إسهام الانطوائيين قد استحوذ على الاهتمام المناسب.

العصف الذهني بوصفه حالة خاصة

العصف الذهني يستعمل في الاجتماعات من أجل الحصول على عدد كبير من الأفكار بقدر الإمكان؛ مثلًا، كيف يمكن حل مشكلة أو تطوير رؤية؟

الأفكار تخرج بأي ترتيب، تجمع معًا ولا تُقيَّم أو تُناقش حتى نصل إلى المرحلة اللاحقة. والعصف الذهني يُعَد نوعًا من أنواع التواصل بالنسبة إلى الانبساطيين، والتسابق للخروج بأفكار بطريقة ارتجالية في سياق اجتماعي، يا لها من متعة للأشخاص الذين يطورون آراءهم في أثناء تحدثهم!

لكنها لا تبدو كذلك بالنسبة إلى الانطوائيين؛ إنهم يفضلون التفكير بهدوء قبل مشاركة أفكارهم، والقيام بذلك وحيدين. والأمور عادة تنتقل للمرحلة اللاحقة قبل أن يطور المشاركون الهادئون أفكارهم التي يرون أنها ذات قيمة من حيث المبدأ: الانبساطيون يقارنون الأفكار التي تُطرح حتى الآن ويقدرونها؛ لذلك أفكار الأشخاص الانطوائيين تضيع، ويضيع معها 50% من مخزون المجموعة. كتاب سوزان جين يُشير إلى دراسات حديثة تقول إن المجموعات الكبيرة أقل إنتاجيةً من الجموعات الأصغر حجمًا، أو من الأفراد الذين يطورون أفكارًا جديدة في عزلة تامة Cain 2011؛ الاستثناء الكبير لهذا الملخص المتزن هو العصف الذهني الموجود على الإنترنت.

العصف الذهني على الإنترنت أو على الأوراق

هذا يعني -من حيث المبدأ- أنه يمكن التعويض بطرق مختلفة لإنتاج أفكار على نطاق ضيق من دون وجود أي صعوبة، أو الانتقاص من النتائج، أو

يمكنك تنفيذ العصف الذهني بوساطة الإنترنت، لكن إن كان التفكير بالأمور في جلسة عمومية تقليدًا في شركتك أو مؤسستك، فتوجد طريقة سهلة لعقد جلسة عصف ذهني يمكن تحقيقها، وهي إلى درجة معقولة: ببساطة اطلب إلى المشاركين كلهم أخذ بضعة دقائق لكتابة أفكارهم الأولية (القوة التاسعة).

هذا النهج يُتيح حالة تمكنهم من التفكير المنفرد والتعبير عن أنفسهم باستعمال الوسيلة المفضلة لهم؛ لن تناقش الأفكار حتى تصل إلى المرحلة اللاحقة. عندما تُستعَرَض من قبل المشاركين كلهم على سبورة تفاعلية أو الورق القلاّب تدون عليها الأفكار.

التعامل مع المواقف الصعبة والمشاركين في النقاشات

الملخصات في الجزء السابق سوف تولد لديك إحساسًا بالأمان عند قيادة المناقشات، ولكن قد تجد نفسك في وضع يُعد ضاغطًا على وجه العموم لا للقادة الهادئين فقط؛ لذلك سيكون من الأفضل إذا استعددت للإزعاجات والصعوبات. الملخصات الآتية تحتوي على عوامل التوتر الأكثر أهميةً التي يمكن أن تتطور في اجتماع، متساوقةً مع المخططات المناسبة لكي تساعدك بوصفك قائد نقاش هادئًا على التعامل مع أشخاص ومواقف صعبة.

مواقف صعبة في النقاشات ١

1. لا شيء ينفع: لا أحد يقول أي شيء.

الإستراتيجية: تأكد من أن المشاركين جميعهم يعرفون أين يقفون: لخص بإيجاز ما أُنجز حتى ذلك الوقت، حدد السؤال الذي لم يُحل، اسأل أسئلتك الخاصة لإعادة توجيه الأشخاص إلى الاتجاه الصحيح.

2. اختلافات في الآراء على الأقل بين مشاركين اثنين.

الإستراتيجية: إذا كان الجدال لسبب قوي وراسخ، فعرِّف النقاط المُختلَف عليها في وجهات النظر بطريقة حيادية، واحصل على آراء

المجتمعين إذا كنت تعتقد أن ذلك مناسب، وإذا أصبحت الأمور عاطفية جدًّا وموجات الإثارة عالية، فاعْمَدْ إلى تهدئة الاجتماع بأخذ استراحة قصيرة؛ بحيث يمكن لأطراف النزاع حلّ الموقف من دون جمهور، ويتمكن المجتمعون من متابعة العمل.

3. اللّوم: المشاركون ينتقدون أسلوبك.

مثال من اجتماع علاء: «ولكنك قلت إنك ستحضر لنا خطة الميزانية للمشروع قبل الاجتماع».
الإستراتيجية: إذا كان الانتقاد مبرَّرًا فاستعمل (القوة العاشرة؛ التعاطف) لفهم وجهة نظر الشخص الآخر، ثم قل ما كنت تنوي قوله بصورة حاسمة.
أمثلة إجابات علاء: «ليس لدينا المعلومات كلها حتى الآن؛ يمكنني أن أرى أنك تريد الأرقام لأهداف التخطيط، لقد رتبت لكي تكون المعلومات متوافرة غدًا...». إذا لم تكن الانتقادات مبررة، تصرف كما في 4، 5.

4. الاستفزاز: هنا الأمر لا يتعلق بالمادة المطروحة؛ أحدهم يحاول أن ينال من رباطة جأشك، ويريد اختبارك، قد يكون بدافع مزاحمتك على مكانتك مثلًا، أو قضايا الصلاحيات، أو الكراهية.

مثال من اجتماع علاء، رئيس قسم يقول: «عمل المشروع كله المدرج على قائمتك هذه ببساطة غير موجود».
الإستراتيجية: تجنب الصدام في الجلسة العامة؛ لأن هذا سيخلق توترًا والنتائج ستكون غير مضمونة. عد إلى الموضوع المطروح، وللقيام بذلك استعمل جُملًا تنأى بك عن الشخص الذي يستفزك وتعيدك إلى الموضوع الأصلي.

إجابة محتملة من علاء: «تبدو كثيرة، وهي كذلك؛ إنها تعمل على أربعة أجزاء من المشروع في الوقت نفسه، ما يجعل القائمة طويلة».

5. هجوم من قِبَل أحد المشاركين ضد الآخر أو ضدك أنت. إن الصوت الحاد والحكم القاسي والقليل من التطرق إلى المحتوى فيما يتعلق بالموضوع المطروح تعدُّ عوامل تمثل هجومًا مثاليًّا.

مثال من اجتماع علاء: «هذا لا يجدي أيضًا».

الإستراتيجية: خذ نفسًا عميقًا؛ أسلوبك الهادئ يساوي وزنه ذهبًا في هذه الحالات، وزيادةً على مثال الاستفزاز، فإن المهاجم يريد إظهار قوته وضعفك؛ لذلك هي قضية مكانة، فإذا بقيت هادئًا وواثقًا، فإن خطة المهاجم لن تضيف شيئًا، بل تَحَدَّ المهاجم بالعودة إلى الموضوع.

هنا بعض الأمثلة التي قد تساعد علاء:

- «أرى أنك متشكك، ما الذي أوصلك إلى هذا الرأي»؟
- «أرى أنك متشكك، ماذا تقترح»؟
- «ماذا تقصد بذلك»؟ لكسب الوقت، ومن قبيل طرح حل طوارئ، هذا الاقتراح الأخير، إذا لم يحصل لك شيء آخر، متحكم رائع بالحالات كلها.

لنلقي نظرة على مجموعة من المشاركين: كيف يتعاملون مع الشخصيات الصعبة وتصرفاتها؟

مشاركون يشكلون صعوبة في النقاشات ١

1. الشخص الذي يتحدث كثيرًا: عليك الانتباه له، يمكن أن يحرف الآخرين عن النقطة الأصلية أيضًا.

الإستراتيجية: الأشخاص الذين يتحدثون كثيرًا يمكنهم أن يسببوا إحباطًا في الاجتماعات، وفي الحالات المتطرفة قد تضيع الأمور؛ إنه من ضمن مهامك أن توقفهم، وبمهارة أن تعيد مشاركتهم إلى موضوع الاجتماع.

تأكد من تجنب الإشارات المساعدة في الحديث مثل الابتسامات أو الإيماءات. انتظر حتى يتوقف المتحدث لأخذ نفس، ثم ارفع يدك وقل: «دعني الخِّص ذلك بإيجاز» أو «ملاحظة واحدة على ذلك»، ثم افعل ما اقترحته في جملتك، ثم تصرف: ذكِّر المجتمعين بالموضوع المطروح (ما رأيك بذلك)، أو وضِّح نقطةً ما، ويمكنك -بصريًّا- أن تسأل الشخص الذي يتحدث كثيرًا أن يلخص: ما الذي يعتقد أنه أهم شيء في هذه الحالة؟

2. الشخص المسيطر: غالبًا ما يكون رفيع المستوى واثقًا في نفسه، يميل إلى كسر القواعد ويتدخَّل. ميزة الأشخاص المسيطرين هي شرعيتهم (إذا كانوا من الفريق الإداري يمكنهم التدخل في صنع القرارات) وغالبًا يقدمون إسهاماتهم في صلب الموضوع.

الإستراتيجية: أفضل شيء يمكن عمله هو الذهاب إلى الشخص المسيطر قبل الاجتماع والتحدث معه، وإن لم يكن ذلك ممكنًا فتحدث في الاستراحة. أيِّد ما يقوله الشخص المسيطر في الاجتماع، وشجع الآخرين على الإسهام: «شكرًا جزيلًا لهذه الفكرة، ماذا يعتقد الآخرون بشأنها»؟

3. الشخص العدائي: يهاجم بوصف الهجوم مسألة مبدأ. يريد أن يصنع تأثيرًا في الآخرين. يستعمل السخرية وإسهامات متحاورين مشحونين عاطفيًّا. الأشخاص العدائيون يستهلكون مقدارًا كبيرًا من طاقة الأشخاص الهادئين.

الإستراتيجية: خذ نفسًا عميقًا. كن ثابتًا على الأرض، حاول أن تحيد نفسك. داخليًّا تجاوب بهدوء، عمليًّا: بصوت منخفض؛ هذا يخفف تدهور الوضع، كذلك ـ كما تم الشرح سابقًا تحت الاستفزاز والهجوم ـ عد إلى الموضوع المطروح، وتحدث إلى الشخص العدائي على انفراد بعد الاجتماع أو خلال الاستراحة، ليكن عملك على مستوى شخصي؛ هذا يمنع الانتقام.
مثلًا: «لاحظت أن الموضوع مهم لك، هل تعتقد أنه تمت تغطية الحقائق الأساسية كلها»؟

4. الشخص السيئ المزاج: يهاجم بصورة متقطعة، أو يبدأ بالصراخ؛ يقوده الغضب من حين إلى آخر. هذا النوع من الأشخاص يجعل الأشخاص الهادئين متوترين، ويستهلك طاقتهم.

الإستراتيجية: تصرف بالطريقة نفسها كما مع الشخص العدائي. الغضب وما يتبعه من نتائج يضيف عقبات. في حالة الشخص سيئ المزاج: ببساطة لايمكن العودة إلى الموضوع الأصلي طالما كان هناك غضب في القاعة؛ فالأشخاص الغاضبون لا يمكنهم سماع أي شيء آخر: لقد استولت عليهم مشاعرهم.
إن هدفك هو الإشارة إلى الأمور الواضحة، كذلك تريد العودة إلى الموضوع المطروح؛ لذلك وقبل كل شيء توجه إلى مملكة العواطف من أجل التهدئة. بكلام آخر، كما فعلت في حالة الشخص العدائي، تحدث بهدوء، وابقَ مسترخيًا قدر الإمكان، سيطر على مشاعرك، استعمل جُملًا قصيرة لإعادة الأمور إلى نصابها: «لقد فوجئت، ما الذي تجده مشتتًا في هذا الاقتراح»؟ أو: «أنت لست سعيدًا بمسار الاجتماع كله، ماذا تقترح»؟

5. المتشائم: يحب الاستجابة بتشكك وسلبية، وغالبًا ما يكون مدفوعًا بالعقبة الأولى ـ الخوف. قد يكون لهذا حسناته في

الاجتماع: إذا لاحت في الأفق مشكلات عندما تكون القرارات على وشك أن تتخذ، فيمكن تجنب الأخطاء، وتوفير كثير من الوقت والمال.

على الجانب الآخر إذا ظهرت حجج سلبية، هناك مخاطرة تتمثل في أن يُمسي الأشخاص محبطين، بخاصة إذا كانت المحادثات تتناول تفاصيل خاصة أو موضوعات مفصلة لا يمكن متابعتها من قبل الحاضرين كافة.

الإستراتيجية: استمع بموضوعية لما يجده المتشائم مريبًا. قرر وبسرعة إن كانت شكوكه مبررة، وإن كانت كذلك فأضفها إلى بقية المناقشات. دع المشاركين الآخرين يقدموا مداخلاتهم الخاصة. إذا كنت تعتقد أن المخاوف مبالغ فيها، فقم بدور فاعل؛ اطلب من المتشائم أن يقدم اقتراحًا لتجنب المشكلة التي حددها، أو كيف يقلل من المخاطرة التي ذكرها؛ بهذه الطريقة ستبعد الانتباه عن المشكلة وتوجد حلًّا لها، هذا بحد ذاته أمر صعب للمتشائمين؛ لذلك سيقللون إسهاماتك بعناية أكثر في ظل قيادتك، أو يمكنك وضع تلك الشكوك على جدول أعمال الاجتماع المكمّل على أن يتم حلها؛ مثال: «ماذا يعتقد الخبراءالآخرون هنا حول هذه المخاطر»؟ المشكلة المهمة التي يجب تناولها بجدية هي الخوف من الجديد؛ المتشائمون غالبًا ما يكونون عرضة لذلك، وهذه الحالة قد تكون معدية؛ مثلًا إذا استعملوا مصطلحات مثل: شكوى ناجحة في حالات مماثلة، أو أخطار أمنية غير متوقعة. حتى وإن كانت الحجج ضعيفة، فجمل استفزازية مثل تلك قد تحرك مقاومة لدى المشاركين، وقد تؤدي إلى فشل فكرة ممتازة. لا تكرر هذه الكلمات الاستفزازية في إجاباتك، لتجنب جعل الآخرين أكثر غضبًا؛ مثلًا عندما يقدم أول تعليق متشائم: «أنت على حق؛ من المهم النظر بعناية عندما نتعامل مع الشأن القانوني، وعلينا الاهتمام بجملنا وتعابيرنا؛ المفهوم لا لبس فيه».

6. الشخص الذي يستمر بالمقاطعة: لا يدع الآخرين يكملون حديثهم، يرفع صوته في الاجتماع أو يتدخل في حوارات خاصة مع مشاركين آخرين، هذا يؤدي إلى بلبلة في الاجتماع، ويصبح حتى معديًا، وفي أسوأ الحالات الشخص المقاطع يشجع الآخرين على التصرف بالطريقة نفسها.

الإستراتيجية: تقبل المقاطعة بإشارات واضحة لا بتعاطف على نحوٍ غير ملائم. في المحادثات الخاصة، توقف عن الحديث في المجال الذي تمت فيه المقاطعة، وانظر إلى الشخص المتحدث بطريقة لطيفة ومريحة؛ غالبًا هذا الأسلوب يعالج الموضوع، وهو كفيل بجعل الأوضاع تهدأ.

إذا بدأ أشخاص بالصراخ في أثناء تحدثك أو أي شخص آخر، عليك أخذ إجراءات أكثر صرامة؛ حيث إن لكل مجموعة الحق بالحديث وضمان أساسي أن أي شخص يتحدث له الحق في الانتهاء مما يقوله، وأحد واجباتك بوصفك رئيسًا للاجتماع هو التأسيس لهذه القناعة. مثال على تعليقات بعد أن يقوم شخص بالصراخ: «مداخلتك لها الحق لكي تسمع تمامًا مثل المشاركين الآخرين؛ سوزان لم تنته بعد، هل أضعك ضمن الراغبين في الحديث»؟

إليك سؤالين ؟

ما الإزعاج أو ما نوع المداخلة التي ستكون كابوسًا في اجتماع تترأسه أنت؟

....

....

....

....

....

كيف تنوي التصرف في المستقبل إذا واجهك أمرٌ من هذا القبيل؟

....

....

....

....

....

نقاط أساسية بإيجاز *

1. من المهم، على وجه الخصوص للأشخاص الهادئين أن يعرفوا القوانين غير المكتوبة التي تحكم عمل الاجتماعات، يمكن استعمالها بوصفها قواعد لتطوير إستراتيجيات مشاركة ناجحة.

2. يمكن تدبر أمر قيادة نقاش أيضًا، المطلوب هو التخطيط المتقن الشامل ومعرفة المراحل المختلفة للاجتماع، بحيث يتم تركيز أغلب الانتباه إلى أجزاء الاجتماع التي لا يمكن تخطيطها.

3. مع كل ذلك، هذا يتضمن التعامل مع الإزعاجات والمشاركين الذين يشكلون تحدِّيًا. كل من أولئك يمكن التحضير لهم وتدبرهم بنجاح.

رخصة أن تكون هادئًا

آفاق تحقيق حياة مُرضية بوصفك انطوائيًّا

آمل أن تكون الفصول السابقة قد قدمت لك بعض الأفكار حول كيفية فهم الانطوائيين بشكل أفضل، وكيف تعيش وتتواصل كانطوائي بصورة أفضل؛ ما الذي ستفعله على نحو مختلف عند التواصل في المستقبل؟ أرحب بأن تكتب لي (القوة التاسعة) عن خبراتك بوصفك انطوائيًّا، وعن نواياك الهادئة بعد قراءة الكتاب.

في النهاية، إليك أمرًا مهمًّا: لقد لخصت المادة الأكثر أهمية والأكثر قيمةً -بتعبير آخر خلاصة عملي الطويل ومشاركتي لأشخاص هادئين - في سبع نقاط هنا، كلها عن المضمون، القوة الثانية...

الانطوائية - حياة مليئة بالقوة

1ـ عش متعة أن تكون هادئًا؛ هذا يُعدُّ صعبًا لمعظم الأشخاص

اكتشف منطقة راحتك على متصل الانطواء - الانبساط، واجعل ذلك المكان مكان وجودك الاعتيادي. عندما تتعامل مع الآخرين اكتشف كمية التحفيز التي تشعرك بالرضا، وهي في مكان ما بين الملل والإثارة المفرطة، سيكون شعورك أفضل في هذا المكان، وكذلك إدارة الطاقة لديك. انظر إلى انطوائيتك على أنها امتياز، وعلى أنها بطاقة عبور لحياة قوية بصورة خاصة.

2ـ تصرف كما لو كنت انبساطيًّا إذا كان ذلك يستحق بذل الجهد

ابتعد عن منطقة الراحة الخاصة بك فقط لوقت قصير: إذا كان ذلك يستحق بذل الجهد، وعندما تشعر بالرضا والعافية فقط.

اذهب إلى الجانب الآخر، وكن انبساطيًّا كما لو كنت تمثل دورًا: لدى إلقائك محاضرة أو عندما تكون مع زملائك في مؤتمر أو اجتماع.

ولكن، كما قلت، افعل ذلك لوقت قصير فقط وفي ظروف ملائمة؛ عندما تكون متوترًا.

3ـ ابحث عن القوة في كنف الهدوء

اكتشف طرقًا للانسحاب والراحة في الدوائر كلها الخاصة والمهنية، واستغل هذه الفُرص: إنها تشعرك بالرضا، وهي طرق تمكنك من تجديد طاقتك من حين إلى آخر.

أَفِدْ من هدوئك الداخلي الذي حصلت عليه من هذه الخطة؛ من أجلك ومن أَجل الآخرين.

4ـ اكتشف ماهية نقاط قوتك واحتياجاتك الشخصية؛ عش حياتك بناءً عليها

التركيز أفضل من الحجم، وعمق المحتوى أفضل من الجمل المدبجة بعناية، والعمل على قدراتك جيد من أجل الإبداع والتركيز؛ وهو في الواقع سهل جدًّا: حلل ظروف حياتك من وجهة نظر شخص انطوائي، وطوِّر إحساسًا بقوتك وحاجاتك، واستعملها بوصفها أساسًا لخططك، وعش بناءً عليها.

5ـ كن سفيرًا هادئًا

كونك تعرف ما يمكن أن يفعله ويحتاجه الانطوائي، يمكنك أن تشجع الانطوائيين الآخرين الذين تصادفهم. تعامل مع ما هو مهم لك بلغتك

الخاصة ووسائلك المفضلة، وادعم الانطوائيين الصغار. كن واثقًا عندما تكون مع الانبساطيين؛ فمجتمعاتنا تستفيد من الهدوء والأصوات المهمة؛ لذا ليكن صوتك مسموعًا.

6ـ تَفَوَّقْ على الآخرين بقوة الهدوء

بوصفك إنسانًا منطويًا فإنك تستعمل طرقًا مختلفة عما يستعمله الانبساطيون للتفوق على الآخرين وإقناعهم. استعمل الحذر (القوة الأولى)، والتركيز (القوة الخامسة) وتعاطفك (القوة العاشرة) لتحقيق ما تريد.

سوف تكسب بطريقتين من توظيف قوة الهدوء: فأنت تعمل على تحقيق هدفك، وتبني علاقات إيجابية مع المحيطين بك ـوبالقيام بذلك، سوف تكسبهم لجانبك أيضًاـ بالبقاء أصيلًا ومحترمًا.

7ـ تعلم من المنفتحين ومعهم

الفصل الرابع بيَّن لك كيف يمكن للانطوائيين الاستفادة من شركائهم الانبساطيين، وقد قدمت الفلسفة تعميمًا لمبدأ التناقضات المفيدة من خلال النظر إلى الطبيعة، لا سيما وعلى نحو واضح في فلسفة يين ويانغ (Yin and Yang) في فلسفة الطاوية أن التناقضات قد تولد توترًا إيجابيًّا فيما يتعلق بموضوعنا، هذا يعني أن العالم يحتاج إلى مستكشفين ومحافظين على الوضع الراهن.

فضلًا عن ذلك، الإثراء في حياتنا يكمن إلى حد كبير في مرونتنا وما يتيحه لنا نطاق عملنا؛ فكل من الانطوائيين والانبساطيين مرنون، وهذه المرونة توفر قدرًا كبيرًا من الإمكانات لتوسيع آفاقنا. يمكنك النظر إلى الانبساطي من أجل توسيع طرقك الهادئة في النظر إلى الأمور والتصرف بإضافة منظور

الانبساطيين، حتى و إن لم تتصرف بالضرورة بناءً عليه. ببساطة انظر إلى الانبساطيين حولك: عائلتك، رؤسائك و زملائك.

قد تسأل: هل في وسعي أن أتعلم من الانبساطيين؟ أنا حصلت على كثير من التحفيز من الانبساطيين القريبين مني: لقد استفدت منهم في التحفيز لاكتشاف كيفية التغلب على النزاعات. كيف أتصرف بطريقة عفوية على الرغم من الأجندة المليئة لجعل الآخرين متحمسين، أو لأخذ مخاطرات مجزية. الانبساطيون أيضًا يعلمونني الاستمتاع أكثر مع الأصدقاء، والنظر إلى الأمور بروح رياضية وأكثر انفتاحًا مع الأمور الجديدة، حتى و إن حدثت بصورة عفوية.

كذلك الانبساطيون يمكنهم التعلم من الانطوائيين أيضًا؛ فالأشخاص الهادئون يظهرون لهم كيفية الإبقاء على الهدوء والتركيز على ما يقوله الآخرون والتفكير قبل التصرف. إن ميلك نحو المضمون يمكنك من تعليم الانبساطيين التفكير بعمق أكبر، وكثير من الانبساطيين يشعرون بالراحة مع الانطوائيين؛ لأنهم يشعرون بأنهم متقبلون نتيجة التعاطف.

الأشخاص الهادئون يدعوننا لنكون مستقرين ومتعمقين؛ قد لا يبدو هذا جذابًا ولكنه ذو تأثير كبير في بقاء النوع كلما كان الأمان، والقواعد الأخلاقية، والصلابة، والاجتهاد والتحليل بدرجة أعلى من قوة الانبساطيين؛ مثل الاستعداد للمجازفة، والبحث عن التحفيز و المكافآت.

من المريح بالنسبة إليَّ الاعتقاد أن القرارات النهائية كلها في مجالات معينة كانت في أيدي أُناس هادئين؛ مثلًا في الطاقة النووية، وفي أسواق المال، وفي الصناعات الغذائية و في قيادة الطائرات. وفي أي مجال آخر أيضًا، من الصحيح القول: العالم يحتاجك!

اذهب واصنع تأثيرًا بهدوء وقوة!

لمزيد من القراءة و البحث على الإنترنت

www.hsperson.com

إلين آرون (Eliane Aron) طبيبة نفسية وخبيرة في الحساسية الشديدة. موقعها الإلكتروني يحتوي اختبارًا يمكنك استعماله لمعرفة إذا ما كنت شخصًا شديد الحساسية. أن تكون لديك تلك الصفة شأن لا علاقة له بكونك انبساطيًّا أو انطوائيًّا. www.theatlantic.com

مُتاح على الإنترنت مقال لجوناثان راوخ (Jonathan Rauch) العناية بانطوائيتك 'Caring for your Introvert' آذار/ مارس (2003 م)، مقال أثار ضجة عندما نشر للمرة الأولى، كذلك يطرح تتمة من تعليقات القرّاء (الانطوائية مستمرة، نيسان 2006م) ,'The Introversy Continues) ('April 2006 ومقابلة مع راوخ ويا انطوائيي العالم اتحدوا، شباط/ فبراير 2006م ('Introverts of the World, Unite!', February 2006).

www.theintrovertedleaderblog.com

مدونة جينيفر كينويل الانطوائيون في عالم العمل.

(Jennifer Kahnweiler)

www.thepowerofintroverts.com

موقع سوزان كين ومدونتها وقدر كبير من المعلومات حول حياة ناجحة بوصفك انطوائيًّا.

www.time.com

كيف تَعَلمَ أوباما أن يكسب

Weisskopf, Michael: Obama: How He Learned to Win

في مجلة التايم الأمريكية على الشبكة العنكبوتية (8 أيار/ مايو 20088م).

المعلومات مُتاحة على الموقع الإلكتروني:

http://content.time.com/time/magazine/article/0,9171,
1738494,00.html

www.toastmasters.org

إحدى أفضل الطرق للتعلم غير المكلف والفاعل في كيفية الحديث أمام جمهور وإدارة الاتصالات. الموقع الإلكتروني سوف يبين لك النوادي المحلية في منطقتك، من بين أمور أخرى، ونوادي يمكنك ارتيادها عندما تكون في رحلة عمل أو إجازة.

لمحة عن المؤلفة

الدكتورة سلفيا لوكين تساعد الأشخاص الهادئين على تحقيق أهدافهم الخاصة والعامة، فخبرتها أكاديمية وهي مديرة لمنظمة عالمية كبيرة، منحتها خبرة شخصية حول ظروف عمل عملائها: سياسيًّا وإداريًّا، تعليمًا وبحوثًا، إدارة واستشارات، عالميًّا ومحليًّا.

تعيش سلفيا مع زوجها وابنها بين بون وبرلين، وبين الثقافتين الألمانية والأمريكية، مع ذكريات سعيدة لثلاث سنوات أمضتها في اليابان، وهي دائمة البحث عن الكتب الجيدة وعن أشخاص مثيرين للانتباه للتحدث معهم بشيء من الحكمة.